CAMPUS CRISIS MANAGEMENT

効果的な学内研修のために

学生相談カウンセラーと考えるキャンパスの危機管理

全国学生相談研究会議 編
編集代表　杉原保史

遠見書房

まえがき

大学においては，教室での講義，研究室でのディスカッション，実験室での実験，フィールドでの調査などを通して，日々，高度の学術的な知識や技術が教えられ，新たな知が生み出されている。しかし，大学教育は，こうした正課の教育だけではない。学生は学生生活を通して，学内外でさまざまな人と関わり，さまざまなことを経験し，刺激を受けて成長していく。部活動やボランティア活動に参加したり，アルバイトやインターンシップを経験したりする。よりプライベートな領域では，恋愛関係や性関係を発展させることもあるだろう。大学教育には，こうした多様な経験を通して学生が全人的に成長する過程を見守り，サポートすることが含まれている。

誰しも，こうした学びの過程が安全に建設的に進むことを願っているわけだが，そこに一定のリスクが伴うことは避けられない。それは学生にとってのリスクであるとともに，場合によっては大学にとってのリスクともなる。

本書は，大学などの高等教育機関で学生相談に従事しているカウンセラーが，学生生活のさまざまなリスクについて解説し，予防策や対応策を示したものである。本書にはダウンロード可能なパワーポイントのスライドも用意されており，本書の内容をベースに，スライドを用いて学内研修ができるようになっている。

学生相談カウンセラーというと，一般には，面接室で悩める学生の相談を静かに聴いている人というイメージが強いだろう。しかし近年，大学の学生相談室に寄せられる相談は，ますます多様化しており，学生相談カウンセラーに求められる役割もいっそう幅広くなっている。学生の悩みが，キャンパス内で現在進行中の事件と関わっていることもしばしばある。学生がキャンパス内でトラブルを引き起こし，当の学生自身は悩んでいないが，周囲の学生や教職員が悩まされているということもしばしばある。学生相談のカウンセラーが，こうした事件に対応し，事態の収拾のために関係者に助言したり，サポートしたりすることが増えている。事件や事故，災害などのリスクについて，学生や教職員に研修や啓発活動を行うことも増えている。重大な事件や事故，災害などが起きた際には，大学運営に責任のある立場の教職員に向けてレクチャーを依頼されることもある。

本書は，学生相談カウンセラーが，その豊富な経験に基づいて，現在の学生の状況における重要なトピックを選定して執筆したものである。本書は，各大学が学生生活上のさまざまなリスクについて学内研修を行う際に，力強い助けとなるはずである。

本書は，全国学生相談研究会議によって編集された。ここで簡単に全国学生相談研究会議について説明し，出版に至る経緯についても触れておきたい。

全国学生相談研究会議は，大学の学生相談室のカウンセラーの研究会として 50 年以上の歴史を持つ団体である。学生相談カウンセラーの相互研鑽の場として，昭和 43（1968）年以来，現在に至るまで，50 年以上にわたって，毎年，研究会を開催している。会員数 150 名ほど（2022 年現在）の小さな団体であるが，志気は高く，長年にわたって学生相談カウンセラーの崇高なスピリットを引き継いできた。

本書の出版企画は，2020 年に開催された第 53 回学生相談研究会議の総会において，杉原が提案し，承認を得て，スタートした。その後，研究会議内でワーキング・グループを募り，そのグループで企画を練り，編集作業を行った。ワーキング・グループのメンバーは，今江秀和，太田裕一，小島奈々恵，堀田亮，山川裕樹，吉村麻奈美，杉原保史の 7 名である。

現在，日本の大学は大学の外側の社会から変革を求められており，大きな曲がり角にある。多くの大学は財政的に圧迫されており，教職員は余裕を失っている。しかし，たとえどのような状況に置かれたとしても，大学の第一のミッションは，あらゆる機会をとらえて学生の成長を促すことにある。本書は学生生活における危機を扱うものであるが，危機は同時にチャンスでもある。大学関係者が危機をとらえて，学生に向き合い，学生とともに自らをも変化させるチャンスとしていくことを願うものである。そのために学生相談カウンセラーが，そして本書が役立つことを信じている。

ワーキンググループを代表して
杉原保史

スライドのダウンロードについて

各章は，プレゼンテーション・ソフトのスライドを用いて研修を行うことを前提として執筆されています。読者には，小社サイトからスライドのデータをダウンロードしていただけます。スライドはマイクロソフト社のパワーポイント（Microsoft Power Point®）のファイルとなっております。

スライドは，研修等において自由に使っていただけます。ただし著作権は各執筆者にあり，使用に際してはコピーライトを表示していただくことが必要です。コピーライトは初期設定で，常に表示される設定になっています。

ダウンロード資料のご利用方法については巻末を参照ください。

目　次

第1部　教職員向けの研修

第2部　学生向けの研修

第1部

教職員向けの研修

第１章
学生の性被害への対応

河野美江

I　はじめに

近年，わが国において大学生が性暴力の加害者や被害者となる事件が問題となっている。アメリカ 27 大学の性被害経験調査では，大学入学後に女子学生の 23 %，男子学生の 5 %が同意のない性行為，女子学生の 11%がレイプ･レイプ未遂を経験していたと報告されている（Cantor et al., 2015）。一方, 日本で行われた大学生の調査では，意に反する性交が 1.8%（小西，1996），レイプ既遂が 3.4%（岩崎，2000），私たちが日本の 10 大学の大学生に実施した調査では，何らかの性被害経験は 42.5%，レイプ未遂は 7.8%（男子 3.1%，女子 9.7%），レイプ被害は 2.6%（男子 1.6%，女子 3.1%）にみられ，性被害はメンタルヘルスに深刻な影響をもたらしていた（河野ら，2018）。しかしわが国の調査で，無理やりに性交等の被害を受けた女性の約６割，男性の約７割はどこにも相談しておらず，警察や医療機関などへの相談はわずかであった（内閣府男女共同参画局, 2021）。被害者を早期に支援につなげることは，喫緊の課題である。

本章では，性暴力とは何か，性被害を受けた学生への支援について解説し，学生に対する性暴力予防教育を紹介する。

１．性暴力とは（スライド２）

本人が望まない性的な行為はすべて性暴力である。被害を受けた人は，何も悪くない。

望まないのに，触られる（触らせられる），キス，マッサージ，性交，露出，盗撮，ポルノを見せられたり撮影されたりすることは，全て性暴力である。性被害は年齢，学年，地位，性別，性的指向，職業や人種などに関係なく

性暴力とは　2

●あなたが望まない性的な行為はすべて性暴力です
被害を受けたあなたは、何も悪くありません

•触られる（触らせられる）
•キス
•マッサージ
•性交
•露出
•盗撮
•ポルノを見せられたり撮影されたりする

性被害は年齢、学年、地位、性別、性的指向、職業や人種などに関係なくおこる
女性だけではなく男性もあうことがあるし、男女間だけでなく、同性間で被害/加害が起きることもある

©Kono Yoshie 2022

おこる。女性だけではなく男性もあうことがあるし，男女間だけでなく，同性間で被害／加害が起きることもある。

2．性犯罪と性暴力（スライド3）

日本において，性犯罪は，強制性交等罪「性交，肛門性交又は口腔性交を暴行又は脅迫を用いて（相手が13歳未満なら暴行又は脅迫を用いなくても）行うもの」（刑法177条），強制わいせつ「性交等罪以外のわいせつ行為を暴行又は脅迫を用いて行うもの」（刑法176条），準強制性交等罪，準強制わいせつ「睡眠中や飲酒や薬剤などで正常な判断ができない状況下でおこなわれたもの」（刑法178条）である。被害者が男性やLGBTQ+の場合も，加害者から肛門や口腔への性器の挿入があれば強制性交等罪は適応される。

国際連合は性暴力を，「身体の統合性と性的自己決定を侵害する」「セクシャリティを用いた人権侵害」としている（国連経済社会局女性の地位向上部，2011）。本稿においては，性暴力を「同意がなく強要されたすべての性行為」とする。

II　性被害を受けた学生への支援――対応の基本と留意事項（スライド4）

1．学生支援機関でできること（スライド5）

性被害を受けた学生が学生支援機関（保健管理センター，学生相談室など）に相談に来た場合には，教職員，カウンセラーは学生のケアをしつつ，状況を見立て専門機関につなぐコーディネーターの役割が求められる。

まず，学生が安全であるかどうかを

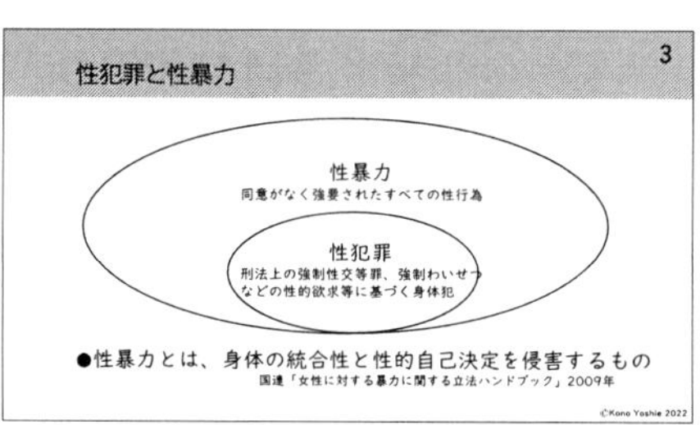

5
学生支援機関でできること
●教職員、カウンセラーは学生のケアをしつつ、状況を見立て、専門機関につなぐコーディネーターの役割が求められる
1．学生が安全であるかどうかを確認し、再被害の危険があれば、警察への相談を勧める
2．睡眠や食事がとれているのか、身近に支えてくれる人がいるのかを確認する
3．性被害を受けたときにできることについて、学生にわかりやすい言葉で情報提供する
©Kono Yoshie 2022

確認し，再被害の危険があれば，警察への相談を勧める。また睡眠や食事がとれているのか，身近に支えてくれる人がいるのかを確認する。そして，性被害を受けた時にできることについて，学生にわかりやすい言葉で情報提供する。

2．学生対応における留意事項（スライド６）

被害学生は「被害にあったことを誰にも知られたくない」と望んでいるので，できるだけ他の学生や教職員と顔を合わせないように配慮し，個室で話を聞く。被害者が女性の場合，対応はできるだけ女性支援者が行うことが望ましいが，男性支援者の場合は必ず女性支援者が同席する。同行者がいる場合は，その人が同席したほうがいいのかどうかを必ず本人に確認し，決めてもらう。

3．性暴力被害のさまざまな影響（スライド７）

性暴力被害はさまざまな影響を及ぼす。性や妊娠・出産に関わる健康への影響として，望まない妊娠や性感染症などがある。身体への影響として，被害による負傷や眠れない，悪夢，めまいや吐き気，痛みなどさまざまな身体の不調がおこる。心への影響として，恐怖，不安，自責感，怒りなどのさまざまな感情や感覚や気持ちの麻痺，気分の落ち込みなどがある。社会生活や対人関係への影響として，仕事や学校に行けない，外出したり活動ができない，人と会いたくなくなる，人間関係が悪くなるなどがある。被害者はこれらが被害の影響と気づかず，自分を責めることが多い。

4．セカンドレイプ（二次被害）（スライド８）

被害者が被害を訴えた警察，医療機関，家族，友達などから二次的に精神的苦痛や実質的な不利益，被害を受けることをセカンドレイプという。例えば「どうして逃げなかったの」「なぜ,助けを呼ばなかったの」などである。支援者が良かれと思って「大丈夫，よくなりますよ」とかける言葉も，被害者にとっては「自分のつらさをわかってもらえない」と感じることもある。私たちは無自覚にセカ

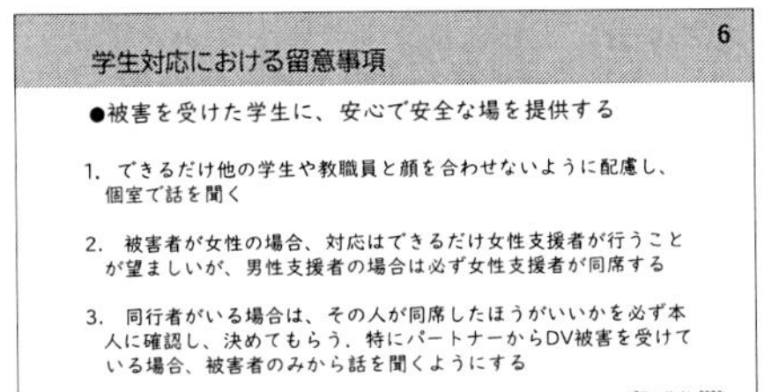

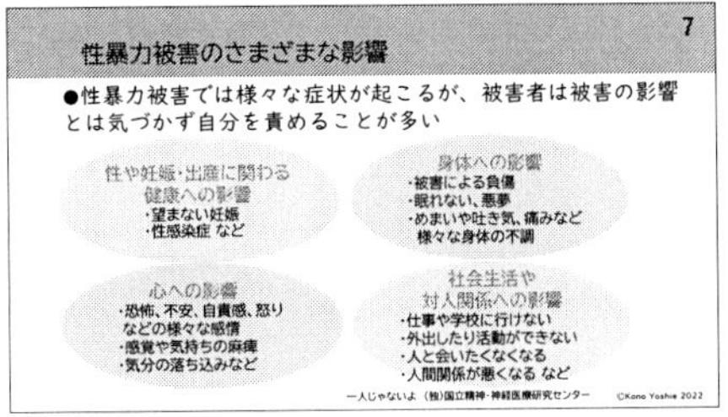

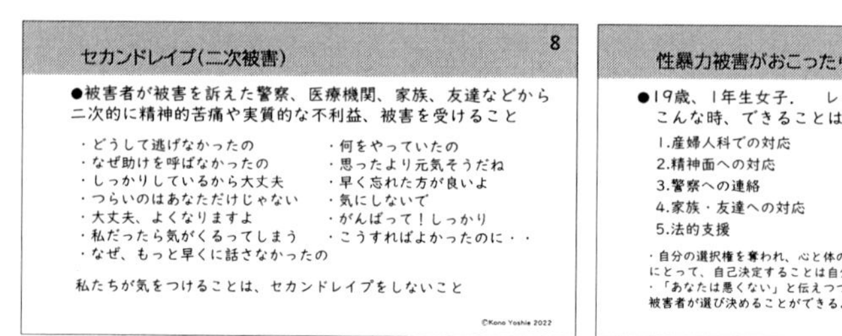

ンドレイプをしないように気をつける。

5．性暴力被害がおこったら（スライド9）

例：1年生女子から「レイプ被害にあった」と保健管理センターに電話がかかってきたら，どうすればよいだろう。まず，「相談してくれてありがとう」と言おう。産婦人科での対応，精神面への対応，警察への連絡，家族・友達への対応，法的支援など，できることはたくさんある。

支援者が戸惑うこととして，被害者が話す内容はひどく深刻であるのに，他人事のように冷静に見えるということがある。また被害の記憶が無かったり，問題行動ととられるような態度をみせることもある。このような症状が被害の影響である可能性を念頭に入れ，今後の支援について丁寧に説明する。

被害者が傷つくことの一つに，自分の意思を無視して物事の決定がなされるということがある。自分の選択権を奪われ，心と体の境界線を踏み越えられた性暴力被害者にとって，自己決定することは自分の力を取り戻す手助けになる。「あなたは悪くない」と伝えつつ，支援の全てにおいて必ず理由を説明し，被害者が選び決めることができるように援助する。

①産婦人科での対応（スライド10）

妊娠の可能性があれば，緊急避妊ピルを性交後72時間以内に内服することで，約80％避妊することができる。120時間以内であれば銅付加子宮内避妊具を子宮内に装着することで，受精や子宮内膜への着床を防ぎ避妊効果が高くなる。被害者の中には，「妊娠さえしなければ，なかったことにしよう」と誰にも言わず，妊娠して初めて相談する場合がある。妊娠していたら，本人や家族と相談し，妊娠の継続か人工妊娠中絶のどちらかを選択してもらう。人工妊娠中絶を行う場合は母体の安全を考えると妊娠10週位までが望ましい。12週を超えると中期中絶となり，経済的・精神的な負担が大きくなる。22週を超えると法的に人工妊娠中絶は不可能になる。性被害による妊娠の場合は，母体保護法に基づき中絶手術を

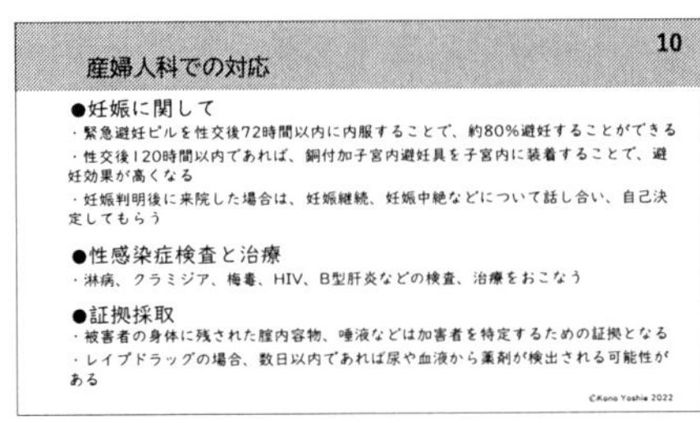

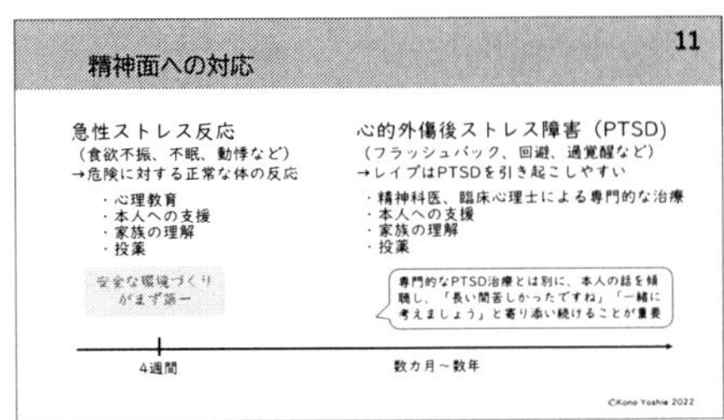

受けることができる。

また淋病，クラミジア，梅毒，HIV（後天性ヒト免疫不全ウイルス），B型肝炎などの性感染症について，検査や治療をおこなう。さらに被害者の身体に残された加害者の体液,毛などから加害者を特定する証拠を採取することもできる。「一緒に飲みに行って意識がもうろうとした」「記憶がない」などという場合は,知らない間に睡眠薬などを服用させられたレイプドラッグ（薬剤による性暴力）の可能性がある。飲んでから数日以内であれば，尿・血中より薬物が検出される可能性があるため，飲食や排尿をせずシャワーも浴びないように言い，直ちに警察かワンストップ支援センターへの連絡を勧める。

②精神面への対応（スライド11）

被害者は食欲不振，不眠，動悸などの急性ストレス反応を起こすことが多い。時間感覚も乱れることが多く，「睡眠はとれているか」の質問には「眠れている」と答えても,「昨日は何時に寝て，今朝何時に起きたか」と聞くと全く寝ていなかったり，「昨日の朝食，昼食，夕食は？」と聞くと，全く食べていなかったりする。具体的な生活がイメージできるように，話を聴く。食欲不振，動悸などの症状がある場合には，「これらは危険に対する正常な体の反応で，安心･安全な場所で過ごすことにより，少しずつ回復する」との心理教育を行う。

性暴力被害の後にPTSD（心的外傷後ストレス障害）を発症する人は多い。PTSDにはSSRIを中心とする薬物療法や，トラウマに焦点を当てた認知行動療法である長期間暴露療法（PE），眼球運動による脱感作と再処理法（EMDR）などが有効であるが，被害者治療を専門とする医療機関はごく限られている。大学の学生支援機関では，精神科主治医と連携を取りながら，日常の困り事に対してどのように対処するかをともに考えたり，本人と相談した上で指導教員などに可能な範囲で配慮を依頼したりするなどの日常的なサポートを行う。本人の話を傾聴し，「長い間苦しかったですね」「一緒に考えましょう」と寄り添い続けることが重要である。

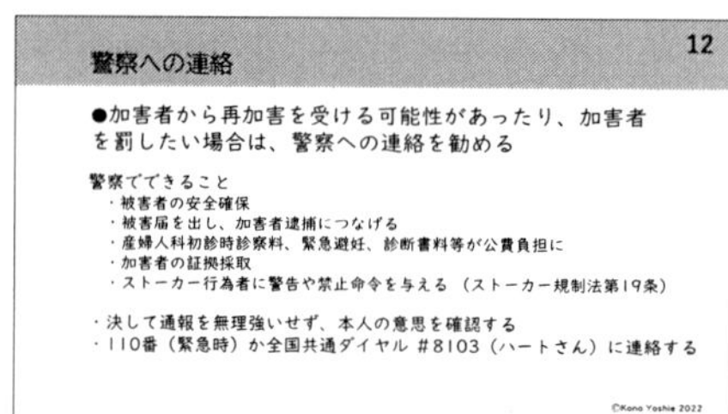

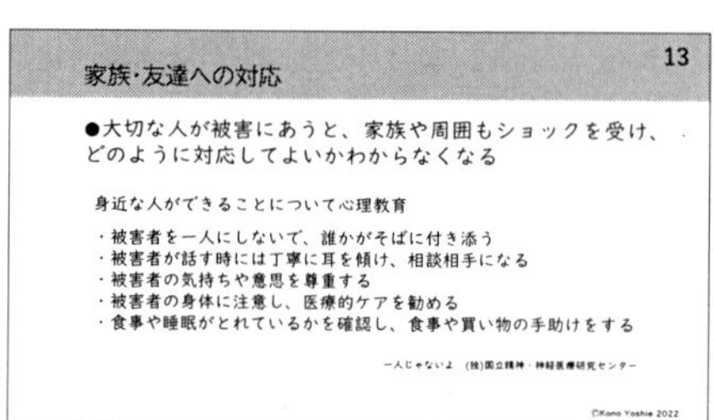

③警察への連絡（スライド 12）

警察では被害者の安全確保の他，被害届を出し，加害者逮捕につなげる。また,「産婦人科初診時診察料，緊急避妊・性感染症検査の費用，妊娠した場合の人工妊娠中絶費用，診断書料」などについて医療費負担制度の利用や，加害者検挙に有用な証拠採取ができる。さらに，つきまといなどを繰り返す悪質なストーカー行為者を逮捕したり，つきまとい等に対して警告や禁止命令を出すことができる（ストーカー規制法第 19 条)。

警察に行ったからといって,「必ずしもすぐに捜査されるわけではないこと」「被害届を出さなければ医療費負担制度が利用できないこともある」など，警察に相談するメリット，デメリットについて丁寧に説明する。決して通報を無理強いせず，本人の意思を確認する。警察への通報を希望すれば，110 番（緊急時）か各都道府県警察の性犯罪被害相談電話窓口につながる全国共通ダイヤル「＃ 8103（ハートさん)」に連絡するよう伝える。被害学生が警察に自分で相談できない場合は，あらかじめ本人の許可を得て学生支援機関から連絡し被害の概要を伝える。

④家族・友人への対応（スライド 13）

大切な人が被害にあうと，家族や周囲もショックを受け，どのように対応してよいかわからなくなる。身近な人ができることについて心理教育することが重要である。

- 被害者を一人にしないで，誰かがそばに付き添う。
- 被害者が話す時には丁寧に耳を傾け，相談相手になる。
- 被害者の気持ちや意思を尊重する。
- 被害者の身体に注意し，医療的ケアを勧める。
- 食事や睡眠がとれているかを確認し，食事や買い物の手助けをする。

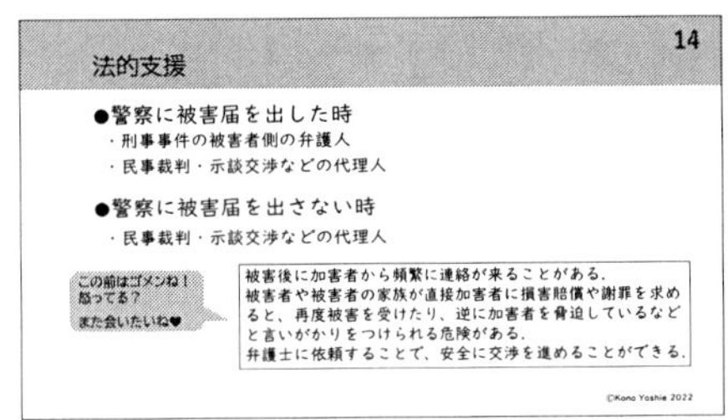

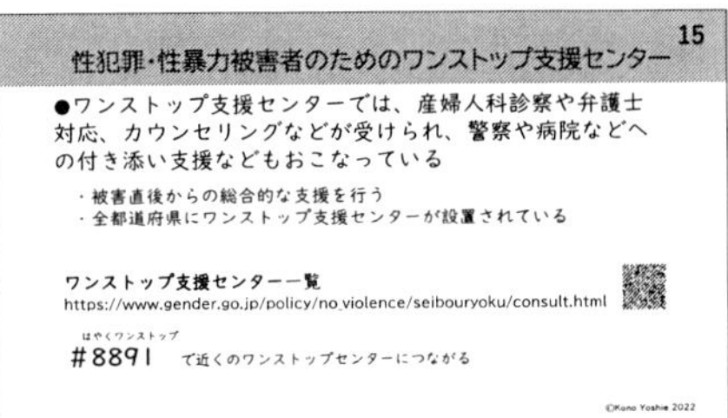

⑤法的支援（スライド 14）

被害者は被害直後から法的な手続きが必要な場合があるが，精神的ショックで具合が悪い時に手続きを進めることは困難である。ワンストップ支援センターでは，性被害に詳しい弁護士の紹介や費用負担があり，弁護士が本人の代理として交渉などを行う。

刑事・行政手続に関する援助として，警察への被害届の提出や犯罪被害者等給付金申請等および，これらに関する法律相談などがあり，民事裁判等手続に関する援助として，被害に対する損害賠償請求訴訟を起こす場合の交渉などがある。

また，被害後に加害者から頻繁にメールなどの連絡が来ることがある。被害者や被害者の家族が直接加害者に損害賠償や謝罪を求めると，再度被害を受けたり，逆に加害者を脅迫しているなどと言いがかりをつけられたりする危険がある。弁護士に依頼することで安全に交渉を進めることができる。

6．性犯罪・性暴力被害者のためのワンストップ支援センター（スライド 15）

全都道府県にあるワンストップ支援センターでは，産婦人科診察や弁護士対応，カウンセリングなどが受けられ，警察や病院などへの付き添い支援などもおこなっている。警察に届けなくても証拠採取・保管ができるところもある。被害直後から総合的な支援を行うことで，被害の長期化を防ぐ。

被害学生が自分で相談できなくても，あらかじめ本人の許可を得て，学生支援機関の支援者より相談することもできる。

・ワンストップ支援センター一覧：https://www.gender.go.jp/policy/no_violence/seibouryoku/consult.html
・「# 8891（はやくワンストップ）」で，所轄地域のワンストップセンターにつながる。

7．その他の被害（スライド16）

①リベンジポルノ，盗撮，デジタル性暴力

交際中に撮影した性的画像を，撮影された人の同意なくインターネット上に公表するなどの嫌がらせ行為に対して3年以下の懲役又は50万以下の罰金が科せられる（リベンジポルノ防止法，2014年成立）。画像が拡散されたことが明らかであれば，証拠として画像がアップされたサイトを撮影したものや，サイトURLの確認メモ，被害を知った日や時系列の記録を持って警察に届ける。

その他にデジタル性暴力の相談先として，『ぱっぷす』（特定非営利活動法人 ポルノ被害と性暴力を考える会 https://paps.jp）がある。

②就活セクハラ

就職活動中の学生に対して，採用活動やOB･OG訪問などでのセクシュアルハラスメントが問題化している。学生は入社したいために，被害を受けても泣き寝入りになることが多い。2020年6月に「労働施策総合推進法」が改正され，職場の事業主は「就職活動中の学生等の求職者，インターンシップを行う者，教育実習生等にもハラスメント防止措置を行うことが望ましい」となった。また2021年4月には若者雇用促進法に基づく「事業主等指針」が，「事業主は雇用する労働者が，就職活動中の学生やインターンシップを行っている者等に対する言動について，必要な注意を払うよう配慮すること等が望ましい」と改訂された。

大学の学生支援部門では，あらかじめ学生に情報提供し，学生から訴えがあった時には本人の許可を得て大学や企業に対して報告，対処する必要がある。

③男性やLGBTQ+の被害者に対する支援（スライド17）

男性やLGBTQ+の被害者も，外傷や性感染症にかかる可能性があるので受診を勧める。被害者が女性の場合と比べてさらに相談しにくく，相談できても被害を軽く見られたり，信じてもらえなかったりする。同性からの被害では，性的指

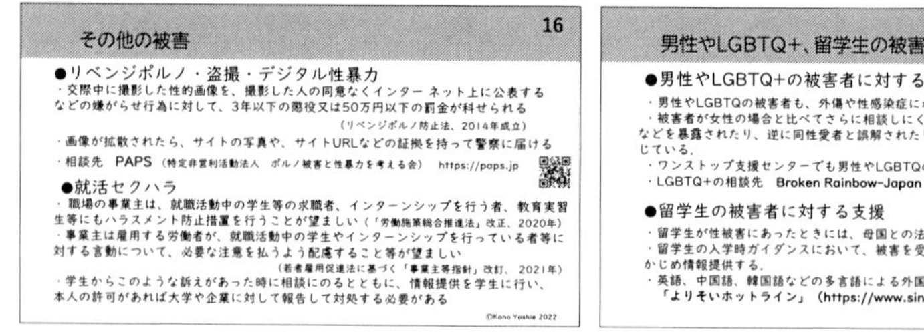

向などを暴露されたり，逆に同性愛者と誤解されたりするのではないかと不安や恐怖を感じている。支援者は，被害者の気持ちに寄り添って話を聴くことを心がける。

ワンストップ支援センターでも男性や LGBTQ+ の相談を受けているので，問い合わせた上で紹介する。LGBTQ+ の被害者支援をしている Broken Rainbow-Japan では，メール相談をおこなっている（brainbowj@gmail.com）。

④留学生の被害者に対する支援

近年多くの国で「同意がない」ことが犯罪の重要な構成要件となるよう法律改正されている。留学生が性被害にあったときには，母国との法律や文化等の違いを考慮して支援する。留学生の入学時ガイダンスにおいて，被害を受けたときの連絡カードを渡すなどあらかじめ情報提供する。

言葉が通じにくく対応困難な場合は，社会的包摂サポートセンター「よりそいホットライン」が外国語専門ライン（https://www.since2011.net/yorisoi/n2/）で英語，中国語，韓国語など多言語での相談をおこなっている。

Ⅲ　性暴力に対する予防教育（スライド 18）

欧米においては，大学における性被害対策は危機管理の一環として位置づけられ，性暴力対応・予防専門の部署が大学に常設され，性被害者への対応とともに予防教育を行っている。日本でも，2020 年に「性犯罪・性暴力対策強化のための関係府省会議」において，「性犯罪・性暴力対策の強化の方針」が決定され，大学入学時のオリエンテーションなどで，レイプドラッグの危険性や相手の酩酊状態に乗じた性的行為の問題，セクシュアルハラスメント，被害に遭った場合の対応（通報，証拠保全など）や相談窓口などの周知，相手の同意のない性的行為をしてはならないこと，性暴力被害時の対応などに関する啓発の強化をおこなうこととなった。

大学入学後の新入生，部活動やサークルの責任者，大学の管理者，執行部，学部長などに対し，Ⅰ，Ⅱのスライドと組み合わせて性暴力予防教育をおこなう。

1．性的同意とは（スライド 19）

（学生に〜）今日は皆さんに，大切なお話しをしたい。大学に入って，素敵なパートナーが欲しい，と思っている人も多いのではないか。そこで大事になるのが性的同意である。

性的同意とは，セックスやキスなどの性的な行為をする前にお互いが確認するべき同意のことである。大好きな相手であっても，いつでも性的な行為をしていいわけではない。「今日はどう？」「いいよ」（Yes means Yes）というお互いの積極的な意思がある時のみ，同意があると判断できる。

３つのポイントとして，

1）お互いが対等な関係である：お互いのこと（価値観や信念）をよく理解しているか。相手を大切に思う気持ち（誠意）があるか。

2）お互いに NO を選択できる状況にある：二人の間に社会的地位の差や上下関係があり，断れない関係ではないか。酔っぱらっていたり，意識がもうろうとしたりしていないか。

3）性的同意は，毎回，行為ごとに確認する：一度「いい」と言われたら，ずっと「いい」と思っていないか。

例えば……

・「今日は疲れているから，したくない」
・「あなたのことは好きだけど，まだ心の準備ができていないからもう少し待ってほしい」
・自分はしたいけど，相手が今日はダメって言ったから今度にしよう。

などが言えたり考えたりできる関係だろうか。考えてみよう。
それでは，「本当の同意でないもの」について説明する。
（スライド２）性暴力とは
（スライド３）性犯罪と性暴力
（スライド７）性暴力のさまざまな影響
（スライド８）セカンドレイプ（二次被害）

2．レイプ神話（スライド 20）

なぜ，セカンドレイプがおこるのだろう。それは私たちや社会の中に，「レイプ

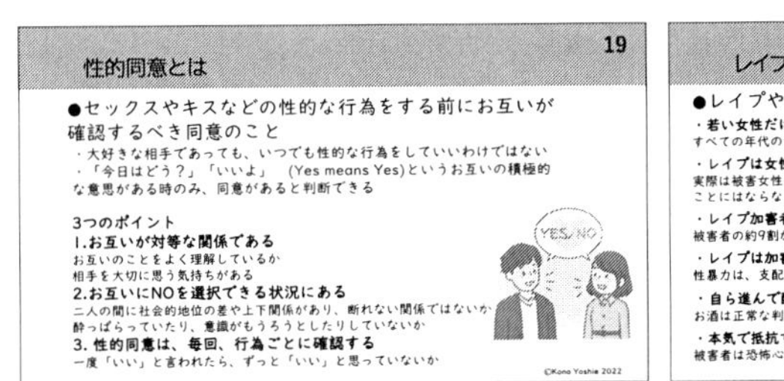

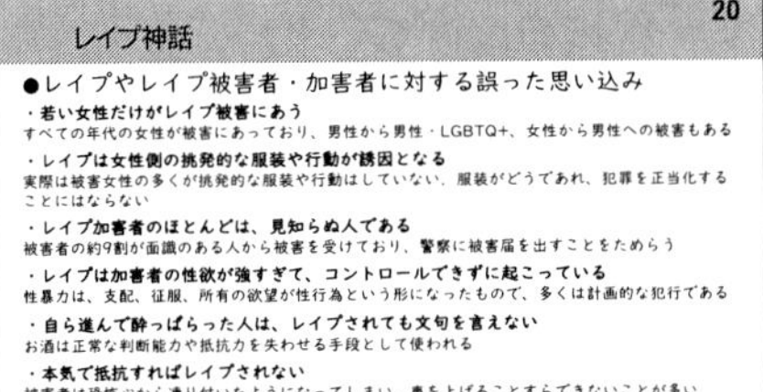

神話」と呼ばれるレイプやレイプ被害者・加害者に対する誤った思い込みがあるからだ。

■「若い女性だけがレイプ被害にあう」

実際は乳幼児から高齢者まで，すべての年代の女性が被害にあっており，男性から男性，女性から男性への被害もある。このような思い込みがあるため，性虐待を受けた子どもの被害者や，男性，LGBTQ+ の被害者は被害を打ち明けるのをためらい，打ち明けてもセカンドレイプを受けることが多い。

■「レイプは女性側の挑発的な服装や行動が誘因となる」

実際は被害女性の多くが挑発的な服装や行動はしていない。むしろ加害者は地味な服装の女性を「おとなしそうで訴えないだろう」と狙うことがある。だが被害者は「自分の非を責められるのではないか」と周囲に相談するのをためらう。

店屋の店頭に出していたものを盗めば当然罪になる。被害者の服装がどうであれ，犯罪を正当化することにはならない。

■「レイプ加害者のほとんどは，見知らぬ人である」

実際は被害者の約９割が面識のある人から被害を受けている。そして顔見知り，職場関係，家庭内などでの被害は警察に被害届を出すことをためらい，被害届を出しても受理されないケースが目立つ。

■「レイプは加害者の性欲が強すぎて，コントロールできずに起こっている」

性暴力は，支配，征服，所有の欲望が性行為という形になったもので，多くは計画的な犯行である。多くの加害者には性的パートナー（恋人，妻など）がいる。加害者はレイプにより相手を無力化し，支配することで，優越感を得るのである。

■「自ら進んで酔っぱらった人は，レイプされても文句を言えない」

大学のサークルなどで起こる性暴力は，「先輩後輩という上下関係」のもとで，「飲酒の場」を使って行われることが少なくない。お酒は正常な判断能力や抵抗力を失わせる手段として使われる。相手を泥酔させて同意の判断ができない状態での性行為は，準強制性交等罪という犯罪である。

■「本気で抵抗すればレイプされない」

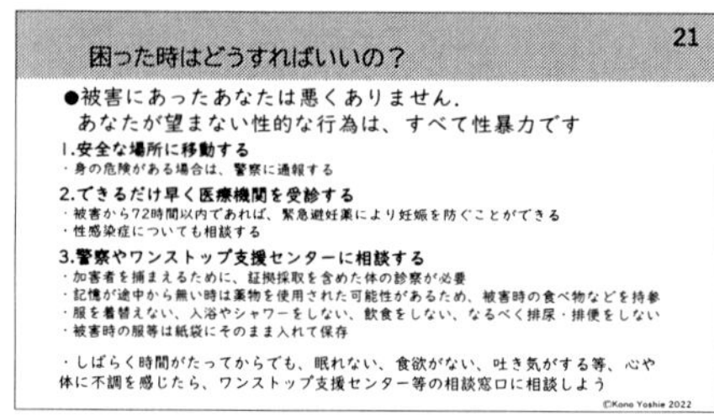

被害を受けた人は周囲から「なぜ嫌と言わなかったか」「どうして逃げなかったか」などと言われる。しかし考えてほしい。もしあなたの後ろからピストルで「動くな」と脅されたら，抵抗することができるだろうか。性被害は立場や力が上の人から下の人に向かうことが多く，被害者は恐怖心から凍り付いたようになってしまい，声を上げることすらできないことが多い。

3．困った時はどうすればいいの？（スライド21）

もしあなたや，あなたの大切な人が被害にあったらどうすればよいだろう。

友達から相談されたらまずはゆっくり話を聴き「相談してくれてありがとう。被害にあったあなたは悪くない。あなたが望まない性的な行為は，すべて性暴力だよ」と伝えてほしい。

1）安全な場所に移動する：身の危険がある場合は，警察に通報する。

2）できるだけ早くワンストップ支援センターや警察に相談する：医療機関受診（証拠採取含），カウンセリング，法律相談，付き添い支援など対応する。被害から72時間以内であれば，緊急避妊薬により妊娠を防ぐことができる。性感染症についても相談しよう。

- 記憶が途中から無い時は薬物を使用された可能性があるため，被害時の食べ物などを持参。
- 服を着替えない，入浴やシャワーをしない，飲食をしない，なるべく排尿・排便をしない。
- 被害時の服は紙袋にそのまま入れて保存。

3）医療機関を受診する。

しばらく時間がたってからでも，眠れない，食欲がない，吐き気がする等，心や体に不調を感じたら，ワンストップ支援センター等の相談窓口に相談しよう。

状況に応じて，

（スライド15）性犯罪・性暴力被害者のためのワンストップ支援センター

（スライド16）その他の被害

（スライド17）男性やLGBTQ+，留学生の被害者に対する支援

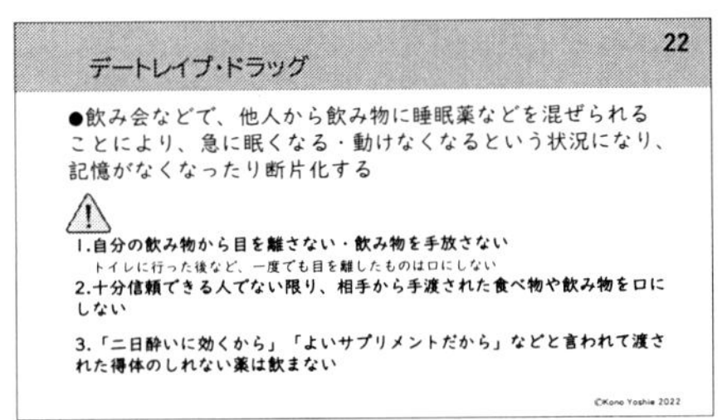

について説明する。

４．デートレイプ・ドラッグ（スライド 22）

飲み会などで，他人から飲み物に睡眠薬などを混ぜられることにより，急に眠くなる・動けなくなるという状況になり，記憶がなくなったり断片化する。

対策として，

1）自分の飲み物から目を離さない・飲み物を手放さない：トイレに行った後など，一度でも目を離したものは口にしない。

2）十分信頼できる人でない限り，相手から手渡された食べ物や飲み物を口にしない。

3）「二日酔いに効くから」「よいサプリメントだから」などと言われて渡された得体のしれない薬は飲まない。

５．被害にあいそうな人を見かけたら――第三者介入（スライド 23）

性被害の場面においては被害者，加害者そして第三者が存在する。被害にあいそうな人を見かけた時に，私たちが動いて最悪の事態を避けることを第三者介入という。自分の安全を確保した上で，できるだけ多くの仲間に声をかけ協力を得よう。

介入方法（３つのＤ）

■ Direct：加害者や被害者に直接介入すること

例えば，加害者に「嫌がっているからやめよう」，被害者に「もう家に帰ろう」と言う。

■ Distract：加害者の気をそらすこと

例えば，加害者の近くで「スマホが無くなった。一緒に探して！」などと言って気をそらす。このイラストでは，女性が嫌がる男性にお酒を勧めている。加害者は男性だけではない。

■ Delegate：別の人に助けを求めること

例えば，店の従業員，先生等にそっと「助けてください」とお願いしたり，警察に通報する。

6．相談先（スライド 24）

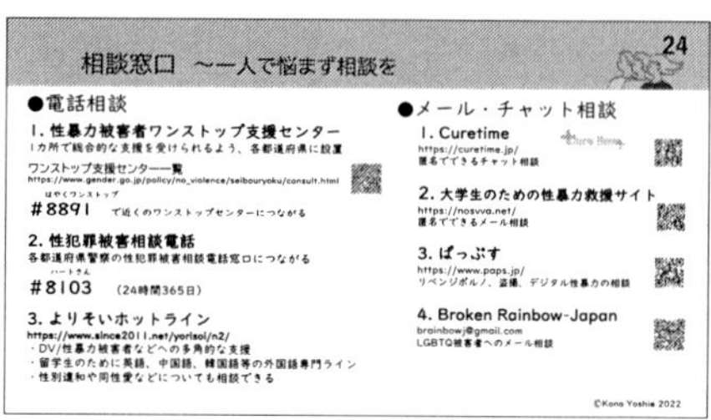

性被害に対する相談窓口を紹介する。大学の保健管理センターや学生相談室などでも，力になってくれる。あなたの秘密は守られるので，どうか一人で悩まず相談をしてほしい。

文　献

淺野敬子・中島聡美・金吉晴（2014）一人じゃないよ．国立精神・神経医療研究センター精神保健研究所成人精神保健研究部．http://victims-mental.umin.jp/hitorija.html（2022 年 3 月 2 日閲覧）

Banyard, V. L., Plante, E. G., & Moynihan, M. M.（2004）Bystander education: Bringing a broader community perspective to sexual violence prevention. Journal of Community Psycholorgy, 32(1); 61-79.

Burt, M. R.（1980）Cultural myths and supports for rape. Journal of Personality and Social Psychology, 38(2); 217-230.

Cantor, D., Lee, H., Fisher, B. et al.（2015）Report on the AAU Campus Climate Survey on Sexual Assault and Sexual Misconduct. AAU (Association of American Universities) Report.

ちゃぶ台返し女子アクション（2018）あなたらしく大学生活を送るための方法―セクシュアル・コンセント・ハンドブック．ちゃぶ台返し女子アクション．

岩崎直子（2000）日本の男女学生における性的被害．こころの健康，15(2); 52-61.

河野美江・執行三佳・武田美輪子ほか（2018）日本の大学生における性暴力被害経験と精神健康度．大学のメンタルヘルス，2; 82-89.

河野美江（2020）性暴力被害急性期の問診．In：種部恭子編著：性暴力救援マニュアル．新興医学出版社，pp.78-84.

国連経済社会局女性の地位向上部（ヒューマンライツ・ナウ編訳，2011）女性に対する暴力に関する立法ハンドブック．信山社．

小西聖子（1996）日本の大学生における性暴力被害の調査．日本＝性研究 会議会報，8; 28-47.

内閣府男女共同参画局（2021）男女間における暴力に関する調査報告書．

性犯罪・性暴力対策強化のための関係府省会議（2020）性犯罪・性暴力対策の強化の方針．

清水恵子・浅利優・奥田勝博ほか（2017）犯罪と睡眠薬（GABAA 受容体作動薬）による一過性前向健忘．法医病理，23; 11-19.

吉田博美（2008）性暴力被害者のメンタルヘルスと治療．In：小西聖子編著：犯罪被害者のメンタルヘルス．誠信書房，pp.144-170.

第２章
学内でのストーカー問題への対応

小島奈々恵

Ⅰ　はじめに

学内で，学生から学生への，教職員から学生への，学生から教職員へのストーカー行為に発展しうるつきまとい等の問題が起きたとき，どのように対応したら良いか。まずは,「ストーカー規制法が規制対象にする行為」について知る必要がある。続いて，学生への対応として，日頃からできること，ストーカー被害や加害について相談されたときの対応，ストーカー被害者や加害者にならないために学生に伝えたいことについて紹介する。

なお，ストーカー行為を受ける人を「被害学生」，ストーカー行為をする人を「加害学生」，ストーカー行為について相談される人を「教職員」と記載するが,「被害学生」は「被害教職員」「(大学関係者ではない）被害者」とも言い換えられ，また，「加害学生」は「加害教職員」「(大学関係者ではない）加害者」とも言い換えられる。また，高等教育機関は，加害学生に自身が行った行為について考えさせ，更生の機会を与え，そのための指導もする機関であることを前提とする。

Ⅱ　ストーカー行為とは（スライド２）

「ストーカーされている」と相談されたとき,どのような行為を想像するだろうか。被害学生が誰かにつきまとわれていることや，待ち伏せされていることを想像する人は多い。しかし，ソーシャルメディアの発展や技術の発展に伴い，ストーカー行為の形は多様化しており，また，加害学生の立場で考えると，好意を寄せている相手への愛情表現に過ぎない可能性もある。

１．ストーカー行為は犯罪（スライド３～６）

最初に，ストーカー行為は「犯罪」であることを踏まえておく必要がある。暴

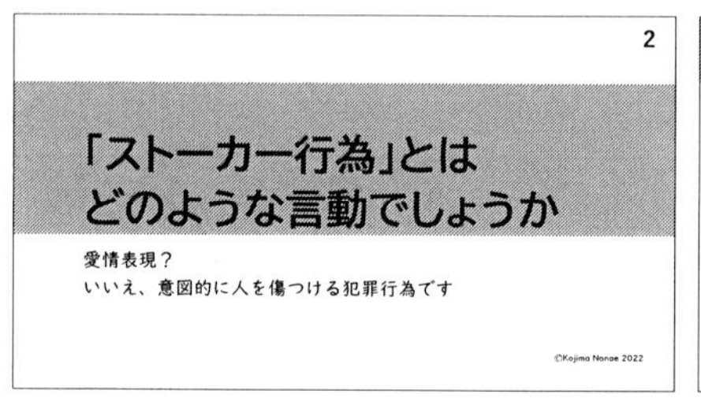

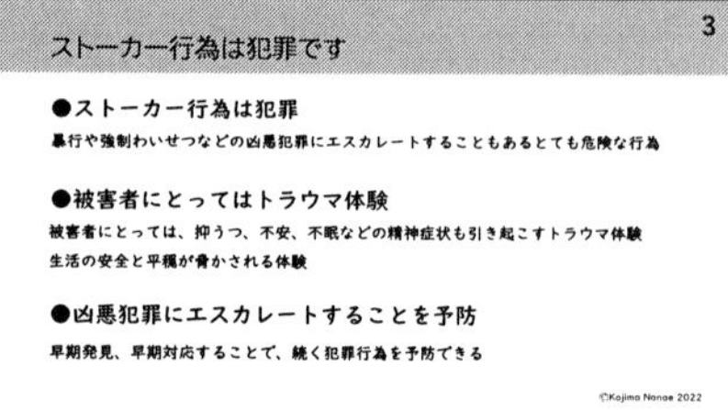

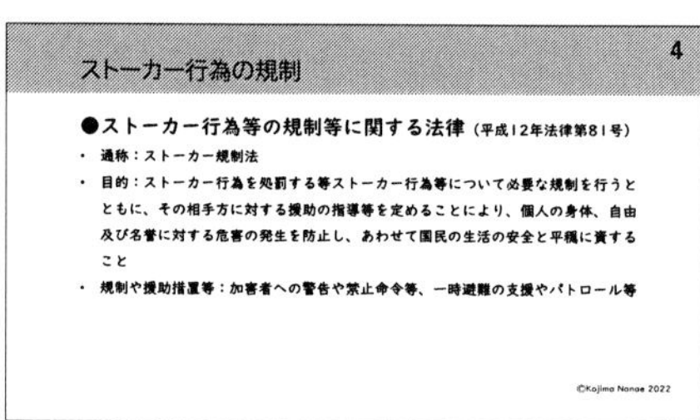

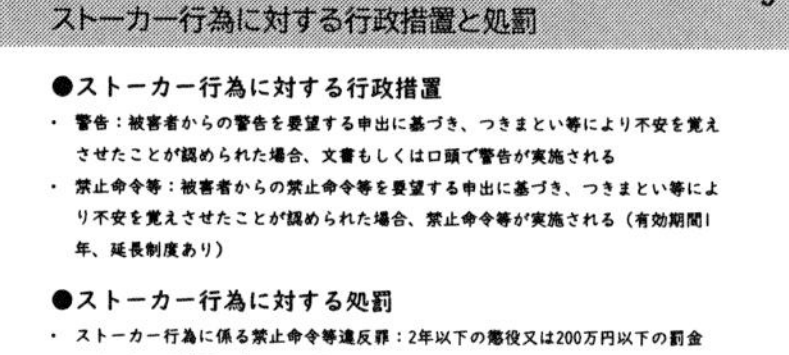

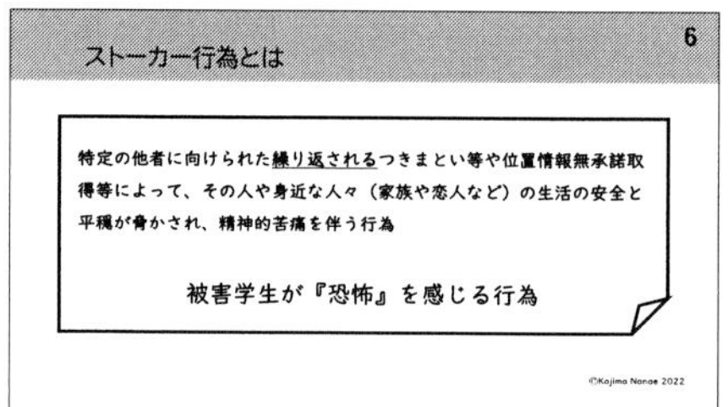

行や強制わいせつなどの凶悪犯罪にエスカレートすることもあるとても危険な行為である。また，被害学生は，生活の安全と平穏が脅かされ，抑うつ，不安，不眠などの精神症状も引き起こすことがある。加害学生がストーカー行為を理解し，認めることができたならば，凶悪犯罪へのエスカレートを止めることも可能となる。ストーカー行為は加害学生からの「SOS（サイン）」とも捉えることができ，ストーカー行為を早期発見することで，より凶悪な犯罪から被害学生を守るだけではなく，より凶悪な犯罪行為を未然に防ぎ，犯罪行為を犯し続けることから加害学生を守ることができる。加害学生のストーカー行為は許されるものではないが，高等教育機関において，加害学生に更生のチャンスを与え，そのための指導をすることも重要な役割である。そのためにも，ストーカー行為を可能な限り早く察知し，深刻化を防ぐことが重要である。

国内では，「ストーカー行為等の規制等に関する法律」，通称「ストーカー規制法」において，ストーカー行為が定義されている。ストーカー規制法は，2021年に改正・施行され，より現代にあった形にストーカー行為が見直された。また，加害者への警告や禁止命令等，警察等による対応についても規定されている。

ストーカー行為に対する行政措置や処罰について紹介する。

被害者からの，加害者に対して警告もしくは禁止命令等を要望する申出に基づ

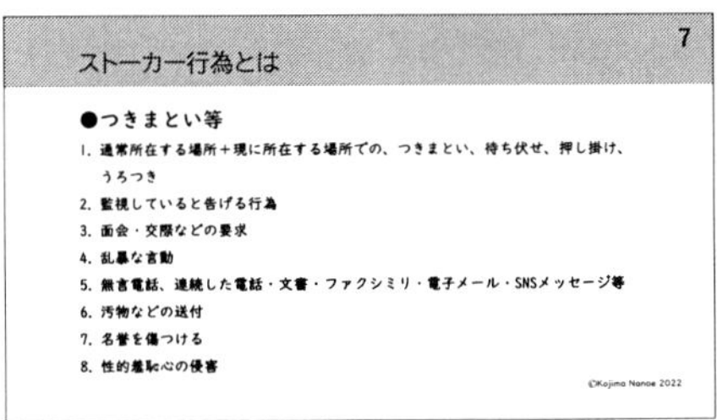

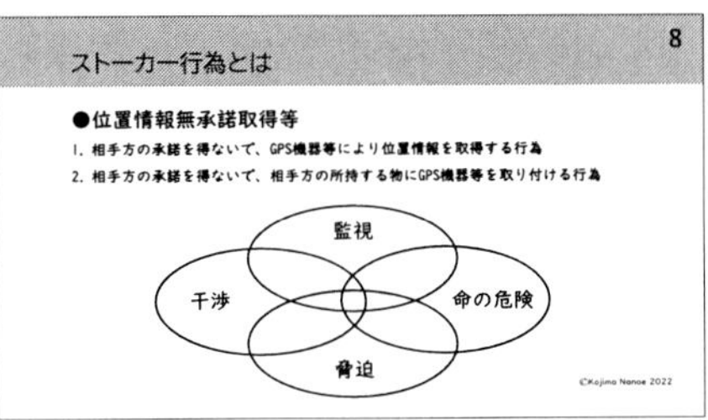

き，つきまとい等により不安を覚えさせたことが認められた場合，文書もしくは口頭での警告，もしくは禁止命令等が実施される。禁止命令等の有効期間は１年であるが，禁止命令等の延長必要性が認められたとき，有効期間は１年延長される。さらに延長しようとするときも同様である。

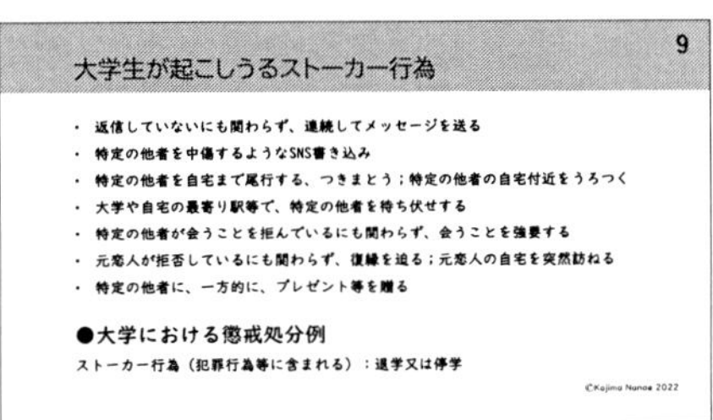

このストーカー行為に係る禁止命令等に違反した場合，処罰として，２年以下の懲役又は200万円以下の罰金が命じられる。被害者による被害届の提出に基づき，ストーカー行為が認められたときは，１年以下の懲役又は100万円以下の罰金の処罰が命じられる。

ストーカー行為とは，特定の他者に向けられた，繰り返されるつきまとい等や位置情報無承諾取得等によって，その人や身近な人々（家族や恋人など）の生活の安全と平穏が脅かされ，精神的苦痛を伴う行為である。つまり，被害学生が「恐怖」を感じる，加害学生による連続性のある（関連した）つきまとい等の行為が「ストーカー行為」である。

２．ストーカー行為の具体例（スライド７～９）

ストーカー規制法の規制対象行為には大きく２種類，①（スライド７の１～８に記す）つきまとい等と，②（スライド８の１～２に記す）位置情報無承諾取得等がある。

１．通常所在する場所＋現に所在する場所での，つきまとい，待ち伏せ，押し掛け，うろつき

具体的には，加害学生が被害学生を尾行したり，最寄り駅等で加害学生が被害学生を待ち伏せしたり，加害学生が被害学生の自宅に押し掛けたり，被

害学生の生活圏を加害学生がうろついたりすることである。なお，被害学生の自宅や学校が通常所在する場所であり，買い物先や旅行先が現に所在する場所である。

2．監視していると告げる行為

被害学生の帰宅時に「おかえり」と伝える，「○○で買った服，かわいいね」と被害学生の行動について知っていることを伝える等，加害学生が被害学生を監視していることが伝わるような言動のことである。

3．面会・交際などの要求

断っているにも関わらず会うことを強要すること，復縁を迫ることである。一方的に贈ったプレゼントを受け取るよう要求することも含まれる。

4．乱暴な言動

加害学生による，被害学生を誹謗するような言動であり，被害学生の自宅付近で騒音を立て，被害学生の生活を脅かすような行動も含まれる。

5．無言電話，連続した電話・文書・ファクシミリ・電子メール・SNS メッセージ等

無言電話を繰り返しかけること，被害学生から返信がないにも関わらず連続して SNS メッセージ等を送り続けることである。

6．汚物などの送付

汚物や動物の死骸など，被害学生に不快感を与えるものを，自宅や大学に送りつけることである。

7．名誉を傷つける

被害学生を中傷するような SNS 書き込みやメール送信のことである。

8．性的羞恥心の侵害

わいせつな写真や画像，卑猥なことばなどを，被害学生に手紙や SNS メッセージ等を用いて送ることである。

昨今では，子どもや高齢者，ペットを見守るために開発されたカメラやアプリケーション等の普及により，簡単に被害学生の位置情報や映像が入手できるようになっている。GPS 機器を用いることにより，被害学生の居場所が特定できたり，被害学生の移動行動が特定できたりする。また，アプリケーションを活用することによって，録音・録画等も可能となる。

1．相手方の承諾を得ないで，GPS 機器等により位置情報を取得する行為

被害学生の「承諾を得ず」「意思に反して」被害学生の位置情報を，加害学

生が取得することである。

2．相手方の承諾を得ないで，相手方の所持する物にGPS機器等を取り付ける行為

被害学生の「承諾を得ず」「意思に反して」被害学生の所有物に，GPS機器を取り付けたり，アプリケーションをインストールすることである。

繰り返しにはなるが，ストーカー行為とは，特定の他者に向けられた，繰り返されるつきまとい行為等であり，その人や身近な人々（家族や恋人など）の生活の安全と平穏が脅かされる，精神的苦痛を伴う違法行為である。また，１パターンのみのストーカー行為が行われることは少なく，２パターン以上のストーカー行為が組み合わされて行われることがほとんどである。

大学生が起こしうるストーカー行為の例をいくつか紹介する。先に述べた例と重なるものもある。

「ストーカー行為」の加害者として，「見知らぬ相手」を想像した人はいないだろうか。「元恋人である被害学生が拒否しているにも関わらず，復縁を迫る」「元恋人である被害学生の自宅を突然訪ねる」のように，多くのストーカー行為は，知り合い，特に「元恋人」によって行われることが多い。

なお，ストーカー行為は犯罪であることからも，高等教育機関においても，ストーカー行為が認められた学生に対して退学や停学の懲戒処分がある（※各大学における処分について要確認）。

3．ストーカー行為の実際（スライド10）

令和２年度の警視庁によるストーカー事案の報告においても，４割以上のストーカー行為が，元もしくは現の交際相手によるものであることが報告されており，次に知人友人であることが続く。「見知らぬ相手（面識なし）」によるストーカー行為は１割未満にとどまる。

また，被害者の９割が女性であり，男性被害者も１割いることを覚えておきたい。被害者，加害者ともに，20代～30代の者が多く，大学に所属する学生の年齢に合致することにも注意が必要である。

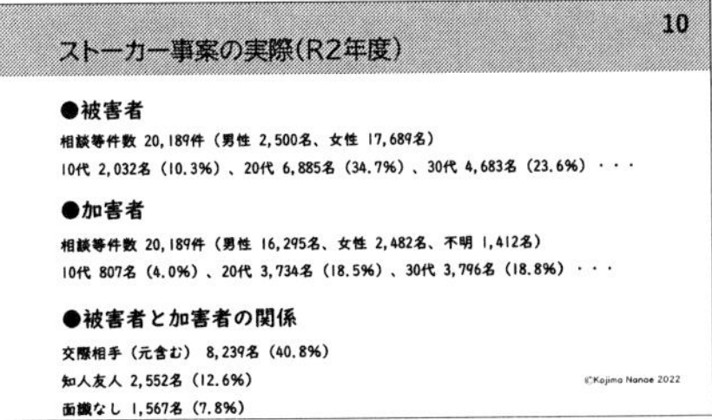

Ⅲ　ストーカー問題の予防と対応（スライド 11）

1．ストーカー問題の予防（スライド 12，13）

日頃からの対策として，相談しやすい環境づくりや，対人関係の構築が大切である。学生がストーカー行為に困ったとき，相談できる，信用できる大人として，コミュニケーションの取りやすい関係づくり，環境づくりを心がけたい。

また，ストーカー問題への対応としてだけではなく，学生が困ったときに助けを求めることができる相談先として，学内相談先を案内し，学生に知ってもらうことも重要である。学内に専門機関があるならば，なおのこと，教職員が一人で全てを抱える必要はなく，必要時に適切な専門機関を頼ることは，教職員自身のためにも，学生のためにもなる。また，そのような専門機関を頼っても良いのだというメッセージを学生に伝えることにもなり，先の相談しやすい環境づくり，関係づくりにも役立つ。さらに，ストーカー行為等について知らない学生も少なくない。ストーカー行為等，身近にある危険について学生に知ってもらうためにも役立つ。

学生の個人情報への配慮も欠かせない。特に，ストーカー行為には「情報」が重要な役割を担うことから，学生の個人情報（連絡先，趣味など）を研究室ホームページ等に提示する際は細心の注意を払う必要がある。

学生の変化に気づき，声をかけることも可能な限りしたい。元気がない，表情がいつもと違う，言葉数が少ない，いつもと違った行動をしている，一人でいることを不安がる，身体症状，食欲不振や過食，不眠や過眠，電話番号や SNS アカウントの変更，急な引っ越し等，学生の変化に気づき，一言，声をかけられたら良い。具体的な事案に触

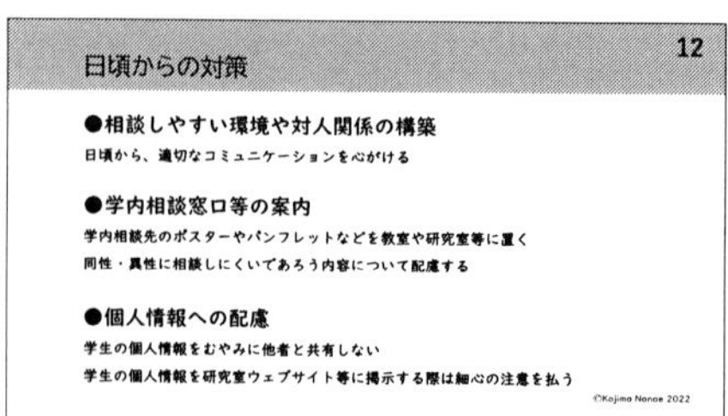

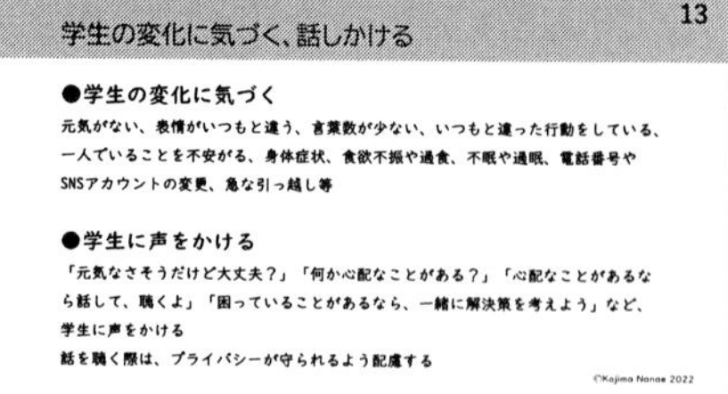

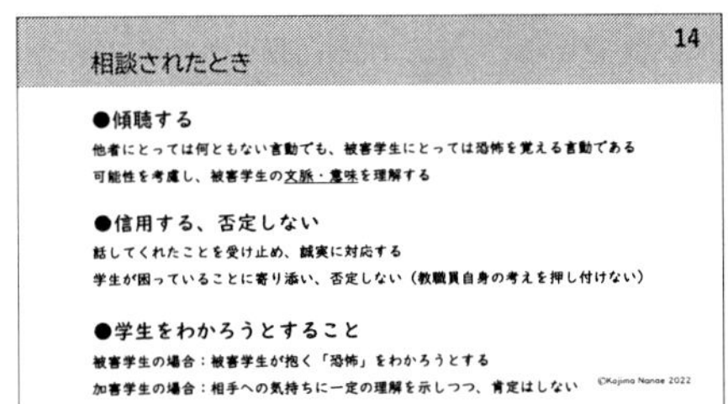

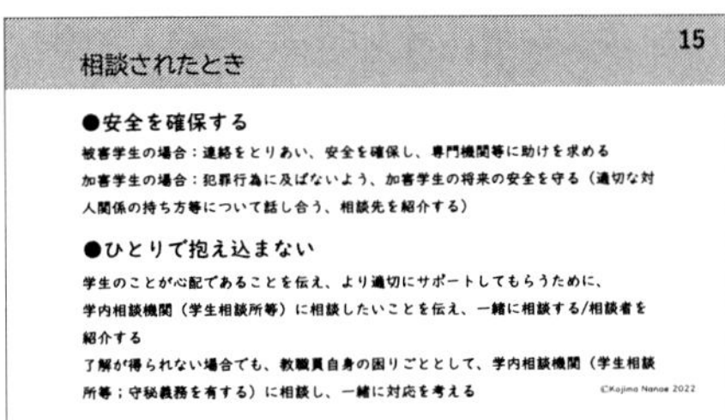

れなかったとしても,「元気なさそうだけど大丈夫？」「何か心配なことがある？」「心配なことがあるなら話して，聴くよ」「困っていることがあるなら，一緒に解決策を考えよう」など，声をかけてもらうことで，学生は相談しやすくなる。また，具体的な相談に発展した際には，学生のプライバシーが守られるよう，相談される環境に配慮したい。

2．学生から相談されたときの基本姿勢（スライド 14，15）

学生からストーカー行為について相談されたときに守りたい教職員の姿勢として，①傾聴すること，②信用し，否定しないこと，③学生をわかろうとすることが重要である。

①被害学生から相談されたとき

最初に,相談に訪れる被害学生の気持ちを想像してほしい。恐怖を感じており，自身で対処することの難しさがあったがゆえに相談することを決意したが，同じ学生である加害学生について「告げ口」をすること，自身が「ストーカー行為」と思っていることは本当にそうなのか，自身がおかしいだけなのではないか，などの大きな不安を抱え，相談に訪れる学生を想像してほしい。学業や研究以外のことを教職員に相談することは，学生にとっては勇気の必要なことであり，そのような学生に「相談してよかった」と思ってもらえるような姿勢を持って相談を受けてほしい。そのためにも，①傾聴すること，②学生の話を信用し，否定しないこと，③学生をわかろうとすることが重要となる。

被害学生から「毎朝，机の上にコーヒーが置かれていて困っている」と相談されたとする。被害学生がどうして困るのか，すぐに理解することができるだろうか。コーヒーが好きではないから,飲めないから困っているのかとも想像できる。送り主が誰か分からず困っているとも想像できる。被害学生は続けて「〇〇くんが，毎朝，コーヒーをくれる」と語ったとして，実は，〇〇くんからのコーヒーは嬉しく，お礼をどうすればよいのか悩んでいるとも捉えることができる。このようにいろいろと推測はできるが，被害学生がどのようなポイントに困っているのか，傾聴する必要がある。すると，毎晩，○○くんから次の朝に置かれるコーヒーについてSNSメッセージが届いており，絶対に受け取ってほしい，飲んでほしいと言われていること。受け取ってもらえなかったときは，死ぬしかないと思っていると言われていること。飲んでいる姿の写真を送ってほしいと言われていること。○○くんには伝えていないにも関わらず，自身が好きなコーヒーブランドや，楽しみにしているコーヒーの新作について○○くんは知っていて，発売日等にそのコーヒーが置かれていること。実は，○○くんとは接点がなく，ほとんど話したことがないこと（もしくは，○○くんと付き合っていたが，１カ月前に別れていること）。メッセージが届くことの怖さ，コーヒーを置くために○○くんが自身の机まで来ていることの怖さ，伝えていないことまで知っていることから監視されているかもしれないことの怖さが語られるかもしれない。被害学生の話を傾聴し，被害学生の文脈を汲み取り，意味を理解しなければ，被害学生がストーカー行為に困っていることは分からないのである。また，被害学生の語りを信用し，否定せず，被害学生に寄り添って誠実に対応しなければ，被害学生がストーカー行為に困っていることは語られないし，「分かってもらえない」と思われ，最終的には相談もされないだろう。また，被害学生が感じている「恐怖」をわかろうとすることも大切である。「コーヒーくらい」と思って対応してはならないのである。また，イライラ，悲しみ，怒り，反応しないことで「恐怖」を表現する場合もあることを忘れてはならない。

②加害学生から相談されたとき

学業や研究以外のことを教職員に相談することは，学生にとって勇気の必要なことであることは，加害学生にとっても同じであろう。自ら相談に訪れたのであれば，なおのことである。また，被害学生からの訴えへの対応として，教職員が加害学生を呼び出して話を聴く場合は，加害学生としては生きた心地がしない状況かもしれない。もしくは，ストーカー行為の自覚がないために，学業や研究のために呼び出されたと思って伺ったが，「○○さんの机に置かれるコーヒーについて」問われ，混乱するかもしれない。

加害学生自身からの自発的な相談であっても，呼び出しての対応であっても，被害学生同様，加害学生の話を傾聴することは重要である。被害学生を傷つけたいという気持ちが加害学生にあるわけではなく，好意を抱いているがゆえにしている言動かもしれない。恋愛映画や恋愛ドラマには，主人公が，相手を一途に想い，拒否されたにもかかわらず，めげずに想い続け，自身の好意を一途に伝え続けた結果（花束のプレゼント，サプライズ訪問等），最初は拒否していた相手も主人公を好きになり，見事カップルが成立するというストーリーがある。両想いになるというエンディングだからこそ「ストーカー行為」を描いたホラーやサスペンスストーリーにはならないが，相手が拒否しているにも関わらず，花束のプレゼントやサプライズ訪問等で自身の好意を一途に一方的に伝え続けることは「ストーカー行為」である。そして，恋愛映画や恋愛ドラマは，恋愛する学生の「教科書」「お手本」となる。そのため，自身の言動が「ストーカー行為」として自覚されないことも容易に考えられる。加害学生の被害学生への気持ちを大切にしつつも，加害学生の言動は不適切なものであること，適切な言動はどのようなものであるかについて一緒に考えたり，必要に応じて，教育する必要がある。また，場合によっては，加害学生のとっている言動が「犯罪」になる可能性も指摘し，教職員として心配していること，「犯罪」を犯さないためにも被害学生への言動を止めることについて話し合う必要がある。

加害学生の語りを傾聴しなければ，加害学生は被害学生に抱く好意について語らないだろうし，その好意に基づいてとった言動であるということを信用し，否定せず，話し合いの場を持たなければ，より適切な言動について一緒に考えたり，教育することは難しいだろう。加害学生の気持ちに一定の理解を示しつつも，肯定もしないことが大切である。なお，加害学生の言動が「恨み」に基づいていたとしても同様である。

相談されたときの対応の一環として，学生の安全を確保することも重要となる。被害学生の場合は，生活の安全と平穏，もっと言えば，命を守る必要がある。そのために，連絡をとりあい，必要に応じて警察等の専門機関等に助けを求める必要がある。加害学生の場合は，加害学生の将来の安全を守る機会としたい。犯罪行為に及ばないよう，未然に防ぐために，適切な対人関係の持ち方等について話し合いたい。もしくは，そのような相談ができる学内相談機関を紹介したい。

また，学生からの相談を，教職員がひとりで抱え込む必要はなく，抱え込まないほうが良い。相談してくれた被害学生や加害学生には，学生らのことを心配していること，しかし，自身もどのように対応したら良いのか分からないため，より適切にサポートしてもらうために，より適切な学内相談機関（学生相談所等）に相談したいことを伝え，了承が得られたならば，一緒に相談機関を訪ねる，もしくは，相談予約等をその場で行い，被害学生や加害学生を確実に相談機関に繋ぎたい。被害学生や加害学生から了承が得られなかった場合でも，自身の困りごととして，学生への対応について相談機関を訪れたい。相談機関を訪ねることに学生は了承していないことも含め，今後の対応について専門機関スタッフ（守秘義務を有していることが多い）と考えたい。

Ⅳ　学生に伝えたいこと――被害者にも加害者にもならないために（スライド 16）

危険や犯罪行為を防ぐためにも，学生に知ってもらいたいことや，実際，被害にあったときの対応について紹介する。

1．被害者にならないために（スライド 17 ～ 21）

被害者にならないために，意思を示すことや，個人情報の管理は，日頃から行っておきたい。NO をはっきりと伝える難しさはあるかもしれないが，特にストーカー行為（他にも性被害やハラスメント等）においては，イヤなものはイヤであることをはっきりと示す必要がある。加害学生に，被害学生も喜んでいると誤解されないようにするためにも，可能な範囲で，SNS メッセージを送ってほしくないこと，自宅を訪ねないでほしいこと，プレゼント等を贈らないでほしいことを伝える必要がある。また，恋人と別れるときも同様である。「別れる」ことをはっきりと伝え，自然消滅や，曖昧な別れ方をせず，「別れた」ことを明確にしたい。

個人情報の管理についても十分に注意したい。特に，誰もがアクセスできる SNS 等に記載する情報には注意したい。例えば，写真等の位置情報から自宅等の場所を特定することができる。他にも，日頃の生活に関わる情報から自宅を特定することができたり，生活ルーティンが明らかになったり，自宅室内を背景とした写真から自宅見取り図が推測可能である。また，個人情報が記載された郵便物等を処分するときは，住所や部屋番号，電話番号等が知られないよう，シュレッダー等を用いて適切に処分したい。

他にも，日常生活において，自宅の鍵を強化すること，自宅室内が外から見えないよう工夫すること，洗濯物の干し方に注意すること，防犯ブザーを携帯すること，送り主が不明の荷物等は受け取り拒否することなどを心がけたい。防犯ブザーは，必要時に容易に使用できる場所に携帯することが重要である。スマートフォンにインストールできる防犯ブザーアプリケーションなどもあり，自身が使用しやすいものを携帯すると良い。見える場所に携帯することで，加害者に警戒してもらえることも覚えておきたい。不審に思ったら，怖いと感じたら，警察や信頼できる人に相談することも重要である。相談することに躊躇せず，自身が安心して話せる相手にまずは相談してみることから始めることが大切である。

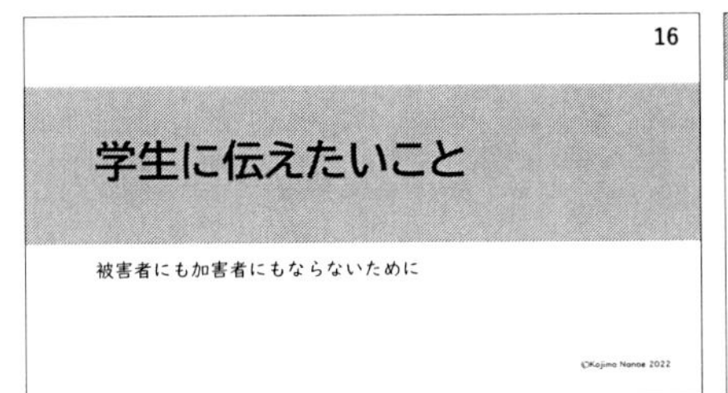

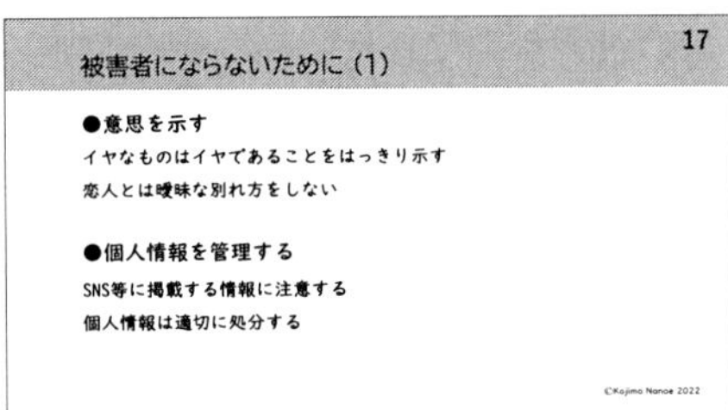

18

被害者にならないために（2）

●日常生活で注意すること

- 自宅の鍵を強化する
- カーテンを厚手のものにする等、自宅室内（にいる自分）が外から見えないよう工夫する
- 洗濯物の干し方に注意する（外に干さない）
- 見える場所に防犯ブザーを携帯する
- 防犯ブザーアプリを使用できるよう設定する
- 送り主が不明の荷物等は、受け取りを拒否する
- 不審に思ったら、怖いと感じたら、警察や信頼できる人に相談する

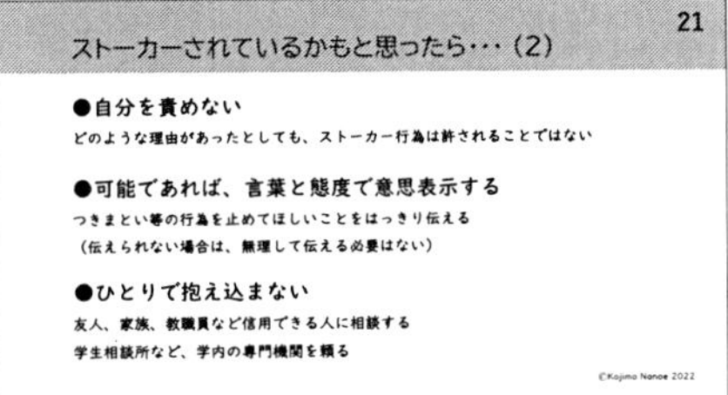

20

ストーカーされているかもと思ったら・・・（1）『STEPS』

See It（気づく）	ストーカー行為に気づく（相手が怖いと感じることがある、つきまとわれている気がする等）。
Threat Assessment（評価）	リスクを過小評価しない。凶悪な犯罪にエスカレートする可能性も想定し、予防する方法について検討する。危険な状況への対処方法（逃げ方、緊急連絡先等）について検討し、練習する。
Evidence（証拠）	記録する。見たくない、聞きたくない、触れたくないものも捨てずに、保管・保存する。
Protection（守る）	自身の安全を確保する。ライフスタイルや日常ルーティン等を変更する必要があるかもしれない。
Support（助けを求める）	友人、家族、教職員等、信用できる人に相談し、サポートしてもらう。専門機関等に助けを求める。

21

ストーカーされているかもと思ったら・・・（2）

●自分を責めない

どのような理由があったとしても、ストーカー行為は許されることではない

●可能であれば、言葉と態度で意思表示する

つきまとい等の行為を止めてほしいことをはっきり伝える
（伝えられない場合は、無理して伝える必要はない）

●ひとりで抱え込まない

友人、家族、教職員など信用できる人に相談する
学生相談所など、学内の専門機関を頼る

危険を感じたとき，怖いと感じたときは，タクシーを利用すること，自宅やエレベーターに入る際は周囲に注意すること，防犯ブザーを鳴らすことや助けを求めることは躊躇せずしたい。危険を感じたとき，怖いと感じたときには，その証拠や記録を残し，警察や信頼できる人に相談することも大切である。

実際に危険を感じたとき，怖いと感じたとき，ストーカーされていると感じたときには，『STEPS』を参考にすると良い。

1．See it（気づく）：恐怖を感じる行為に気づくことが重要であり，それがストーカー行為かどうかわからなかったとしても，そのように感じたこと，自身の直感を信じること。
2．Threat Assessment（評価）：「大したことない」「自身の勘違いかも」など，自身が怖いと感じていることを過小評価しないこと。ストーカー行為は凶悪犯罪にもエスカレートするサインであることからも，自身を守る方法や，

危険を予防する方法について，しっかりと検討し，練習しておくこと。防犯ブザーを使えるようにしておくこと，帰り道に危険があった場合の逃げ方をシミュレーションしておくこと，緊急連絡先を決めておくこと，警察への連絡が容易にできるよう準備しておくことなど。

3．Evidence（証拠）：怖いと感じている行為について記録すること。中には，見たくないもの，聞きたくないもの，触れたくないものもあるかと思うが，処分せず，保管・保存しておくこと。見たくない SNS メッセージ等あれば，通知 OFF 等して，相談時以外は見なくても良いように工夫したり，手紙や贈り物等であれば，自身の目に入らない保管場所を決め，段ボール等に保管するなど。中身を確認する必要はない。

4．Protection（守る）：自身の安全を確保すること。残念ながら，自身のライフスタイルや日常ルーティン等を変更する必要があるかもしれないが，自身の安全，命を守ることが重要である。具体的には，帰宅が遅くなる部活等には参加しないこと，参加した場合はタクシーを使用して帰宅すること，暗い場所を通るような最短ルートではなく明るい場所を通る最長ルートを用いて帰宅することなどである。

5．Support（助けを求める）：友人，家族，教職員等，信頼できる人に相談し，助けてもらうこと。自身が怖いと感じていることについて話し，必要に応じて，一緒に行動してもらうなどのサポートをしてもらうこと。学内の相談機関等も訪ね，対応について一緒に検討してもらうこと。必要に応じて，警察等の専門機関等に助けを求めること。

加害学生による行為について被害学生が自分を責める必要はない。どのような理由があったとしても，ストーカー行為は許されることではなく，適切に対応することで，被害学生だけではなく，加害学生も助けることになるので，加害学生のストーカー行為について信用できる他者に相談することに躊躇する必要はない。

可能な場合は，つきまとい等の行為をしてほしくないことを，言葉と態度で，加害学生にはっきりと伝えること。しかし，無理して伝える必要はない。

また，ひとりで抱え込む必要はない。信用できる人に相談することから始めること。

2．加害者にならないために（スライド 22）

自身の言動について振り返ること。自身からの SNS メッセージやプレゼント等を相手は喜んでいたか，嫌がっていなかったか，などについて考え，相手が嫌が

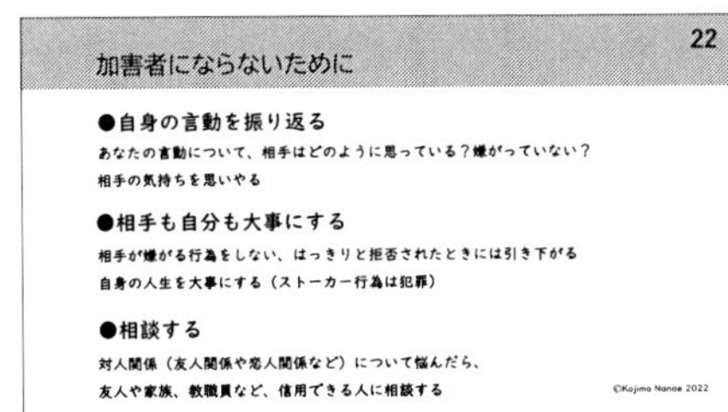

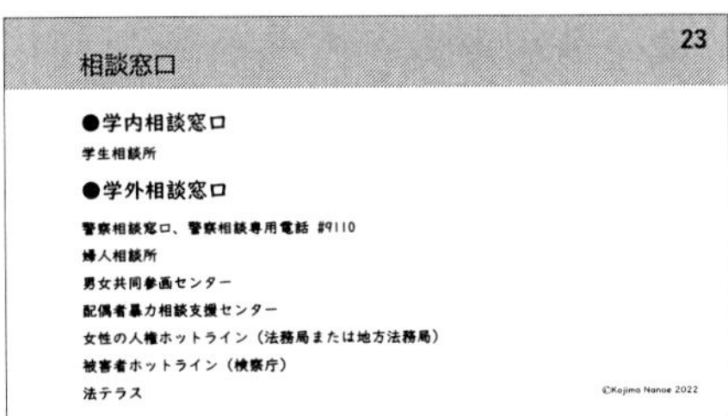

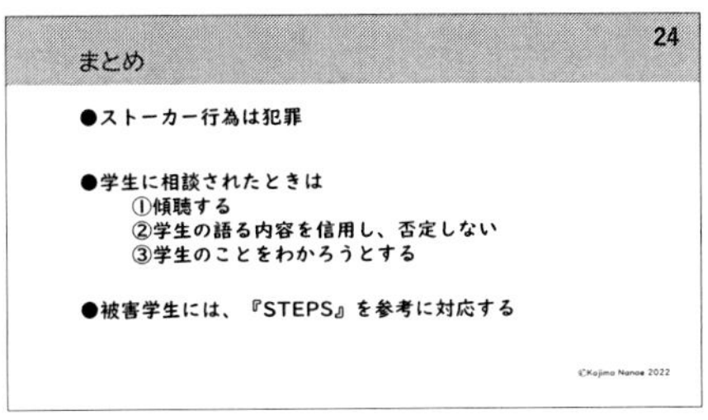

っていたならば，相手の気持ちを尊重し，思いやること。

相手のことだけではなく，自身のことも大事にすること。相手が嫌がることを続けることで，いずれ自分も嫌な気持ちになる可能性が高いため，はっきりと拒否されたときは素直に引き下がること。また，自身は好意を示すためにとっている言動も，相手から嫌がられることで，「ストーカー行為」と認定され，「犯罪を犯す」ことになるため，そのようなことが起きないようにすること。自身の人生を大切にすること。

好意（あるいは恨み）を表現する行為が止められないとき，どのように表現することが適切なのか分からないときは，友人や家族，教職員など，信用できる人に相談すること。

3．各種相談窓口（スライド 23）

学内相談窓口と学外相談窓口を紹介する。

学生に紹介するだけではなく，必要に応じて，一緒に相談すると良い。相談することは勇気のいることであり，サポートがあると心強い。もし，一緒に相談することができなかったとしても，予約の電話等は一緒に行い，学生が相談機関に確実に繋がるよう支援したい。

V　ま　と　め（スライド 24）

第一に，ストーカー行為は犯罪である。ストーカー行為に発展しうるつきまとい等について注意喚起し，予防することで，被害学生の安全も，加害学生の安全も，守りたい。

第二に，学生に相談されたときは，①傾聴する，②学生の語る内容を信用し，否定しない，③学生のことをわかろうとすることを心がけたい。日頃から，コミュニケーションの取りやすい関係づくり，環境づくりを実施することで，多くの問題を未然に防ぐことができる。

第三に，もしストーカー問題が生じてしまった場合，『STEPS』を参考に対応する。被害学生の命や生活を守ると同時に，ストーカー行為の証拠も残したい。

文　献

警察庁．ストーカー対策．https://www.npa.go.jp/bureau/safetylife/stalker/index.html（2021年9月22日閲覧）

警察庁（2021）ストーカー規制法が改正されました！．https://www.npa.go.jp/bureau/safetylife/stalker/R03kaisei/index.html（2021年9月22日閲覧）

Logan, T. K. (2015) Five STEPS to Helping Stalking Victims. https://www.bwjp.org/assets/documents/pdfs/helping-stalking-victims-5-basic-first-steps.pdf（2021年9月25日閲覧）

Logan, T. K. & Walker, R. (2017) Stalking: A multidimensional framework for assessment and safety planning. Trauma, Violence, & Abuse, 18; 200-222.

政府広報オンライン（2021）ストーカーは犯罪です！ 被害を受けたらすぐ警察に相談を．https://www.gov-online.go.jp/useful/article/202109/1.html（2021年9月22日閲覧）

Raghu, M. (2013) The use of technology to stalk and the workplace. https://preemploymentdirectory.com/ereport/the_workplace_violence_prevention_ereport_july_august_2013/M_Raghu_Work_Viol_e_newsletter_July_2013.pdf（2021年9月25日閲覧）

SPARC（2021）Know it, Name it, Stop it Public Awareness Workshop. https://www.stalkingawareness.org/know-it-name-it-stop-it（2021年9月22日閲覧）

ストーカー行為等の規制等の在り方に関する有識者検討会（2021）ストーカー行為等の規制等の在り方に関する報告書．https://www.npa.go.jp/safetylife/seianki/stalker/R2-1/houkokusyo.pdf（2021年9月22日閲覧）

第３章
刑罰の対象になりうる問題行動がある学生への対応

太田裕一

Ⅰ　はじめに（スライド２～５）

学生相談カウンセラーであれば担当している学生が問題行動を起こすのではないかと不安になったり，大学から懲戒を受けた学生のカウンセリングを担当した経験があったりするだろう。私たちは大学人としてこのような学生に対してどう接する必要があるのだろうか。日本の大学生の犯罪と大学の懲戒制度について振り返り，実際に刑罰の対象となりうる問題行動を行う（行った）学生への対応について考えたいと思う。

１．日本の大学生の犯罪と懲戒制度

日本の犯罪自体が世界的水準に比較すると突出して少ない。血気にはやりやすい青年期男性の凶悪犯罪率は他の年齢層に比べて高くなるのが普通だが，日本では青年の凶悪犯罪率は中高年とそれほど変わらないくらい低いという大きな特徴がある。高等教育を受ける学生の全人口に占める割合は 2020 年度で 2.9％である。刑法犯検挙人員における高等教育学生の割合は全体で見ると 2.8％とやや低い程度であるが，凶悪犯（5.9％），粗暴犯（1.6％），強制性交及び強制わいせつ（4.9％）と，重大な犯罪ではいずれも社会人に比べて極めて検挙者が少ない（警察庁，2021）。諸外国に比べて日本の大学キャンパス内での犯罪は少なく，懲戒件数の全国的な統計も取られていない。

日本のほとんどの高等教育機関は学校教育法に基づいた学生懲戒規程を持っている。大学は刑罰を受けたほとんどの学生に対して懲戒を与えるが，刑罰の対象となる行為と，懲戒の対象となる行為には重ならない部分も存在する。アメリカの大学では大学の学生行動規範（Student Code of conduct）が公開され規範違反に対して懲戒プロセスが定められており，精神科受診，個人カウンセリング等

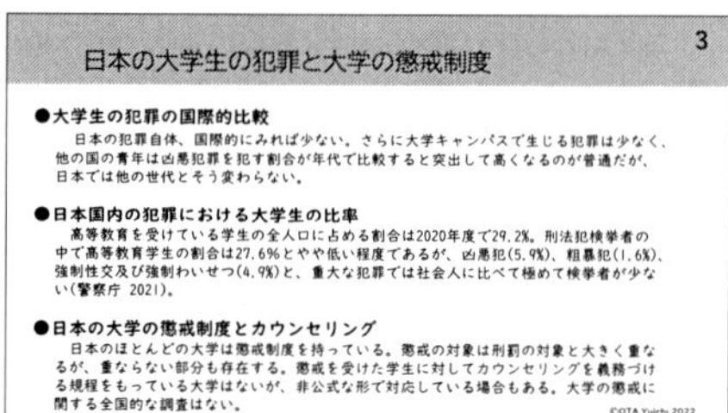

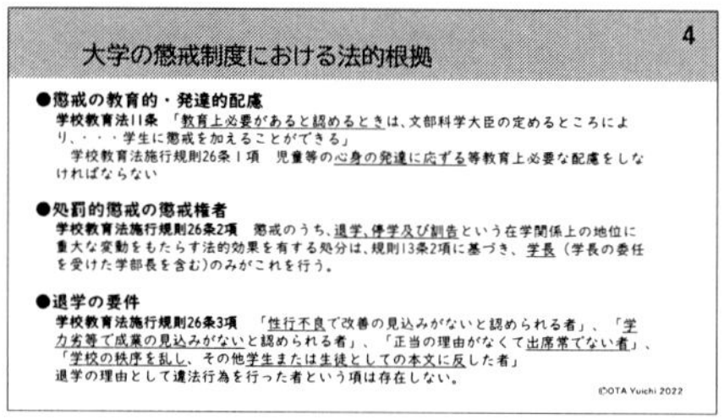

5

大学における懲戒のめやす(例)

		訓告	停学	退学
犯罪行為等	凶悪犯罪(殺人、強盗、放火等)及びその未遂			○
	暴行、傷害、窃盗、横領、恐喝、詐欺		○	○
	薬物犯罪		○	○
	賭博		○	○
	性犯罪(強制性交罪、強制わいせつ罪等)、迷惑防止条例違反(盗撮、覗き等)	○	○	○
	ストーキング	○	○	○
交通事故等	交通犯罪(無免許運転、飲酒運転等、ひき逃げ) 人身事故	○	○	○
	インターネット等による誹謗中傷	○	○	○
	コンピュータ犯罪	○	○	○
試験不正行為	身代わり受験等悪質なもの		○	○
学内での違法行為	研究教育の妨害、建築物への不法侵入、占拠	○	○	○
	ハラスメント	○	○	○

を処分の一環として位置づけている大学も多い。日本でも近年，学生行動規範を作る大学が少しずつでてきているが，カウンセリグングが懲戒のプロセスに正式に組み込まれているような大学は今の所ないようである。

凶悪犯罪の場合は逮捕されて，学生に接することはできなくなるため，カウンセラーが刑罰の対象になりうる問題行動を犯した学生に関わるのは凶悪犯罪以外である。筆者の勤務するキャンパスの男性比率がもともと高いこともあるが，個人的な経験としてはこうした学生はいずれも男性で性的逸脱行動が目立った。

2．懲戒制度の法的根拠

学校教育法 11 条は校長（＝学長）及び教員の懲戒権を認めている。懲戒には退学，停学，訓告（記録に残る口頭または文書での注意）などの法的効果を伴う懲戒（以下「処罰的懲戒」）と，叱責，特別な課題を出す，居残りをさせるなどの法的効果を伴わない，事実行為としての懲戒（以下「教育的懲戒」）がある。

学校教育法施行規則 26 条では懲戒について「児童等の心身の発達に応ずる等教育上必要な配慮をしなければならない（１項)」とし，「懲戒のうち，退学，停学及び訓告の処分は，校長（＝学長）が行う（２項)」と定め，退学の要件（３項）を１）性行不良で改善の見込みがないと認められるもの，２）学力劣等で成業の見込みがないと認められるもの，３）正当の理由がなくて出席常でない者，４）学校の秩序を乱し，その他学生または生徒としての本分に反した者，としている。

退学の理由については，１），４）は妥当であるが，現代では２），３）を理由に退学処分がくだされることはほとんどない。これら退学の理由はいずれの理由も学内での行動を対象にしており，刑罰を受けたことを懲戒の対象にするには，４項の「生徒としての本分に反したもの」の部分を拡大解釈するしかない。懲戒の対象となる行為は懲戒規程に定められており，どのような行動がどの程度の処分（退学，停学，訓告）になるかの目安をウェブサイトで公開する大学も近年は増えている。

懲戒規程で挙げられている主な懲戒の対象行為は，法令違反，学則違反，他人の権利を侵害する行為，研究教育への妨害，研究倫理違反，信用失墜行為などである。

II　刑罰／処罰的懲戒／加害性（スライド６～10）

法令違反のうち，違反に対して刑罰が与えられるものを通常犯罪と呼ぶ。刑罰には刑法に触れる刑事罰，地方自治体の定める条例に違反する行政刑罰（盗撮など迷惑防止条例違反）がある。

もうひとつ考えるべき軸として学生の問題行動の加害性がある。日本でも長く犯罪被害者の問題は放置されたままであったが，2004 年に犯罪被害者等基本法が制定されようやく被害者に対する基本的な支援が行われるようになった。「罪やこれに準ずる心身に有害な影響を及ぼす行為の被害者及びその家族又は遺族」を犯罪被害者と呼ぶが，このような犯罪被害を与える者を犯罪加害者と呼ぶ。定義からして学生が加害者になった場合はすべて懲戒対象とすべきだが，いくつか例外があり，加害者であっても懲戒の対象にならないことがある。

学生の問題行動をＡ「処罰的懲戒の対象になるが，刑罰を受ける例は少ないもの」，Ｂ「刑罰に相当し，処罰的懲戒の対象となるもの」，Ｃ「法令違反であるが，処罰的懲戒の対象にならない可能性があるもの」の３カテゴリに分け，それぞれ加害性の高いものと低いものに分類し説明を加える。

１．処罰的懲戒の対象になるが，刑罰を受ける例は少ないもの

加害性の低いものでは，テスト，レポート研究等の不正，学則違反がある。テスト等の不正では替え玉受験など悪質性や社会的影響の大きいものに関しては，有印私文書偽造罪および同行使罪が適応された例もあった。

学則に反する処分としては，かつては学内の政治運動や施設の不法占拠等で退学等の重い処分がくだされていたが，近年はキャンパス内の立て看板の設置，学

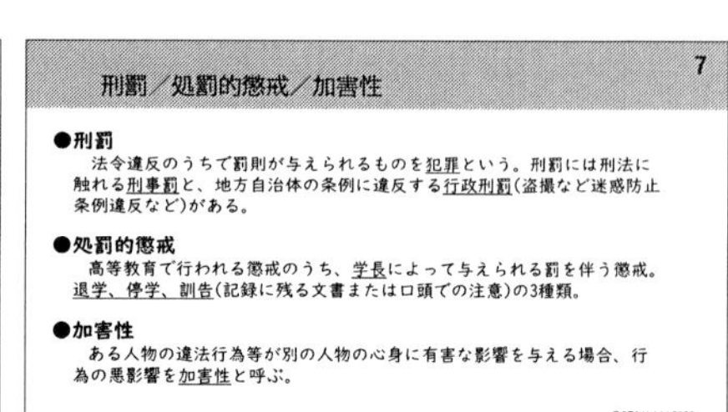

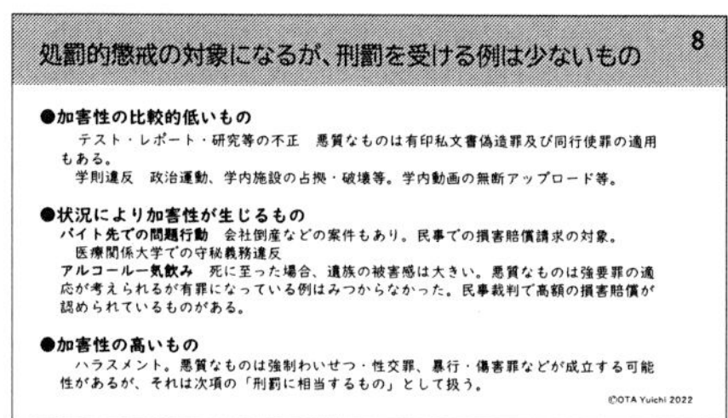

9
刑罰に相当し、処罰的懲戒の対象になるもの

●加害性の低いもの
無免許運転・飲酒運転等で事故のない交通違反
未成年飲酒

●中程度の加害性をもつもの
軽犯罪　住居侵入、窃盗、詐欺等
特定商取引法違反　ねずみ講など
インターネット犯罪　不正アクセス禁止法、電子計算機使用詐欺、ネットワーク利用犯罪等

●加害性の高いもの
凶悪犯罪　殺人・放火。
性犯罪　強制性交、強制わいせつ、迷惑防止条例違反。
悪質な交通事故　飲酒運転、危険運転。
粗暴犯　暴行、傷害。
過失致死、重過失致死罪　泥酔者の放置、自転車でスマホ操作中の死亡事故等。
ストーカー規制法違反　ストーカー行為、禁止命令違反。
児童虐待

10
法令違反だが刑罰を受けず処罰的懲戒の対象になりにくいもの

●不起訴となった粗暴犯・性犯罪等
粗暴犯、性犯罪で逮捕されても、示談が成立し不起訴となった場合。
不起訴の理由には「嫌疑なし」、「嫌疑不十分」、「起訴猶予(示談が成立し、被害者が被害届、告訴状を取り下げた場合)」

●不起訴となった学生への対応
示談によって起訴猶予になった場合など、放置しては学生が自分の行為に向き合わない可能性がある。本人が事実関係を認めている場合には、教育的懲戒によって部局長がカウンセリング等を勧める。

内の講義動画を許可なくインターネット上にアップロードし，削除要請に応じなかったなどの理由での退学，停学等の処分があるようである。

状況によって加害性が変わってくるものとしては，バイト先での問題行動，アルコールの一気飲みの問題，医療系大学での守秘義務違反が挙げられる。

2013年に主に食品を取り扱うバイト先で，不潔な行動を写真に取ってSNSにアップロードするという行為が社会問題化した。場合によっては会社の倒産を引き起こすこともあり，大きな加害性を持つことがある。民事上の損害賠償請求に関しては和解金の支払いで示談になった例もある。刑事告発がなされた事案はあるが起訴にまでは至っていない。大学によっては停学等の処分がくだされている。

アルコールの一気飲みは学生のアルコール摂取自体が減りつつあるものの，近年になっても死亡例があり根絶すべき問題行為である。死亡にまでつながれば，遺族の被害感は甚大なものになる。悪質なものに関しては強要罪，傷害罪の適応が考えられるが，実際の判例で刑事罰を受けているものは見つからなかった。しかし民事事件で高額の損害賠償請求が認められている例もあり重大な問題であることに変わりはない。

加害性の高いものとしてはハラスメントが挙げられる。ハラスメントでも悪質なものは強制わいせつ罪や暴行罪に問われることがあるが，これは次項の刑罰に相当するものとして扱う。

2．刑罰に相当し，処罰的懲戒の対象になるもの

刑罰を受けた学生のほとんどは大学から処罰的懲戒を受けることになる。まず加害度が低いものから言えば，無免許運転・飲酒運転等で事故のない交通違反，未成年飲酒などがあげられる。

中程度の加害性をもったものには，住居侵入，窃盗等の軽犯罪，マルチ商法の特定商取引法違反，インターネット犯罪（不正アクセスによる SNS でのなりすまし，デマ，中傷，個人情報の拡散：侮辱罪等）などがある。侮辱罪は他の犯罪に比べれば軽い罪であるが，結果として被害者が自殺に至る例もあるためこちらに分類した。

加害性が高いものは殺人，放火等の凶悪犯罪，強制性交，強制わいせつ等の性犯罪，飲酒運転，危険運転等の悪質な交通事故，過失による死亡事故，暴行・傷害（DV を含む）等の粗暴犯，過失致死，重過失致死罪，ストーカー規制法違反，児童虐待が挙げられる。

軽微な交通違反は行政処分とされ刑罰の対象にはならないが，反則金を払わなかったり，一定の速度を越えた速度超過，飲酒運転，危険運転などを行ったりすれば逮捕され刑事罰を受けることがある。

ストーカー規制法は，つきまとい等（つきまとい，監視していると告げる，面会の要求など）とストーキングを規制している。つきまとい等が反復されるとストーキングと認定されて処分の対象になる。つきまとい等は程度の軽いものについては警察本部長等から法的強制力のない警告，重いものについては公安委員会から行政処分である禁止命令が出され，これに違反すれば刑事罰が与えられる。

多くの大学は懲戒の対象としてストーキングを挙げており，つきまとい等は対象に入っていない。しかし，学生がつきまとい等で警告・禁止命令を受けたことを知れば，少なくとも教育的懲戒として口頭注意などの対応を行い，違反した場合に大学から受ける懲戒についても説明をするべきである。

前項で触れた一気飲みであるが，一気飲みや過剰な飲酒の結果，泥酔したり，急性アルコール中毒になった学生を適切に医療に繋げないことに対して過失致死罪（罰金刑）で略式起訴された事例がある。これも悪質性が高ければ，懲役刑もある重過失傷害や，保護責任者遺棄致死が問われる可能性はあるだろう。死亡者が出ている場合には中心的な人物には退学，同席して関与度が高いものに関しては停学，訓告などの処分が取られている。スマホを操作しながらの自転車の運転

で衝突して相手を死なせてしまえば重過失致死罪が適応される場合があり，これは懲役刑の可能性もありうる。

3．法令違反だが刑罰を受けず処罰的懲戒の対象になりにくいもの

処罰的懲戒の対象にすることが難しい加害者として，粗暴犯罪・性犯罪等に関わる不起訴処分となったものがある。違法性があるのに懲戒の対象とならないというのは不自然に思えるが，粗暴犯罪，性犯罪等で逮捕されても示談等が成立し，不起訴となる場合がこれにあたる。

強制性交罪，強制わいせつ罪等の性犯罪は2017年より親告罪ではなくなった。これまでのように外聞を恐れて被害届を出せないために犯罪として扱われないという状況はなくなった。しかし非親告罪であっても示談が成立し被害届，告訴状が取り下げられた場合に，不起訴になることがある。基本的には学生が逮捕されれば大学には連絡が来て捜査が行われることになる。不起訴の理由は「嫌疑なし」，「嫌疑不十分」，「起訴猶予（示談が成立し，被害者が被害届，告訴状を取り下げた場合）」など，違法性がないものから違法性が高いものまであり，不起訴の理由は被疑者本人が不起訴処分告知書を提出しない限りは開示されない。そのため，不起訴になった学生に懲戒を与えることは，嫌疑のない学生に懲戒を与えるリスクを伴うことになり，懲戒が与えられない場合もありうる。過去にも不起訴であっても処分になったことはあったが，社会問題化して大学が事件の詳細を把握していた場合に限り例外的なものであった。

不起訴によって釈放された学生は，問題行動に対してあまり向き合わずに通常の学生生活に復帰する可能性がある。残念ながら同じような問題行動を起こして逮捕されてしまうことが起こりうる。このような場合には，教育的懲戒によって学部長等からの口頭注意を行い，カウンセリングを勧めるような介入が必要となるだろう。

Ⅲ　学生対応の実際（スライド11～19）

1．学生の違法行為やその計画に気づいたら

教職員が学生の違法行為に気づいた場合はどのような対応が必要だろうか。暴行，傷害などの切迫した状況であれば，警察に通報するなど各大学の危機管理マニュアルに沿った対応をすることになる。問題となるのは緊急性を伴わず，判断に迷うような場合である。

状況を知ったのが教職員の場合は，事前であれば実行しないように説得し，関

11

学生対応の実際

12

学生の違法行為やその計画に気づいたら

●緊急事態

とりあえずの安全確保や必要な連絡を行う。場合によっては警察への通報を行う。大学の危機管理マニュアル等に沿った緊急対応が求められる。

●教職員が学生の違法行為、その計画に気づいた時

事前であれば、部局での情報の共有、実行しないように説得する。被害者が予想される場合は緊急性に応じて警告を検討する。

●カウンセラーが学生の違法行為、その計画に気づいた時

公認心理師の場合、秘密保持義務が解除されるのは、児童虐待、自傷他害のおそれがある場合など「正当な理由」がある場合に限られ、違法行為が解除の要件になるかどうかは微妙である。

大学人としての責任、長い目で見た本人の利益を考えて、必要に応じて第3者の意見を聞きながら判断する必要性がある。

13

懲戒を受けた学生のカウンセリングを依頼されたら

●担当するにあたって

・基本的に学生である以上学生相談を受ける権利を有するし、受けないのであれば学生に対して説明責任が発生する。個人的な要因で受けることが困難な場合もありうるので、その場合は他機関に紹介する。

・粗暴犯罪、性犯罪の場合、カウンセリング場面で学生の問題行動が生じる可能性をアセスメントする。場合によってはオンライン面接、他機関紹介などの方法を選択する。

●インテーク面接で行うこと

・カウンセリングを勧めた保護者、教員などの同伴。生育歴、問題歴の聴取。連携体制と情報共有の範囲の確認する。医療機関を受診している場合は主治医の意見の聴取する。

●カウンセリングのプロセス

・本人との間の目標を設定し、適宜確認する。秘密保持義務の限界についての確認を行う。

●大学側から本人の処遇に関して意見を求められたら

・再犯の予測は基本的には困難。

・意見を求められていることを本人に伝え、カウンセラーの意見について話し合った上で大学側に意見を伝える。

14

架空事例1

男子学生Aは近隣に住む他人の家に侵入し、干されていた下着を盗もうとして家人にみつかり警察に通報されて、窃盗未遂及び住居侵入罪で逮捕された。逮捕歴、補導歴はなく、本人は初めての行為だと主張した。大学に連絡があり、指導教員と学生委員会(懲戒委員会を兼ねる)に情報が共有された。被害者との間には示談が成立したが、被害届のとりさげはされず略式起訴で罰金刑となった。

大学からの処分について心配した母親と本人が指導教員のところに相談に来て、指導教員からカウンセリングを勧められた。指導教員に対しては、カウンセリングを行う場合は通常と同様の秘密保持義務を守ることが重要であることを説明し、カウンセリングの内容について話す場合は本人の承諾のうえで行うことを確認した。ただし同様の行動を行った場合は秘密保持義務を解除して、大学に通告することは本人に告げた。

15

架空事例1(続き)

Aには幼さと先行きの見通しにくさ、衝動コントロールの問題が見て取れ、自分の行動がもたらした結果についていけないようであった。母親は取り乱し、今後のなりゆきに不安をつのらせていた。カウンセリングを継続することも大学での処分に勘案されることになった。学生は不安に思いながらも講義に出席しながら処分の決定を待った。

数週間後処分は有期停学となり、留年を免れることができた。母親から過去の発達診断等で発達障害を示唆されたことはあるが、きちんと受診したことがないと受診希望があり、カウンセラーは医療機関を紹介し、そこで衝動統制に問題がある注意欠陥多動症と診断されて服薬を開始した。カウンセリングは卒業まで継続したが大きな逸脱行動は見られず、就職も決まって卒業で終結となった。

16

架空事例1の考察

●絶望と現実の受容

逮捕されることで一気に現実に直面することになる。将来に対する絶望感や、後悔、周囲の人物からの叱責、信頼を失ってしまったことへの罪悪感、留年が確定すれば経済的な損失などで感情は不安定になる。

適切な反省や謝罪はこのような不安定な気持ちをある程度克服してからでないと難しい。カウンセラーとしてはできればこの時期に信頼関係を作り、何でも話せる関係性をつくっていきたい。

●性的な問題についての扱い

性的な問題については、どのような空想をして、どのような動画を見て自慰をしているかなど踏み込んで聞いていかないと実像がわからない。その上で性衝動が高まった時にどうそれを問題行動に移すことを回避するかという方策を考えていくことになる。

17

架空事例1の考察(続き)

●必要な医療機関の紹介

統合失調症など病気の症状が原因で違法行為を犯してしまう場合もあるが、軽微な犯罪であれば逮捕されても、病気を理由に起訴されずそのまま医療機関に入院となる場合もある。逮捕等のショックで不眠、抑うつ状態になることもあれあれば、本例のように行動の裏に発達障害的問題が隠れている場合もある。精神科との連携は重要である。

●家族へのサポート

突然の子どもの逮捕等に家族が動揺する場合も多い。不眠、不安を訴える家族には医療機関受診を勧めるなどの対応も必要となってくる。

18

架空事例2

学部４年生男子Bは推薦で大学院進学が決まっていた。SNSで知り合った対面での面識はないゲーム友達との関係が悪化し、以前信頼して話した家族の事情を別の友人に話されてしまった。「許さない。家を特定して火をつけてやる」と書き込んだために相手に被害届を提出されて逮捕、勾留された。弁護士を通じて示談が成立したため、起訴猶予となって釈放された。逮捕によって大学院への進学が取り消されるのではないかと不安になり、夜眠れない日が続き、家族に勧められて来室した。

不安、抑うつ状態が強かったため、精神科病院を紹介して定期的に受診してもらいながらカウンセリングを行うことにした。睡眠薬の投与で睡眠は確保されて、少し落ち着くようになった。大学からの処分は不起訴になった軽微な事件ということで学部長からの厳重注意で収まり、大学院への進学に問題はなくなった。

カウンセリングではトラブルの相手への怒りを語る一方で、今回の逮捕が引き起こしたいろいろな現実的ダメージについても考えを巡らせ、なんとかバランスを取ろうという試みが語られた。無事に大学院に進学すると、徐々に研究室での対人関係、研究のことなどに話題が移り、2年に進学する際に本人からの希望に沿ってカウンセリングを終結とした。

19

架空事例2の考察

●ネットでのトラブル

近年電子メールやSNS等での文章によるコミュニケーションが増加しているため、トラブルがあった際には証拠が残りやすく、脅迫罪などでの逮捕が容易になっている。匿名での中傷なども同様にプロバイダーに個人情報開示を求められれば容易に個人を特定される。学生に対してはいろいろな機会にネット上でのマナーの啓発を行うことが必要である。

●復讐衝動の克服

学生の話に耳を傾ければ、違法行為を行った場合でもそれなりの言い分があることも多い。特に対人関係上のトラブルのもつれが逮捕につながったような場合はなおさらである。このような怒りを自分の中に押し込めているばかりでは、いつかその怒りが爆発する可能性がある。カウンセリングでは自分の中にどんな感情があるかを探索し、言葉にすることで発散しコントロールする試みも重要になる。

係者に情報の共有が必要になる。事後的なものであれば自首を勧め，軽微なものであれば関係者で情報を共有したうえで，判断することになるだろう。精神的な問題が関わっており，すでに受診している学生であれば主治医の判断を仰ぎ，受診していなければ学内の精神科医，カウンセラーと連携して対応することが必要になる。

カウンセラーがカウンセリングの中で，学生が加害性のある違法行為を行っていたり，あるいはその計画に気づいたりした場合は判断が難しい。違法行為の計画の段階では，行為を行わないように説得することが必要だろう。ある程度衝動が抑えられているならば，実際に行為を行った場合に受ける法的な罰則や，大学からの処分の目安などを本人に説明することも有効だろう。実際，停学で留年となった場合に授業料免除や奨学金の停止によって学業の継続自体が難しくなる場合もある。

自傷他害の恐れがあれば秘密保持義務解除の対象となる。とくに加害の予告があった場合は，実際に危険があり警察に通報が必要なのか，被害を受けることが予想される人物に警告を与えるかどうかも検討されなければならない。

カウンセリングの中で学生がすでに行った違法行為を語った場合はどうだろうか。法律的には公認心理師が秘密保護義務を解除できるのは児童虐待，自傷他害の恐れなどの「正当な理由」があるときに限られ，違法行為があった場合に秘密保護義務が解除されるかどうかはケース・バイ・ケースということになるだろう。とはいえ，大学人として状況を放置することが組織として，また本人自身にも長い目でみた悪影響を与えることは否めない。

例えばカウンセラーが学生の麻薬使用を知った場合はどうだろうか。薬物依存症に対する社会の懲罰的姿勢は依存症患者を追い詰めるということが近年指摘されているが，大学も社会的要請に答える形で懲戒を行う姿勢は強く，薬物関連で捜査されただけで逮捕に至らなくても退学処分などの厳しい処分がくだされたこともある。カウンセラーは非常に難しい立場に置かれることになる。アメリカのように大学側に薬物依存症学生に対する教育的プログラムとの連携はわが国では整備されていない。一方で，学生の麻薬使用を黙認することは学生の健康への大きな脅威となる。必要ならば適切なスーパーヴィジョンを受け，大学関係者，保護者に知らせること，精神科への紹介等を含めて判断しなければならない。

2．懲戒処分を受けた学生のカウンセリングを依頼されたら

カウンセラーの中には加害者のサポートをすることに心理的抵抗を持つ人がいるかもしれない。学籍を持っている以上，基本的には学生には相談する権利があ

る。とはいえ，例えばカウンセラー自身に性被害の体験があり恐怖心が強い場合は，性加害学生のカウンセリングを引き受けることは困難かもしれない。そうした場合は他機関への紹介もやむをえないだろう。

特に性加害や暴力事件などの場合にカウンセラー自身が被害を受けるのではないかと不安になる人もいるだろう。これはカウンセラーの想像の中での不安が大きいのか，現実的に危機があるのかを加害者臨床経験のある臨床家等第三者の意見を聞きながらアセスメントしなければならない。場合によってはオンライン面接も選択肢となるだろう。

また被害者を相談機関がすでに担当している場合は，担当者を変え，場所も別のところにする必要がある。状況によっては外部機関にリファーせざるを得ないこともありうる。

学生は周囲からの勧めあるいは指示に従って来室することが多い。初回面接では可能であれば勧めた人と一緒に面接して経緯を聞けるのがよい。多くの場合では家族や指導教員との連携が重要になるので体制を確認しておく。問題歴を聞くためには家族から生育歴を聞くことは重要である。加害者自身が性被害者であるということも往々にしてあることを意識する必要がある。また精神疾患や発達障害等で精神科を利用中の学生については主治医の意見を聞いておく。

その上で，例えば卒業を目指すなどといったカウンセリングの目標を定める。本人の動機づけが弱いとカウンセリングで何を目標としているかが不明確になるのでその都度確認していくことが必要である。また基本的には秘密保持義務によって話したことを無断で外部に伝えないということを確認しておく。ただし実際に犯罪に関わる危険性がある場合は秘密保持義務の例外とすることの合意を取っておく。大学から本人の懲戒に関して意見を求められることがあるが，基本的に再犯の予測は困難であり，カウンセラーの率直な感想を本人と話し合った上で報告するのがよい。

双極性障害の軽躁状態や，発達障害等によって衝動統制がうまくできないような学生は，服薬によって行動をある程度統制できる場合もあるため，未受診の場合は医療機関を紹介しつつ面接を継続する。

本人に罪の認識をさせることは重要だが，できればこの役割は指導教員等に委ねて，カウンセラーとはなるべく思ったこと，感じたことを自由に話せる関係を作ることが重要である。ただし，多くの学生は自分が犯した罪に目をそむけたい気持ちがあるので，気をつけないと関係が表面的なものに終わってしまう。ときには学生が避けている問題に直面させ，学生が自分の気持ちに向き合えるように援助する必要がある。

調査が進行中の場合，再犯の予測について意見を求められる可能性があるが，現実問題として再犯の予測は困難である。あくまでカウンセリングの状況での様子を本人の許可のもとに開示して，判断は委員会に委ねるべきである。

架空事例１：性的問題行動の事例

典型例の共通部分を抽出した架空事例を通じて，実際の対応について考えたい。男子学生Ａは近隣の家の庭に侵入し，干されていた女性用の下着を盗もうとして家人にみつかり警察に通報されて，窃盗未遂および住居侵入罪で逮捕された。逮捕歴，補導歴はなく，本人は初めての行為だと主張した。大学に連絡があり，指導教員と学生委員会（調査委員会を兼ねる）に情報が共有された。被害者との間には示談が成立したが，被害届のとりさげはされず略式起訴で罰金刑となった。大学からの処分について心配した母親と本人が指導教員のところに相談に来て，カウンセリングを勧められた。指導教員に対しては，カウンセリングを行う場合は通常と同様の秘密保持義務を守ることが重要であることを説明し，カウンセリングの内容について話す場合は本人の承諾のうえで行うことを確認した。ただし同様の違法行為を行った場合は，秘密保持義務を解除して大学に通告することになると告げた。Ａは幼さと先行きの見通しにくさ，衝動コントロールの問題があり，自分の行動がもたらした結果についていけないようであった。下着に関しては性的な興奮を覚えることを認めた。母親は取り乱し，今後のなりゆきに不安をつのらせていた。

カウンセリングを継続することも大学での処分決定にあたって考慮されることになった。学生は不安に思いながらも大学の講義を継続した。数週間後に有期停学処分が決まり，留年は何とか免れた。母親から幼少時の発達相談で発達障害を疑われ受診を勧められたがそのままになっていたとして精神科受診の希望があった。カウンセラーは医療機関を紹介し，そこで衝動統制に問題がある注意欠如・多動症と診断されて服薬を開始した。カウンセリングは卒業まで継続したが大きな逸脱行動は見られず，就職も決まって卒業に伴い終結となった。

対応のポイント

・絶望と現実の受容

学生は自己の違法行為に対して過小評価をしがちであるが，逮捕されることで一気に現実に直面することになる。将来に対する絶望感や，後悔，周囲の人物からの叱責，信頼を失ってしまったことへの罪悪感，留年が確定すれば経済的な損失などで感情は不安定になる。適切な反省や謝罪はこのような不安定な気持ちをある程度克服してからでないと難しい。カウンセラーとしてはできればこの時期に信頼関係を作り，何でも話せる関係性をつくっていきたい。

・性的な問題についての扱い

性的な問題については，どのような空想をして，どのような動画を見て自慰をしているかなど踏み込んで聞いていかないと実像がわからない。その上で性衝動が高まった時にどのように問題行動に移すことを回避するかという方策を考えていくことになる。

・処分決定以前に関係性を作る

逮捕後不起訴になったり，略式起訴で有罪が確定になった後，学生は大学からの処分に不安を抱く。カウンセラーとしてはできればこの時期に信頼関係を作り，何でも話せる関係性をつくっていきたい。

・必要な医療機関の紹介

統合失調症など病気の症状が原因で違法行為を犯してしまう場合もあるが，軽微な犯罪であれば逮捕されても，病気を理由に起訴されずそのまま医療機関に入院となる場合もある。逮捕等のショックで不眠,抑うつ状態になることもあれば,本件のように行動の裏に発達障害的問題が隠れている場合もある。精神科との連携は重要である。

・家族へのサポート

突然の子どもの逮捕等に家族が動揺する場合も多い。不眠，不安を訴える家族には医療機関受診を勧めるなどの対応も必要となってくる。

架空事例２：ネット上のやりとりによって脅迫罪で逮捕された事例

学部４年生男子Ｂは推薦で大学院進学が決まっていた。SNSで知り合った対面での面識はないゲーム友達との関係が悪化し，以前信頼して話したプライベートな家族の事情を第三者に話されてしまった。そのことに腹を立て,「許さない。家を特定して火をつけてやる」とSNSに書き込んだために相手に被害届を提出されて逮捕，勾留された。弁護士を通じて示談が成立したため，起訴猶予となって釈放された。逮捕によって大学院への進学が取り消されるのではないかと不安になり，夜眠れない日が続き，家族に勧められて来室した。

不安，抑うつ状態が強かったため，精神科病院を紹介しつつ定期的に面接をすることにした。睡眠薬の投与で睡眠は確保されて，少し落ち着くようになった。不起訴となったため学部長からの厳重注意で収まり，大学院への進学に問題はなくなった。

カウンセリングではトラブルになった相手への怒りを語る一方で，今回の逮捕が引き起こしたいろいろな現実的ダメージについても考えを巡らせ，なんとかバランスを取ろうという試みが語られた。無事に大学院に進学すると，徐々に研究

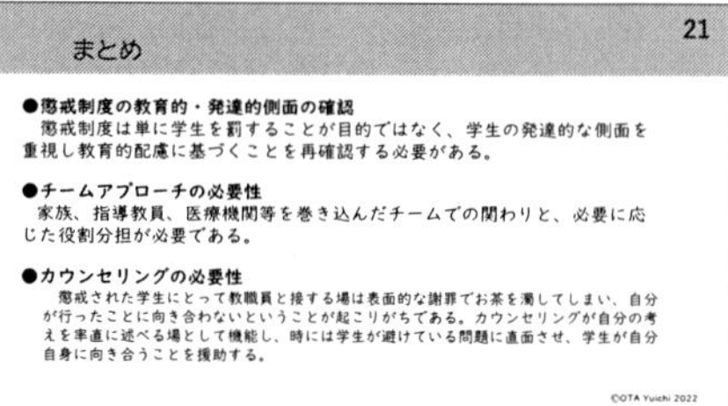

室での対人関係，研究のことなどに話題が移り，２年に進学する際に本人からの希望に沿ってカウンセリングを終結とした。

対応のポイント

・ネットでのトラブル

近年,電子メールやSNS等での文章によるコミュニケーションが増加しているため，トラブルがあった際には証拠が残りやすく，脅迫罪などでの逮捕が容易になっている。匿名での中傷なども同様にプロバイダーに個人情報開示を求められれば容易に個人を特定される。学生に対してはいろいろな機会にネット上でのマナー啓発を行うことが必要である。

・復讐衝動の克服

学生の話に耳を傾ければ，違法行為を行った場合でもそれなりの言い分があることも多い。特に対人関係上のトラブルのもつれが逮捕につながったような場合はなおさらである。このような怒りを自分の中に押し込めているばかりでは,いつかその怒りが爆発する可能性がある。カウンセリングでは自分の中にどんな感情があるかを探索し，言葉にすることで発散しコントロールする試みも重要になる。

Ⅳ　ま　と　め（スライド20，21）

懲戒は学生の発達促進的，教育的配慮のもとに行われることを再確認すべきである。チーム体制で学生を支援し，指導教員が現実的な反省を求め，自由に語ることができる場としてのカウンセリングを併用することが有効である。矯正的なカウンセリングも行えるような学生相談機関の強化も必要となる。

文　　献

警察庁（2021）令和元年の犯罪 41. 罪種別 犯行時の職業別 検挙人員．https://www.npa.go.jp/toukei/soubunkan/R02/excel/R02_041.xlsx（2022年２月26日閲覧）

National Center for Educational Statistics（2021）Criminal Incidents at Postsecondary Institutions. https://nces.ed.gov/programs/coe/indicator/a21（2022年２月26日閲覧）

第４章
親からの問い合わせや苦情への対応

加野章子

I　はじめに（スライド２）

大学では，初等中等教育などにおける保護者対応と比較すると，親との関係が希薄である。しかし，大学に寄せられる親の声は，修学や進路，日常全般などの多岐にわたり，事務的な問い合わせから困りごとの相談，要望や苦情まで，実にさまざまである。

私たち教職員はそれぞれの立場で，学生の自主性を尊重し，自立／自律を促す大学教育を実践しているわけだが，学生への指導や対応に親が出てくると，そうした指導や対応が困難になることが多い。また，近年は，親からの問い合わせや苦情に苦慮するケースが増加している。

本章では，その背景を概観し，対応の基本について検討する。

なお，ここでいう「親」とは，大学生の父母等のことを指し，保護者，保証人，学費支弁者，養育者などを包括する。初等中等教育における未成年の児童生徒の父母等に関しては「保護者」を用いる。

１．大学の実情（スライド３）

大学への門戸は広がり，大学・短大への進学率は（過年度高卒者を含む），調査開始時 1954 年の 10.1％から，2005 年に 50％を超え，2020 年度（文部科学省，2020）には 58.6％と過去最高となった。このことは，多様な背景の学生が

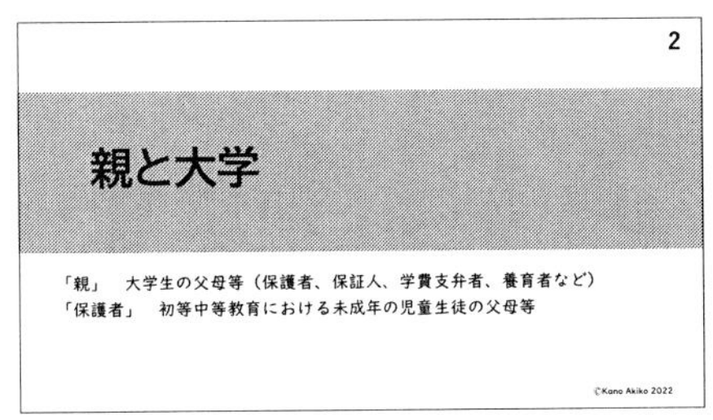

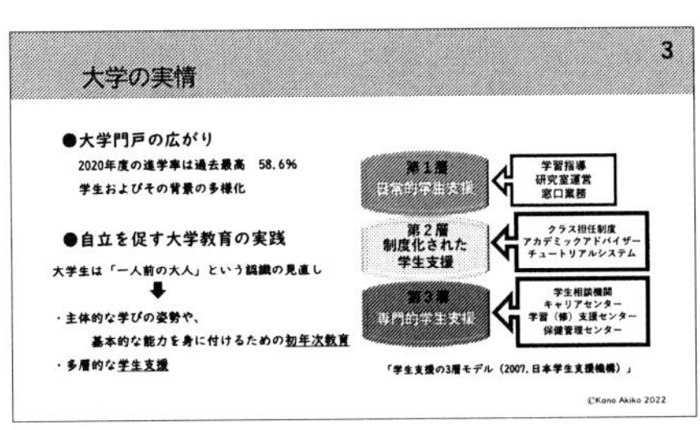

4

民法の改正による成年年齢の引き下げ

●民法の改正（改正法）

2022年4月より、成年年齢を 20歳から18歳に 引き下げ、

若年者の自己決定権を尊重し積極的な社会参加を促して社会の活性化を目指す

●若者の社会的自立を目指した支援の必要性

成年年齢に達しても「いまだ成長の過程」にあり、引き続き、社会的自立を目指す支援が必要

「成年年齢に達した生徒に関わる在学中の手続き等に関する留意事項（2019）文部科学省」

●改正後の大学生

民法第818条に規定する親権に服さない

5

親と大学のつながり

学生が成年年齢に達しているか否かに関わらず、

学生の成長を共に育む協力者として、大学は親の信頼と理解を得ていきたい

担当部署	情報や役割	手段や方法
広報	大学の紹介や案内	webサイトやメールマガジン 定期刊行物
教務	修学状況（成績通知、出欠や履修状況）	資料の郵送、教育懇談会 ICT（情報通信技術）活用　ex.ポータルサイト
学務	授業料等の学費、懲戒や賠償責任、 個人情報保護基本方針と利用目的、 教育方針などに関すること	説明とともに文書を用いた誓約や同意
各学科（担任・指導教員など） キャリアセンター 学生相談室など	個別相談	個別面談 就職説明会や親の会など

高等教育に進学することにつながっている。

そして，現代の大学では，「大学生は一人前の大人」という認識は見直され，自立を促すための教育および支援の充実が図られている。大学生活に慣れていく移行時期には，初年次教育が準備され，学習や生活への無理のない適応を促し，主体的な学びの姿勢や，文章表現，コミュニケーション，自己管理，情報リテラシーなど，自立に必要とされる基本的な能力を身に付けていく。学生支援においては,第一層「日常における学生支援」(授業や研究室の運営や各種窓口業務など),第二層「制度化された学生支援」(担任やチュートリアルシステムなど)，第三層「専門的学生支援」(キャリアセンターや学生相談機関など）が連携協働し，多層的に学生の成長を支えている（日本学生支援機構，2007)。

2．民法の改正による成年年齢の引き下げ（スライド４）

民法の改正により，2022年４月から，成年年齢が20歳から18歳に引き下げられた。若年者の社会参加を促し，社会の活性化を図るためである。

改正後の大学生は（飛び級入学者などを除けば）年齢満18歳以上の成人なので，単独で有効な契約を行うことができ，民法第818条に規定する親権に服することはない。成人として親とは別人格を有する他人となり，限定的な場面以外では「民法」「刑法」ともに法的に親の責任が問われることはない。

しかし，若年者が自己決定権を尊重される成年年齢に達しても「いまだ成長の過程」にあり，引き続き，社会的自立に向けた支援の必要性が謳われている（文部科学省，2019b)。

3．親と大学とのつながり（スライド５）

法的な枠組みが変化しても，学生の成長を共に育む協力者として，大学は親の信頼と理解を得ていきたいと考える。各大学では，それぞれの方針に基づき，親と大学をつなげる取り組みや手続きが実践されている。

広報からは，大学の紹介や案内が，Webサイトやメールマガジン，定期刊行物

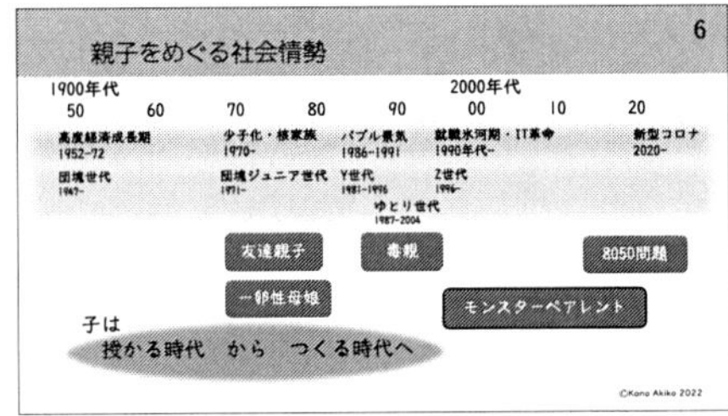

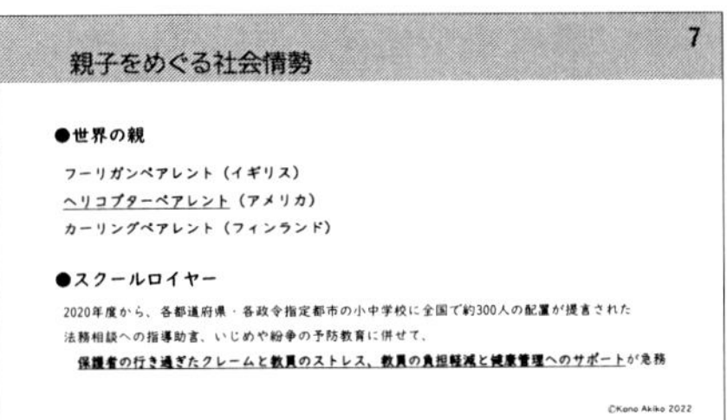

などで発信され，学生の修学状況（成績通知，出欠や履修状況）など教務関連の情報は，資料の郵送，教育懇談会やICT（情報通信技術）などを活用して親に提供される。各学科（担任や指導教員など），キャリアセンターや学生相談室での個別相談は，面談や説明会などで対応されている。また，ほとんどの学生は財力などにおいて自立が完了していないので，親は学生の学費支弁者である。学務では，親を連帯保証人として，入学時に，修業年限の授業料等について期日完納を保証する誓約や，懲戒や賠償責任，個人情報保護基本方針と利用目的，教育方針などに関する同意を文書で取り交わすなどしている。

4．親子をめぐる社会情勢（スライド6，7）

親子の形，そして，大学や教職員に対する親の考え方や関係性も確実に変化してきた。

高度経済成長を経て，団塊ジュニア誕生の1970年代あたりから結婚や家族の意味が変わりだした。子は「授かる時代」から親の選択と決定で「つくる時代」へ移行し，高学歴化や少子化などの社会情勢は，親の子への思い入れを強くした（柏木，1998）。

親と子は，終生，完全な分離はなく，資源の投資関係を多様に変化させていく。親子の形には，親の権威が失墜し対等に親しく付き合う「友達親子」（山田，1997）や，母と娘が双子のように仲が良く密度の高い関係を続ける「一卵性母娘」（信田，1997），子を支配し有毒になる「毒親」（Forward，1989）などがあり，親の年金に頼りながら引きこもり状態を継続させ共に年老いる「8050問題」は，現代の社会問題のひとつである。

バブルが崩壊し長引く不況の鬱積や苛立ちが高まった1990年代後半ごろには，これまで見たことも聞いたこともないような不可解で過剰な要望をする「モンスターペアレント」（向山，2007）が増加した。

世界では，イギリスで1980年代に教師に暴力を振るう「フーリガンペアレント」，アメリカでは子の上空を絶えず旋回しトラブルが起きたと見るや急降下して救出に駆けつける「ヘリコプターペアレント」（多賀，2008），フィンランドでは先手を打って進行先のあらゆる困難や危険を取り除き，苦難を乗り越える機会をも奪う「カーリングペアレント」（尾木，2008）が紹介されている。

特に「ヘリコプターペアレント」は，過保護・過干渉な大学生の親を指し，新入生のオリエンテーションに自ら参加し，履修科目の選択を子に指示し，成績が悪すぎると担当教員に文句をつけ，大学の規則に苦情を申し立てたりなどする。近年では，戦闘機「ブラックホーク」といわれるまで過激にパワーアップして，子に代わって課題や論文を書き上げ，大学からのメールに返答するという（多賀，2008）。

国内外で教育現場にはさまざまなトラブルが持ち込まれている。わが国では，2020年度から，各都道府県・各政令指定都市の小中学校に，全国で300人のスクールロイヤー配置が提言された（文部科学省，2019a）。法務相談への指導助言，いじめや紛争の予防教育に併せて，保護者の行き過ぎたクレームと教員のストレス，教員の負担軽減と健康管理へのサポートが急務とされている。

5．親子を共に「抱える」「育てる」支援（スライド8）

今日の学生期の子どもを持つ親は，子どもとの心理的距離が，非常に近いことも少なくはない。

過度な親子の密着は，子の精神的自立を阻害してしまうと懸念される一方で，その密着期は，今の時代において，自立に向けて乗り越えるべき過渡期（信田，2003）だという指摘がある。

また，高石（2011）は，親は「子からの自立」という成長の途上で支援を必要としており，親子をユニットとして捉え，その両者をともに「抱える」「育てる」支援のあり方を提示している。

大学は社会に出る前の最後の砦，親子への支援においても貴重な局面になり得る。緊迫した関係も，からまりがほぐれ，真意に共に向き合う機会に転じれば，それは未来につながる糸口になるだろう。親子の形や自立へのプロセスには正解も定型もない。私たち教職員は，「親はこうあるべき」「前代未聞で受け入れ難い」など，先入観や固定観念に囚われ過ぎず，知見を広げて思慮深く対応していきたい。

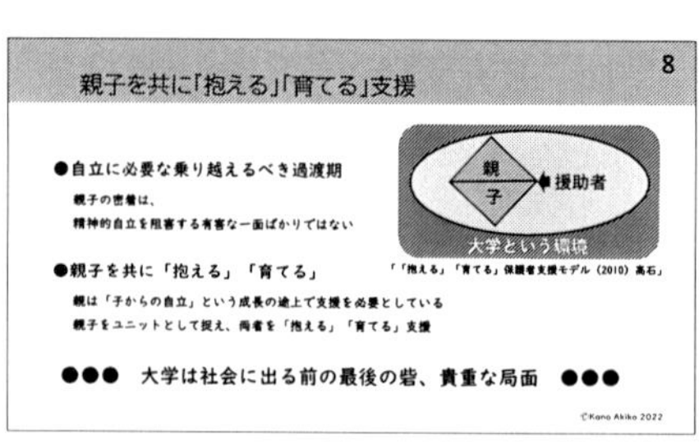

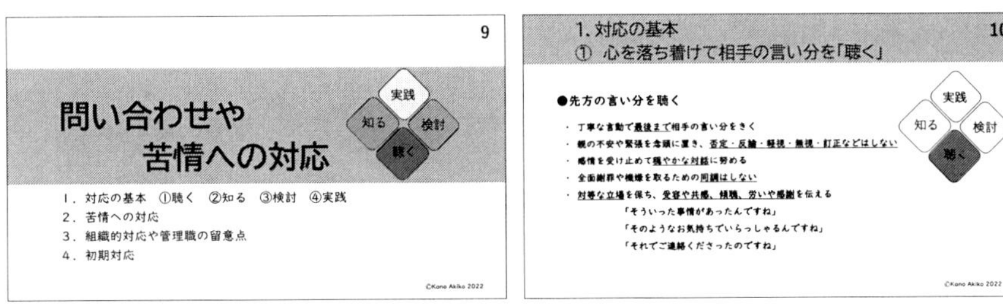

II　問い合わせや苦情への対応（スライド９）

実際にどのような親からの問い合わせや苦情があったか，少し振り返ってみてほしい。対応に苦労したこと，うまくいったこと，記憶に残る経験などを想起してみてほしい。

研修においては，グループディスカッションなどで，参加者のさまざまな経験を共有し対話を重ねる時間を有すると，問題意識が明確になったり知見が広がるなど効果的である。

それでは，対応の基本について説明しよう。

１．対応の基本

①心を落ち着けて相手の言い分を「聴く」（スライド 10）

親から問い合わせがあった時，相手が何を言いたいのか，まずは最後まで言い分を聴く。丁寧な言動を心掛け，相槌や言葉のくり返し，要約を交えて，感情を受け止めることに努める。

親は，組織分掌や運営など，大学をよく知らず，得体の知れない大学に脅威を感じていることがある。加えて，不安や緊張，期待などが混ざり合い，用件を適切に伝えられないことがある。荒い語気や要領を得ない訴えには，こちらもつい余裕を失いがちになるところだが，信頼関係を構築するための重要な滑り出しであることを意識して，ぐっと気持ちを落ち着かせ，腰を据えて対応しよう。ここで，否定，反論，軽視，訂正，無視などの対応をしてしまうと，プライドを傷つけ感情の混乱を招きやすい。親の心情を鑑み，不用意にトラブルに発展させないように注意したい。

穏やかな対話は，親に客観性や冷静さを取り戻させ，本当の気持ちや要望に気づかせる手助けとなる。

特に相手が激高していたとしても，全面謝罪や機嫌を取るための同調は，誤解

窓口対応　11

●窓口対応の留意点

・待たせない、たらい回しにしない、
　そして、顔が見えない場合には、なおさらに誠意を持ち、真摯に対応する
・「匿名」や「公人」には、顧れのない攻撃性が向けられやすいことを知っておく
・名乗らない場合や匿名を希望する場合の対応と配慮について

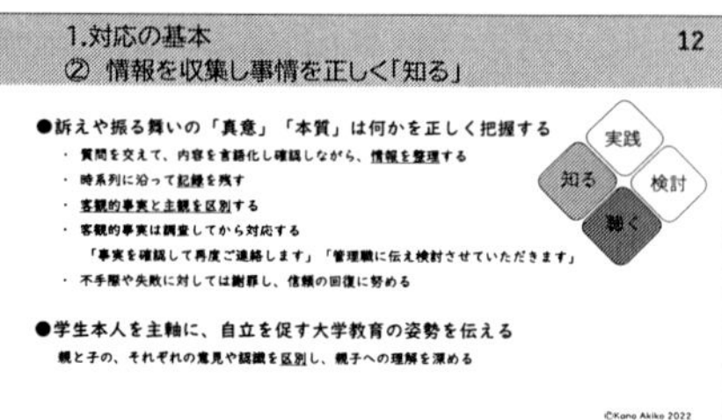

を生む可能性があるのでしない。お互い対等な立場を保ち,「そういった事情があったのですね」「そのようなお気持ちでいらしたのですね」「それでご連絡くださったのですね」などと，受容や共感，傾聴に努め，労いや感謝を伝える。

・窓口対応（スライド 11）

窓口では,「待たせない」「たらい回しにしない」「顔が見えない場合には，なおさらに誠意をもって真摯に対応する」ことが重要である。

人は匿名の相手には残酷で攻撃的になりやすい。また，大学教職員は公人という認識を持たれ期待されやすく,「何を言ってもよい」と，思いやりや礼儀を欠いた利己的な言動をぶつけられやすい立場だと認識しておきたい。

また，名乗らずに話が進む場合などは，情報は限られた範囲の関係者のみが配慮をもって取り扱うことも伝えて，話の腰を折らぬよう，事実を確認するタイミングなどを見計らって学生の所属学科や名前を聞くとよい。「親といっても祖父母やその他の親族である」という有用な情報を得られることもある。名乗り難い,あるいは匿名を希望する場合などにはその理由を聞いてみる。拒否される場合には無理強いはしない。対応するべき部署や職務担当者の見当がつけば，担当者の職務を説明し，しかるべき担当に情報を伝える旨を確認する。担当者に簡潔に必要な情報を伝達し引き継ぐ。

②情報を収集し事情を正しく「知る」(スライド 12)

事情や状況について，質問を交えて内容を言語化しながら確認し，情報を収集する。問題の核心は何か，訴えや振る舞いの真意や本質は何かを，正しく把握することを目指したい。時系列に沿って記録を残し，情報を整理する。

また，常に客観的事実と主観を区別しながら状態を分析し査定する。

特に客観的事実に関わる苦情の場合には,「事実を確認して再度ご連絡します」「管理職に伝え検討させていただきます」と伝え,調査や相談をした後に返答や対応をする。調査の後に，対応に不手際や失敗があったことが判明したら，真摯に謝罪し信頼の回復に努める。

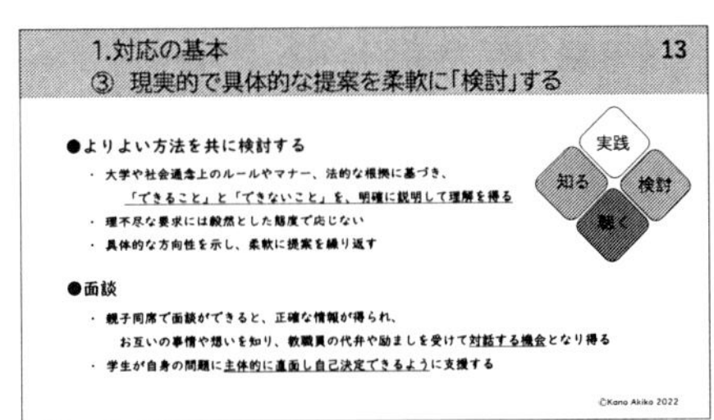

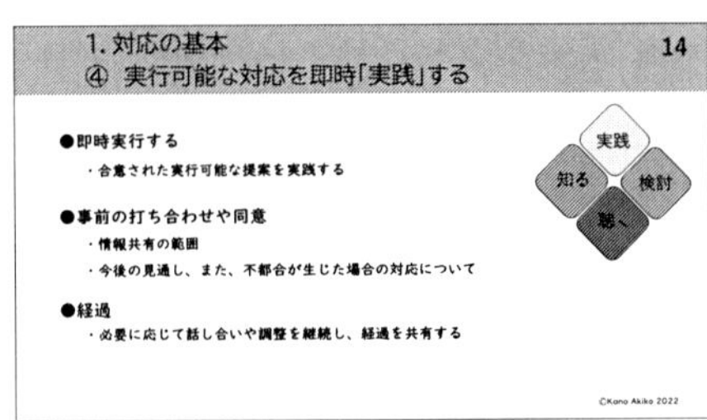

また，学生の成長を促す姿勢を親に示し，主軸である学生本人が，親が大学と連絡を取り合うことを知っているのか，問題を解決できる力やその意志があるのか，親子で話し合いができているのかどうか，それぞれの意見や認識を区別して，親子への理解を深める。

「大学生にもなって親が出てきておかしいですよね」と親自身が自戒し，意志疎通ができない関係性を嘆くこともあるだろう。親心に常に敬意を払い寄り添って，親子の想いの歯車が噛み合うタイミングを見出していきたい。

③現実的で具体的な提案を柔軟に「検討」する（スライド 13）

今後に向けた現実的対応を共に検討していくうえで，大学や社会通念上のルールやマナー，法的な根拠に基づき，「できること」と「できないこと」を，相手に明確に説明し理解を得ることが求められる。理不尽な要求には毅然とした態度で応じず，具体的な方向性を示して柔軟に提案を繰り返す。

電話対応の場合，ケースバイケースであるが，できるだけ速やかに面談の機会を設定したい。というのも面談の方が情報収集と査定がより確実なものとなり，その場で今後の実践に向けて一同の合意や調整が図れるからである。

親子が同席する面談であれば，より正確な情報が得られ，また，お互いの事情や想いを知り，教職員の代弁や励ましを受けて対話する機会になり得る。その際には，学生が，自身の問題に主体的に直面し自己決定できるように支援する。学生の日常の大学生活の様子を親は知らないでいることが多いので，できていることがあれば共有しながら，必要なサポートや今後の課題について共に検討する。

問題の解決だけが重要なのではなく，共に検討していく作業の過程で対話を重ね，絆を深めることを意識したい。

④実行可能な対応を即時「実践」する（スライド 14）

合意された実行可能な提案を即時実践する。

事前に,関係者の誰がどの程度まで,事情を把握しておくことが必要なのかを話

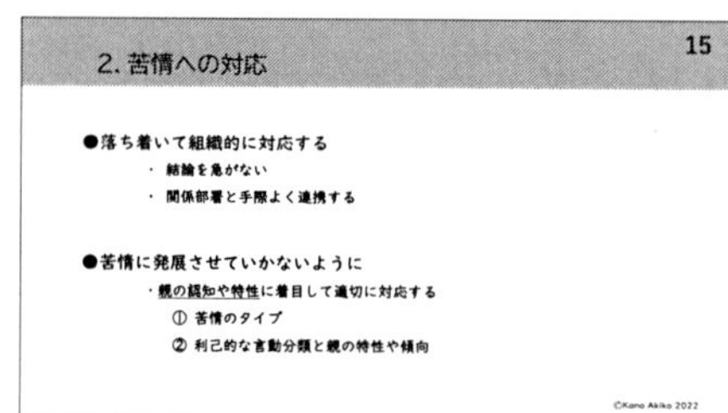

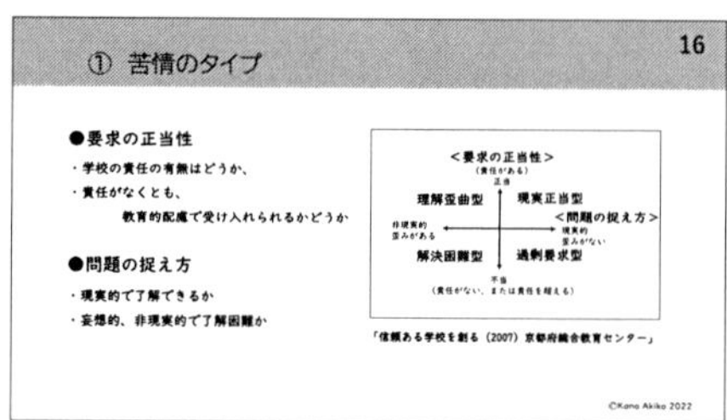

し合い，情報共有の範囲について同意を得ておく。また，今後の見通しや，予期せぬ不都合が生じた場合はどうするかなどについても話題にしておけるとよい。

必要に応じて，話し合いや調整を継続し，経過を共有する。

2．苦情への対応（スライド 15）

特に苦情対応においては，上述の基本的対応を心がけることに加え，組織的な対応が求められる。

不満から訴えた苦情が適切に対応されて非常に満足のいくものになれば，その顧客のロイヤリティ（忠誠心）が苦情を持つことのなかった顧客より高くなるリカバリーパラドックスという現象がある（黒岩，2005）。苦情を生じさせないことがもっとも良いが，時局が好転する希望はある。まずは結論を急がないことが肝要である。訴えをしっかりと聞いたうえで関係部署と話し合い改めて連絡する旨を伝える。報告・連絡・相談を欠かさず，関連部署と手際よく連携し，組織で解決に向けた取り組みを進めていく。

苦情かどうかはっきりしない場合や，苦情ではない問い合わせの場合でも，苦情に発展させていかないように，親の認知や特性などに着目して適切に対応していく必要がある。

ここでは，親の認知や特性を見定めるのに役立つ２つのアプローチを紹介する。

①苦情のタイプ（スライド 16）

ひとつ目は，親の認知に関して，「要求の正当性」と「問題の捉え方」の２軸を用いるアプローチである。現実正当型，理解歪曲型，過剰要求型，解決困難型に分類することで，対応が可能かどうか，内容や水準の査定に役立てることができる。（京都府総合教育センター，2007）。

「要求の正当性」は，学校の責任の有無はどうか，責任がなくとも「教育的配慮で受け入れられるかどうか」を吟味する視点である。もうひとつは，親自身の

表１　利己的な言動分類と親の特性や傾向

対処に困る行動	利己的な言動例	親の特性や傾向
苦情	実際はないのに嫌がらせを受けているなどと認識する 「卒業させないように大学はわざと単位を取らせない」	体験したものを常に悪意あるものとして認識する特性
	教員の対応の不適切さなどを巧妙に非難し続ける 「間違った情報を伝えられて被害が生じた。責任をとれ」	他者を打ちのめして優れている自己を証明しようとする特性
要求	教育と無関係なことを要求する 「お金を貸してほしい」「保険の契約をしてほしい」	社会通念上では認められない，関係性の混乱を生じさせやすい傾向
	教育に関連するが自分勝手な要求をする 「自分の子だけへの優遇を希望する」	社会通念上では認められない，ルールからの逸脱が生じやすい傾向
言動	誓約義務の放棄や怠慢 「学費未納で連絡が取れない」「子の奨学金を使い込む」	義務の放棄や怠慢を生じさせやすい傾向，または状態
	過保護，過干渉 「子が履修科目を選べずに困っているがどうしたらいいか」	過保護，過干渉で，子との心理的距離が近い傾向
	教職員の名を呼び捨てにしたり，人格を意図的に傷つける	大学や教職員に対して敵意をもち攻撃的な傾向
	構内での飲酒や乱暴など	大人としてのマナーを欠く傾向

「問題の捉え方」であり，現実的で了解できるか，あるいは妄想的，非現実的で了解困難であるのかを見極める視点である。「問題の捉え方」の特徴が見えてくると，要求の内容の奥にある真意がより見えやすくなる。

②利己的な言動分類と親の特性や傾向（スライド 17）

ふたつ目は，利己的で対処に困る言動を，苦情・要求・言動に分類し，親の特性や傾向を査定するアプローチである。初等教育現場における保護者の利己的な言動分類（齋藤，2010）を基に，大学用に改訂した（表１）。

全ての出来事に悪意があると認識したり，言いがかりをつけて優位性を証明しようとする特性が，苦情を引き起こしていることがある。内容が堂々巡りになっ

17

② 利己的な言動分類と親の特性や傾向

対処に困る行動	利己的な言動例	親の特性や傾向
苦情	実際はないのに嫌がらせを受けているなどと認識する 「卒業させないように大学はわざと単位を取らせない」	体験したものを常に悪意あるものとして認識する特性
	教員の対応の不適切さなどを巧妙に非難し続ける 「間違った情報を伝えられて被害が生じた、責任をとれ」	他者を打ちのめして優れている自己を証明しようとする特性
要求	教育と無関係なことを要求する 「お金を貸してほしい」「保険の契約をしてほしい」	社会通念上では認められない、 関係性の混乱を生じさせやすい傾向
	教育に関連するが自分勝手な要求をする 「自分の子だけへの優遇を希望する」	社会通念上では認められない、 ルールからの逸脱が生じやすい傾向
言動	契約義務の放棄や怠慢 「学費未納で連絡が取れない」「子の奨学金を使い込む」	義務の放棄や怠慢を生じさせやすい傾向、または状態
	過保護、過干渉 「子が履修科目を選べずに困っているがどうしたらいいか」	過保護、過干渉で、子との心理的距離が近い傾向
	教職員の名を呼び捨てにしたり、人格を意図的に傷つける	大学や教職員に対して敵意をもち攻撃的な傾向
	構内での飲酒や乱暴など	大人としてのマナーを欠く傾向

「保護者の利己的な言動分類（2010）齋藤」を基に改訂

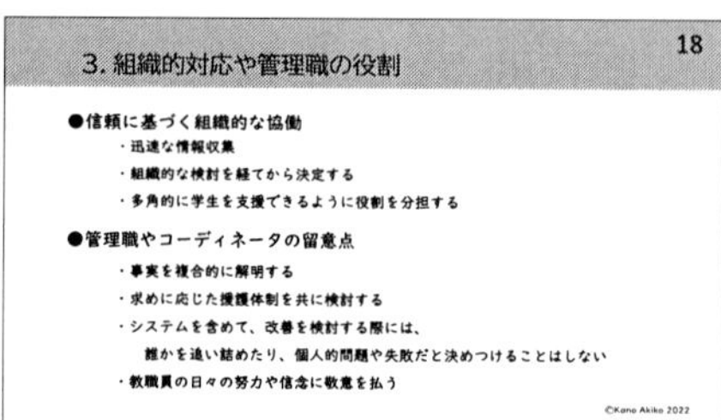

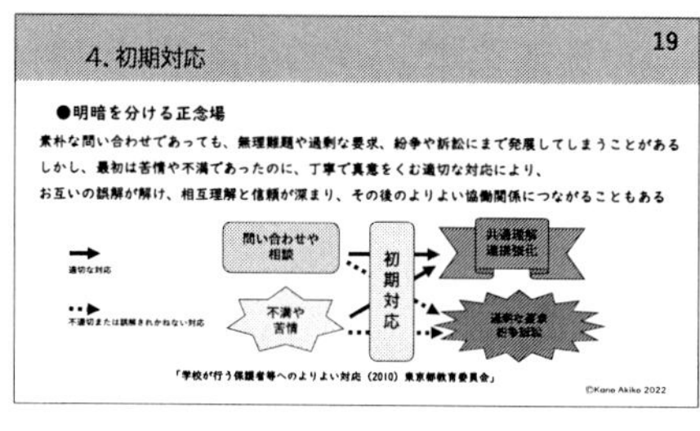

たり，教職員に心身に負担や危険が及ぶときには，話を切り上げたり，事前に話し合いの時間制限を伝えることが有効である。親に精神的不調がある場合や，暴力的で理不尽な訴えなどの特殊ケースにおいては，構内の保健管理センターや学生相談室の医療福祉の専門スタッフとの連携や，弁護士や警察などの学外の社会的資源の力を借りることを検討する必要がある。

3．組織的対応・管理職の役割（スライド 18）

組織的対応では，迅速な情報の収集と共有，教職員同士の信頼と協働が鍵となる。独断せず，常に組織的な検討の機会を経た決定をしていく。また，役割を分担して臨むことで多角的な支援ができる。

特に管理職や緊急対応チームのコーディネーターが，教職員への事情聴取にあたる際には，当該教職員の個人的問題や失敗だと決めつけることはせず，事実を複合的に解明する。困っている教職員に対しては，求めに応じた援護体制を共に検討する。システムの見直しや改善にあたっては，個人を追い詰め孤立させるようなやり方にならないように留意する。教職員の気力活力が潤ってこそ，大学教育および支援が成り立つことを意識し，日々の努力や信念に敬意を払うことを忘れない。

4．初期対応（スライド 19）

なにより，初期対応こそ明暗を分ける正念場である。辛抱強く労を惜しまず取り組みたい。素朴な問い合わせであっても，対応が不適切で誤解されかねないものだと不満や不信感を生じさせ，無理難題や過剰な要求，紛争や訴訟にまで発展してしまうことがある。逆に，最初は苦情や不満であったのに，丁寧で真意をく

21
これらは正しい苦情の実態だろうか？
① 苦情は、間違いや知識/説明不足より、
いい加減な対応や態度の悪さに対して言いたくなる
② 苦情対応には、誠意ある態度が不可欠であり、
その誠意とは、正直さや話をよく聞く態度である
③ 苦情が増加する原因は、こちらの配慮不足である
©Kano Akiko 2022

む適切な対応によりお互いの誤解が解け，相互理解と信頼が深まり，その後のよりよい協働関係につながることもある（東京都教育委員会，2010）。

III　教職員の意識とメンタルヘルス（スライド 20）

最後に，教職員の意識とメンタルヘルスについてまとめる。

１．日本における苦情の実態調査（スライド 21）

日本において 5,000 人以上を対象に「苦情の実態調査」（関根，2010）が行われている。その集計結果を基にして，ここに問題を提示する。さて，これらは正しい苦情の実態であるといえるだろうか。

①苦情は，間違いや知識・説明不足より，いい加減な対応や態度の悪さに対して言いたくなる。
②苦情対応には，誠意ある態度が不可欠であり，その誠意とは，正直さや話をよく聞く態度である。
③苦情が増加する原因はこちらの配慮不足である。

正解は，３つとも正しい。

①苦情を言うのは，期待が外れた不満，不安や不公平を感じた時である。特に，場当たり的な二枚舌や説明下手，愛想のなさなどの，いい加減な対応や態度の悪さは，苦情を生じさせる一番の要因となる。

②苦情対応に客が満足するためには「誠意がある態度」が不可欠である。その「誠意」には「正直」「話をよく聞く」ことが求められている。客は，モノやお金などの代償よりも，プロとしての誠意ある説明に納得したいと考えている。

22

教職員の意識「苦情が増加する原因は？」

	こちらの配慮不足	相手の勘違い	いちゃもん	クレーマー	その他
総合	50.3	23.1	5.4	9.5	5.8
★教育	31.2	30	13.1	10.2	15.5
行政	42.7	25.5	9.2	11.6	11
福祉	57	21.9	4.5	8.7	8
病院	43	22.3	12.2	14.4	8.2
歯科	55	27.7	4.5	5.5	7.2
金融	60.1	22.2	5.7	6	6
流通	61.5	16.2	7	7.3	8
他企業	50.9	21.5	9	10.2	8.4

「苦情対応実践マニュアル（2010）関根」

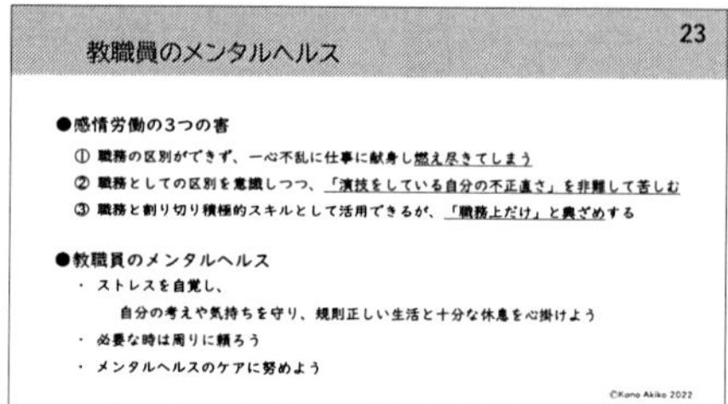

2．教職員の意識（スライド 22）

この実態調査は，総合集計とともに教育を含む８つの業態（行政，福祉，病院，歯科，金融，流通，他企業）の各傾向が報告されている。

③苦情が増加する原因を問う設問の総合集計では，自分側の問題として「こちらの配慮不足」が５割（50.3%）を超えて認識されている。

しかし，教育職（高等教育機関の教職員のみを対象にしてはいない）の回答では，「こちらの配慮不足」という認識は３割（31.2%）に減少し，相手側の問題として「相手の勘違い（30%）」が同程度に認識されている。他にも，初等中等教育現場で実施された調査によると，過剰で理不尽な要求をする保護者を，教員は「保護者側の問題」と強く捉える傾向が報告されている。同調査では，スクールカウンセラーは，過剰で理不尽な要求をする保護者を，「保護者の不安感」や「保護者と教職員との信頼関係」に目を向けて理解する傾向が報告されている（市橋・黒河内，2009）。

職務に対する信念や誇りは，私たち教職員が培ってきた知恵であり拠り所となる礎なのだが，「自分たち教職員の言うことは絶対だ」という独り善がりにもなりかねない諸刃の剣として自覚しておきたい。

3．教職員のメンタルヘルス（スライド 23）

教職員のメンタルヘルスについて触れておきたい。

アメリカの社会学者ホックシールド Hochschild, A. R.（1983）は，客室乗務員を例に，重いカートを押す「肉体労働」，緊急時に迅速合理的な判断を行う「頭脳労働」，そして，客の満足感を演出するため自然で嘘のない心からの笑顔を振りまく「感情労働」について提言した。

「感情労働」（emotional labor）とは，「公的に観察可能な，表情と身体的表現を作るために行う感情の管理」と定義され，苦労や嘘を見せてしまうと労働の成果は台無しになり仕事のできが悪いとされる。

親からの問い合わせや苦情への対応において，私たち教職員は，自身の声のトーンや表情，態度や言動を調整し，自身の内面と外面の統一性を図るために，感情を生成の段階からコントロールしなくてはならない場面がある。私たち教職員にも感情労働は課せられている。

「感情労働」には3つの害が指摘されている。職務としての区別をつけられずに一心不乱に仕事に献身し燃え尽きてしまう危険，職務としての区別を意識しつつ「演技をしている自分の不正直さ」を非難して苦しむ危険，職務と割り切り積極的スキルとして活用できるが「職務上だけ」と興ざめする危険である。

親から問い合わせや苦情が寄せられた時,それに対応することは簡単ではない。これまで述べてきたように，多様な親の訴えの中には，対応した者を痛めつけるものも含まれるからである。

私たちはストレスを自覚し，自分の考えや気持ちを守り，規則正しい生活と十分な休息を心掛け，必要な時には周りに頼って，メンタルヘルスのケアに努めることがプロフェッショナルとして大切な務めである。

文　献

Forward, S.（1989）Toxic Parents: Overcoming Their Hurtful Legacy and Reclaiming Your Life. Bantam.（玉置悟訳（2021）毒になる親［完全版］. 毎日新聞出版.）

Hochschild, A. R.（1983）The Managed Heart: Commercialization of Human Feeling. University of California Press.（石川准・室伏亜希訳（2000）管理される心—感情が商品になるとき. 世界思想社.）

市橋真奈美・黒河内雅勅（2009）教員の「保護者対応」に関する研究Ⅱ—教員研修プログラムの開発に向けて. 発達心理臨床研究，15; 1-8.

柏木恵子（1998）結婚・家族の心理学. ミネルヴァ書房.

黒岩健一郎（2005）苦情対応研究の現状と課題. 武蔵大学論集，52(3,4); 15-31.

京都府総合教育センター（2007）「信頼ある学校を創る」. https://www.kyoto-be.ne.jp/ed-center/gakko/pdf/sinrai-gakkou.pdf（2022年3月2日閲覧）

文部科学省（2019a）新しい時代の教育に向けた持続可能な学校指導・運営体制の構築のための学校における働き方改革に関する総合的な方策について（答申）. https://www.mext.go.jp/b_menu/shingi/chukyo/chukyo3/079/sonota/1412985.htm（2022年3月2日閲覧）

文部科学省（2019b）成年年齢に達した生徒にかかわる在学中の手続きなどに関する留意事項について. https://www.mext.go.jp/kaigisiryo/mext_00007.html（2022年3月2日閲覧）

文部科学省（2020）学校基本調査. https://www.e-stat.go.jp/stat-search/files?page=1&toukei=00400001&tstat=000001011528（2022年3月2日閲覧）

向山洋一編（2007）教室ツーウェイ—モンスターペアレント被害の実態（2007年8月号）. 明治図書.

日本学生支援機構（2007）大学における学生相談体制の充実方策について—「総合的な学生支援」と「専門的な学生支援」の「連携・協働」. https://www.jasso.go.jp/gakusei/publication/jyujitsuhosaku.html（2022年3月2日閲覧）

信田さよ子（1997）一卵性母娘な関係. 主婦の友社.

信田さよ子（2003）母ー娘の関係「一卵性母娘の関係」について．親子関係の研究，3; 20-27.
尾木直樹（2008）バカ親って言うな！．角川書店.
齋藤浩（2010）「モンスターペアレント」の対応策に関するパラダイム転換．佛教大学教育学部学会紀要，9; 111-122.
関根眞一（2010）苦情対応実践マニュアル．ダイヤモンド・グラフィック社.
高石恭子（2011）学生期の親子関係と大学における親支援のあり方について―保護者対応から親と子の自立支援へ．甲南大学学生相談室紀要，18; 49-58.
多賀幹子（2008）親たちの暴走・日米英のモンスターペアレント．朝日新聞出版.
東京都教育委員会（2010）「学校問題解決のための手引き」．https://www.kyoiku.metro.tokyo.lg.jp/school/document/problem_solving/manual.html（2022 年 3 月 2 日閲覧）
山田昌弘（1997）友達親子が語られる背景．季刊子ども学，14; 16-21.

第５章
学生の自殺が起きたときの対応

杉原保史

Ⅰ　はじめに（スライド２～４）

いかに自殺予防にしっかり取り組んでいても，自殺を常に完全に防ぐことはできない。学生の自殺が起きると，周囲の学生・教職員はショックを受け，多様な反応を示す。そうした反応が，メンタルヘルス上の重大な問題に発展することもありうる。大学は，学生の自殺そのものについて対応するとともに，学生の自殺に対する周囲の反応についても適切に対応する必要がある。

大学関係者は，教育者としての責任を持って自殺の背景を調査し，適切な対応を取るとともに，再発防止に努めなければならない。また，大学関係者は，学生の死を悼みつつ，周囲の学生・教職員がこの痛ましい出来事をしっかり受けとめ，安全に乗り越えていけるよう，サポートする必要がある。

学生の自殺への対応には，心のケアの側面と危機管理的な側面とがある（スライド３）。通常，この２つの側面は大きく重なり合っており，片方の側面に取り組むことがもう一方の側面に取り組むことにもなる。しかしなお，この２つの側面は異なる視点に支えられている。心のケアは関係する学生や教職員の健康や安心に配慮するものであり，

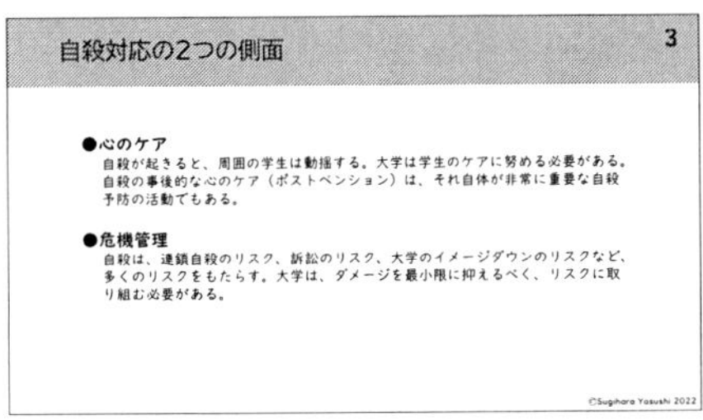

調査の必要性　4

心のケアのためにも、危機管理のためにも、事実関係の調査が重要である。
遺族、教職員、学生など、亡くなった学生と近しかった人たちから自殺に関わる基本的な情報の聞き取りを行う。

文部科学省初等中等教育局（2014）「子供の自殺が起きたときの背景調査の指針（改訂版）」

自殺事案の場合、学校外のことで児童生徒が悩みを抱えていたと考えられるとしても、自殺に至るまでに学校が気付き、救うことができた可能性がある。したがって、いじめが背景にあるか否かにかかわらず、学校の設置者及び学校として、適切に事実関係を調査し、再発防止策を講ずる責任を有しているということを認識すること。

高等教育機関についても同じことが言える。

©Sugihara Yasushi 2022

危機管理は健全な組織の維持・発展に関わるものである。対応責任者には，この２つの側面を意識しながら対応することが求められる。

いずれの側面からしても，大学は自殺について，基本的な事実関係を調査する必要がある。事実関係が不明であれば，心のケアも危機管理も効果的に行うことができない。遺族，教職員，学生など，亡くなった学生と近しかった人たちから聞き取りを行うことが必要である。

高等教育機関における学生の自殺があった際の調査の必要性について，文部科学省は特に方向性を示していない。しかし，初等中等教育における児童・生徒の自殺については，文部科学省（2014）は「子供の自殺が起きたときの背景調査の指針（改訂版）」において，「自殺事案の場合，学校外のことで児童生徒が悩みを抱えていたと考えられるとしても，自殺に至るまでに学校が気付き，救うことができた可能性がある。したがって，いじめが背景にあるか否かにかかわらず，学校の設置者及び学校として，適切に事実関係を調査し，再発防止策を講ずる責任を有しているということを認識すること」としている。これらは，基本的には高等教育機関においてもそのまま当てはまるものと考えられる。

関係者から早期に聞き取りを行うことが必要である理由は，主に２つある。第一に，学内でハラスメントやいじめなどがあり，それが自殺の一因となっていた場合や，学生が学内関係者に援助を求めていたのに適切に応えていなかった場合など，大学になんらかの問題があった場合，いち早くそうした情報を得て，学内での対応を検討しなければならない。関係者からの聞き取りは，そうしたリスク管理上，必要なものである。

第二に，学生が自殺しても大学がなんらの聞き取り調査もしない場合，それは「大学は自殺の背景を調査することに消極的である」というメッセージ，さらには「大学は学生が自ら死を選んでも無関心なのだ」というメッセージとして受け取られる。このことは，遺族を落胆させるだけでなく，学生や教職員にも，自分たちは大学から守られていないと感じさせる。そのような大学が，いくら自殺予防活動に取り組んだとしても，学生や教職員はしらけるだけである。関係者への聞き取りは，自殺予防上も重要なのである。

Ⅱ　第一報を受けての初動（スライド５，６）

自殺が生じてしまった場合，第一報を受けて，まずは何が起きたのか，正確な基本情報を収集する。情報源は，警察，遺族，関係する学生や教職員など，ケースによってさまざまである。手元に集まった情報を学内で適切に共有し，対応に

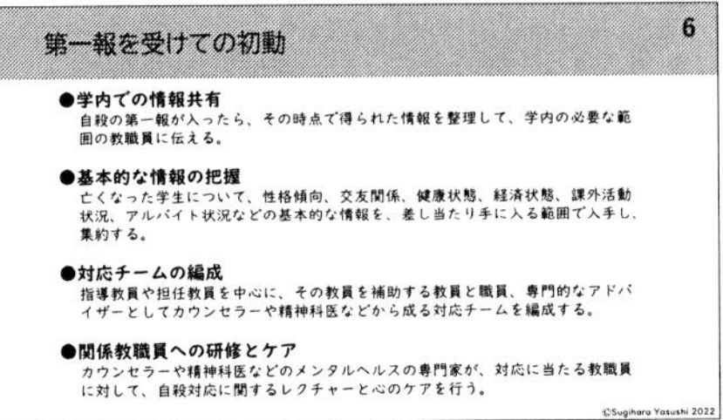

当たるチームを組織する。

1．学内での情報共有

自殺の第一報が入ったら，その時点で得られた情報を整理して，学内の必要な範囲の教職員に伝えることが必要である。大学によっても異なるが，学生の所属部局長や副部局長などの部局の執行部，学生部長など学生支援関係の組織の長，学生相談室や保健管理センターなどメンタルヘルスの専門部署の長などが，情報共有先として想定される。

情報を受け取ったそれぞれの部署の責任者は，必要な範囲の現場担当者（亡くなった学生の指導教員や，現場のカウンセラーや精神科医，所属していた部活動の顧問など）に適切に情報を伝える。

2．基本的な情報の把握

初期段階で，亡くなった学生について，性格傾向，交友関係，健康状態，経済状態，課外活動状況，アルバイト状況などの基本的な情報を，差し当たり手に入る範囲で入手し，集約する。学生相談室や保健管理センターなど学内相談機関への相談歴などの情報も必要であろう。こうした緊急性のある重大事態において学内相談機関から必要な範囲の情報が円滑に得られるよう，カウンセラーや医師の守秘義務との整合性を取りながら，情報共有の手続きを定めておくことが大事である。

3．対応チームの編成

次に必要となるのが，対応チームの編成である。部局長が中心となり，対応チームを編成する。対応チームの中核には，その学生の指導教員や担任教員など，学生の教育上，もっとも関わりが深いと考えられる教員が据えられるのが自然である。さらに，その教員を補助する教員と職員，専門的なアドバイザーとして学生相談室のカウンセラーや保健管理センターの精神科医などを加えることが望ましいだろう。

４．関係教職員への研修とケア

遺族や学生をケアする側の教職員にも予備知識とケアが必要である。対応チームの最初のミーティングでは，カウンセラーや精神科医などのメンタルヘルスの専門家が，これらの教職員に対して，自殺対応に関するレクチャーを行うとともに，心のケアも行う。

教職員は自殺という緊急事態で慌てて動きがちだが，カウンセラーなどがガイドして，自分の気持ちに穏やかな注意を向け，じっくり感じるための時間を１～２分持つことが役に立つ。そしてそこで気づいた気持ちを無理のない範囲で率直に話し合う。

指導教員など，自殺した学生の指導上，安全管理上の責任があった教員には特に注意が必要である。こうした教員は，さまざまな複雑な思いに駆られて苦しむことが多い上に，事後対応においても緊張を強いられるさまざまな不慣れな課題に取り組まなければならず，かなりのストレスがかかる。

Ⅲ　遺族対応（スライド７～10）

自殺の第一報がどこから入ったにせよ，遺族と連絡を取り，大学の然るべき立場の人間が訪問して弔意を伝えることが望ましい。通夜や葬儀に参列できるようであれば，参列したい。学生の中にも通夜や葬儀への参列を希望する者があるかもしれない。こうした大学関係者の参列については，遺族の意向を尋ね，それを尊重するとともに，必要な学内関係者と共有する。遠方などで葬儀などへの参列が難しい場合には，弔電を打つのが良いだろう。通夜や葬儀の機会を逃した場合でも，できるだけ早い段階で弔問することが望ましい。

残念なことに，大学関係者の中から，大学の業務に含まれないなどとして，こうした慰問に消極的な意見を聞くことがある。しかし，そもそも，学生が自殺した場合，遺族に弔意を伝えることは，業務以前に，教育機関として社会的に期待されることであろう。さらには，弔問の機会を捉えて遺族に接触し，学生の死に関して大学として知っておくべきことがないかを尋ね，もしあれば丁寧に聞き取ることは，業務上，必要なことである。なお，文部科学省（2010, 2014）は，初等中等教育における児童・生徒の自殺に関して，各学校に対し，遺族に弔意を伝えることや遺族から事実関係や学校への要望など聞き取ることを求めている。高等教育機関においても，これに準じた対応が求められる。

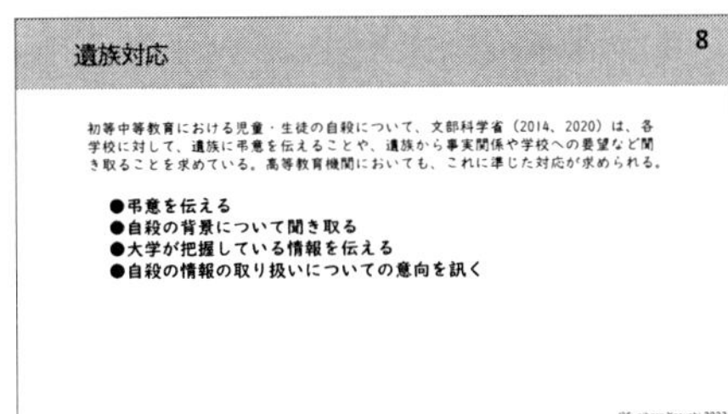

遺族対応のポイント　9

●弔意を伝える
大学の然るべき立場の者（指導教員など）が通夜や葬儀に参列することが望ましい。
遠方などで難しい場合は弔電。
通夜や葬儀の機会を逃した場合、出来るだけ早い段階で接触する。
学生など大学関係者の参列について、遺族の意向を聞いて学内で情報共有する。

●自殺の背景について聞き取る
自殺の背景について、遺族に何か気づいたことがあったかを尋ね、大学として知っておく必要があることがあれば教えてもらう。

●大学が把握している情報を伝える
大学が独自に把握している事実をできるだけ隠さず率直に遺族に伝える。
その一方で、不確かな情報が不用意に伝わって遺族を振り回すことにならないよう、情報管理に努める。自殺という情報の扱いについて、遺族と話し合うことも重要である。

©Sugihara Yasushi 2022

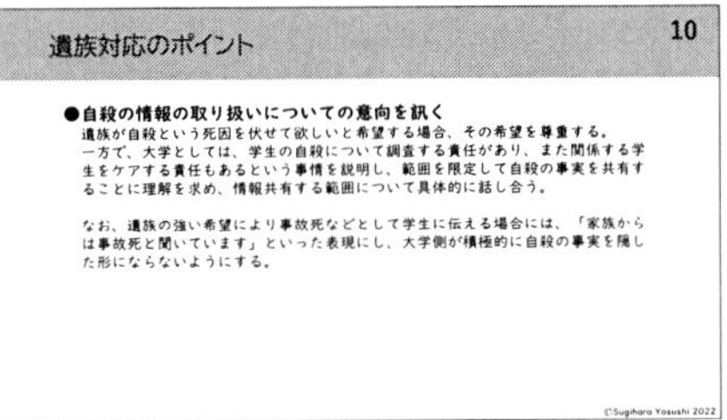

遺族と接触する際，大学が独自に把握している事実があれば，遺族に伝えるべき内容かどうかをしっかり判断した上で，伝えるようにする。たとえ善意や配慮からであっても，事実を隠すことは後々悪影響を及ぼすことが多いので，できるだけ率直に事実を伝えることが大事である。その一方で，不確かな情報が不用意に伝わることは遺族を振り回すことにつながるため，しっかり情報を管理することも必要である。また，情報を伝える際には，場所やタイミングを選ぶ必要がある。

また，自殺という情報の扱いについて，遺族と話し合うことも重要である。遺族は自殺という死因を伏せて欲しいと希望することが多く，こうした遺族の希望はできるだけ尊重しなければならない。その一方で，大学としては，学生の自殺について調査する責任があり，また関係する学生をケアする責任もある。自殺の事実を完全に伏せながらこうした責任を果たすのは難しい場合もある。また，遺族からの希望によって，自殺であることを伏せて学生に伝えた場合，大学は何か不都合なことを隠蔽しようとしているのではないかという憶測が生じやすく，不要な動揺や人間関係の軋轢を生むこともある。また，一部の学生がすでに自殺の事実を知っている場合，それを他の学生には言わないよう求めると，それらの学生に大きな心理的負担がかかる。こうしたことから，遺族の希望を聞くと同時に，大学側の事情も説明し，範囲を限定して自殺の事実を共有することについて理解を求め，情報共有する範囲について具体的に話し合うことが必要である。

なお，残念なことに，遺族から自殺を伏せてほしいと希望されたことを理由に，自殺の背景をろくに調査もせずに幕引きするケースも見受けられるが，それは大学として責任のある対応とは言えない。

なお，遺族の強い希望により事故死などとして学生に伝える場合には，「家族からは事故死と聞いています」といった表現にし，大学側が積極的に自殺の事実を隠した形にならないようにする。

Ⅳ　学生対応（スライド 11 ～ 20）

自殺が起きたら，亡くなった学生と日頃から関わりのあった学生や，場合によっては自殺を発見した学生や目撃した学生など，関係する学生に対して適切な対応をすることが必要である。この対応には，情報収集，情報発信，情報管理，心のケアが含まれる。これらを一体的に行うことが必要である。

それでは以下に，学生対応の要点を具体的に見ていこう。

１．学生に自殺があったことを伝える

学生が仲間の死を受けとめられるよう助けるため，また不適切な噂の流布やトラブルの発生を防ぐために，なるべく早いタイミングで，必要な範囲の学生に正確で適切な情報を発信する。

どの範囲の学生に情報を伝えるかを検討する。故人との関係や立場などによって一律に考えるのが難しい場合，学生をいくつかのカテゴリに分けて，それぞれについて伝える情報の内容を検討する必要がある。亡くなった学生が研究室のような少人数の公式的な集団に所属していた場合，通常，その範囲の学生には知らせる必要があると考えられる。亡くなった学生が活発に部活動やサークル活動に参加していた場合，顧問の教員の指導のもとに，然るべき立場の学生を通じて，故人と親しい間柄にあった範囲の学生に伝えることが必要になる。

学生に伝える情報の内容としては，自殺が発生した経緯（ただし自殺現場の詳細や自殺手段などは伝えない），警察などの見解，学生へのケアの方針（相談できる人，場所）などが考えられる。

学生に仲間の自殺を伝える際には，哀悼の気持ちをもって，落ち着いた態度で，穏やかな声で伝える。自殺を美化したり，自殺した学生を批判したりしないことが重要である。学生に仲間の自殺を知らせる際の留意点をスライド 14 に示す。

２．学生に情報を求める

情報を伝えたら，亡くなった学生について，最近の様子で気がついたことや，

11

学生対応

12

学生対応

亡くなった学生と日頃から関わりのあった学生や、場合によっては自殺を発見した学生や目撃した学生など、関係する学生に対して適切な対応をすることが必要。

●情報を発信する
●情報を収集する
●心のケアをする
●情報を管理する

13

学生対応　情報発信

学生が仲間の死を受けとめるのを助けるため、また不適切な噂の流布やトラブルの発生を防ぐために、なるべく早いタイミングで、必要な範囲の学生に正確で適切な情報を発信する。

- 自殺が発生した経緯（ただし自殺現場の詳細、自殺手段などは伝えない）
- 警察などの見解
- 学生へのケアの方針（相談できる人、場所）

14

学生対応　情報発信の留意点

- 事実に基づく
- 遺族の意向をできるだけ配慮する
- 自殺の場所や方法等についての具体的詳細は伝えない
- 単純な因果関係の説明を控える
- 受けとめる学生の心理状態を考慮する
- 相談できる教職員や窓口についての情報を伝える
- 情報の扱いには慎重であることを求める（SNSでの拡散は禁止）

15

学生対応　情報収集

亡くなった学生について、最近の様子で気がついたことや、気になることがある人は、些細なことでもいいので、教職員まで伝えて欲しいと伝える。

大抵の学生は仲間の自殺に動揺しているため、話を聞くときには、事実関係の聞き取りとともに、学生の気持ちを丁寧に聞くことが必要。

16

学生対応　心のケア

自殺が起きると、周囲の学生はショックを受け、動揺する。もともと精神的に不安定な学生は、亡くなった学生との関係が必ずしも深くなくても、影響を受けて不安定になることが多い。大学は、こうした学生のケアに努める必要がある。

●率直な感情を表現する機会を与える
●自然なストレス反応とその見通しについて知らせる
●適切な対処方法を伝える
●自殺についての適切な知識を与える
●動揺が見られる学生には個別に対処する

17

学生対応　心のケア

●率直な感情を表現する機会を与える

少し時間をとって、自分の内側に穏やかな注意を向けて、ゆっくり感じてみるよう促す。その後、よければ率直な思いを話してみて欲しいと伝える。

他のメンバーを動揺させるような内容や、集団の場で扱うのが不適切な内容が出てきたら、場所を変えて個別に話を聴く。特定の個人を責める言動が出てきた場合には、自殺の原因は単純なものではなく、慎重に調べずに原因を決めつけるのは危険であることを伝える。

●自然なストレス反応とその見通しについて知らせる

危機的な事態における正常な反応としてのストレス反応について説明する。これらの反応は、大抵の場合、１ヵ月ほどで徐々に回復してくるという見通しを伝える。

18

学生対応　心のケア

●適切な対処方法を伝える

ストレスに対する有用な対処方法の例を学生たちに示す。これを参考にして各人が自分なりの対処方法を工夫して欲しいと伝える。また、自殺をめぐる不安や動揺などについて相談できる人や場所についての情報も伝える。

●自殺についての適切な知識を与える

自殺をめぐる様々な思いを心に収めていくには、自殺についての正しい理解が必要である。専門家が自殺についての適切な知識を与えることが役に立つ。

●動揺が見られる学生には個別に対処する

ハイリスクの学生については声をかけ、個別に話を聴く機会を設ける。専門的なケアが必要な場合には、カウンセラーに繋ぐ。簡単なストレスチェックなどを配布し、その結果を見てカウンセラーに繋ぐのも良い。ケアが必要な学生を見落とさないために「気がかりな学生がいたら知らせてほしい」と学生に伝えておくことも役に立つ。

19

学生対応　心のケア

●ハイリスクな学生

- 恋人、親しい友人、同じ研究室の学生、部活やサークルの仲間など、自殺した学生と親しかった学生
- 自殺を目撃した学生、自殺を発見した学生、現場を見た学生
- 自殺した学生と直接交流がなくても、自殺の情報によって動揺している学生
- 自殺した学生にストレスを与えていたと周囲から見なされている学生
- もともとメンタルヘルス上の問題を抱えていた学生
- 最近、重要な人との死別ないし離別があった学生
- 個人的問題、健康問題、修学環境や家庭環境の大きな変化などのために、たまたま疲労が蓄積している学生

20

学生対応　情報管理

自殺について知らされた学生が、故人と親しかった他の学生にその事実を伝えることがあるとしても、そうした行為を禁止できるものではない。亡くなった学生と親しくしていた仲間たちが、事実を共に受けとめ、喪失を共に悼み、互いに支え合うことは大事なことであり、必要なことである。

しかしながら、そうした情報が興味本位に不必要に拡散していくことは望ましいことではない。学生には責任を持って情報を管理することを求め、他の学生に伝える場合には、知らせる必要があるかどうか慎重に考え、不必要に広げないことを求める。判断がつかないときには、教職員に相談するよう求める。

ＳＮＳには特に注意が必要である。ＳＮＳでの情報発信は絶対にしないよう注意喚起する。

気になることがある人は，些細なことでもいいので，教職員まで伝えて欲しいと伝える。たいていの学生は仲間の自殺に動揺しているため，話を聞くときには，事実関係の聞き取りとともに，学生の気持ちを丁寧に聞くことが必要である。聞き取りと心のケアは常にセットであると考える。

3．心のケア

自殺が起きると，周囲の学生はショックを受け，動揺する。もともと精神的に不安定な学生は，亡くなった学生との関係が必ずしも深くなくても，影響を受けて不安定になることが多い。大学は，こうした学生のケアに努める必要がある。自殺の事後的な心のケア（ポストベンション）は，自殺に対する大学の姿勢を示すものであり，それ自体が非常に重要な自殺予防の活動でもある。

以下に心のケアのポイントを記す。心のケアは，教員が学生に自殺があったことを伝える際に，その場に同席したカウンセラーが行うことが望ましい。それが難しい場合には，カウンセラーからのサポートを受けて教員がひとまず行い，その後，必要に応じてカウンセラーがフォローすることもできる。

①率直な感情を表現する機会を与える

自殺があったことを聞いて，不安や動揺など，さまざまな気持ちや思いがあるだろうと告げ，少し時間をとって，自分の内側に穏やかな注意を向けて，ゆっくり感じてみるよう促す。その後，それぞれが不安や動揺を一人で抱えているよりも，みんなでシェアすることでみんなの心の荷物が軽くなることが多いから，よければ率直な思いを話してみて欲しいと伝える。

学生から自然に思いが語られれば，穏やかに話を聴く。ただし，他のメンバーを動揺させるような内容や，集団の場で扱うのが不適切な内容が出てきたら，場所を変えて個別に話を聴く。特定の個人を責める言動が出てきた場合には，自殺の原因は単純なものではなく，慎重に調べずに原因を決めてしまうのは危険であることを伝える。

②自然なストレス反応とその見通しについて知らせる

身近な人が自殺したと知ると，心理的，身体的にさまざまなストレス反応が生じやすい（表１）。こうした反応は，危機的な事態における正常な反応である。また，これらの反応は，たいていの場合，１カ月ほどで徐々に回復してくるものである（ただし，かなりの個人差がある）。

こうした知識を持たないままにストレス反応に晒されると，その反応に対して

表１　親しい人が自殺した時によく生じる反応

心理的反応	身体的反応
暗闇（夜）が怖い，ひとりになるのが怖い	肩こり，腰痛，関節痛
信じられない，現実感がない	身体がだるい
誰かを亡くなった人と見まちがう	頭痛
亡くなった人を探してしまう	眠れない
悪夢を見る	食欲不振，過食
自分を責めてしまう	耳鳴り，耳が聞こえにくい
亡くなった人の話題を避けたい	喉が渇く，喉に何かが詰まっている感じ
思い出さないように努力してしまう	息が苦しい
特定のシーンが思い出されて頭から離れない	冷や汗，寒気，手足のしびれ
わけもなくイライラして人に当たってしまう	目のかすみ
わけもなく泣いてしまう	下痢，便秘
無気力になる，集中力が落ちる	頻尿，排尿困難，夜尿
ちょっとしたことで不安になる	動悸

驚き，不安になってしまい，その不安のために最初の反応が増幅され，雪だるま式に反応を引き起こしてこじらせてしまうこともありうる。自殺について知らせる際には，同時にこうした情報を伝えることが，その後のメンタル不調の予防のために有用である。

③適切な対処方法を伝える

身近な人の自殺によって，さまざまな心身のストレス反応が出る時期をどのように乗り越えたらよいか，有用な対処方法の例を学生たちに示す（表２）。これらはあくまで参考例であって，誰にでも有用というわけではなく，これを参考にして各人が自分なりの対処方法を工夫して欲しいと伝える。また，自殺をめぐる不安や動揺などについて相談できる人や場所についての情報も伝える。

④自殺についての適切な知識を与える

身近で自殺があったことを知るとさまざまな思いが湧いてくるものである。不正確な自殺の理解に基づいてこうした思いを追究していくと，不必要な混乱が生じてしまうことが多い。自殺をめぐるさまざまな思いを心に収めていくには，自殺についての正しい理解が必要である。カウンセラーなどの専門家が自殺につい

表2　有用な対処方法の例

故人のことを話す
故人の思い出を仲間と話すことは，気持ちを整理する助けになる。ただし，喪失の体験や悲しみの表現，そこからの立ち直りのプロセスには大きな個人差がある。そうした個人差を互いに尊重することが必要である。
弔いの儀式に参加する
宗教的な儀式は死別を受けとめることを助ける文化的な工夫である。葬儀に参列する，個人的に黙祷する，心の中で手を合わせるなどは，助けになることが多い。
規則正しい生活をする
ショックな出来事があると，睡眠時間が短くなったり，気持ちを紛らわすために学業や研究に没頭したりして，生活リズムが崩れてしまいがちである。生活リズムを整え，維持することが心身の安定を促進する。意識して規則正しい生活を送るようにする。
日常の生活を維持する
無理のない範囲で，いつもどおりの生活をする。日常の活動を適度にすることにより，考えすぎを防ぐことができ，気持ちが落ち着いていく。軽く運動するのも良い。
ペースを落として意図的・計画的に休む
疲れやすくなったり，思うようにパフォーマンスが上がらなくなったりするとしても，それは自然な反応である。普段よりもゆるいペースで生活することを心がける。ゆっくり入浴したり，しっかり食事を摂ったりして，自分をケアする時間を意図的に取る。
お酒は控える
感情を制御するためにお酒を飲むことは，そのときはよさそうに思えても，長期的に見るとかえって感情の制御を妨げることが多い。普段よりもお酒は控えめにする。
専門家を活用する
心身の変化が気になる時には学生相談室を利用する。

ての適切な知識を与えることが役に立つ。

多くの人が，自殺の原因について過度に単純化された考えをもち，自殺には単純な１つの原因があると考えている。こうした考えを持っている人は，「いじめがあったのではないか」とか「アカハラがあったのではないか」などと考えがちで，その結果，コミュニティの人間関係に不安を強めてしまうかもしれない。実際には自殺は多くの要因が相互作用しつつ悪循環する中で起きるものである。

また，多くの人が，自殺の直近の出来事に原因を求めがちである。しかし，上にも述べたように，多くの自殺はさまざまな要因が複雑に悪循環していく中で生じる。直近の出来事が引き金になったように見える場合でも，その背後にはさまざまな要因が関与しているものであり，原因の探究には幅広い情報収集と慎重な検討が必要である。

自殺がどのようなプロセスで生じるのかについて正しく理解することが，不必要な不安を取り除く上で役に立つ。カウンセラーが簡単な解説を与え，質疑をすることが役に立つ。

⑤動揺が見られる学生には個別に対処する

スライド 19 に示した条件に当てはまる学生は，ストレス反応が大きく出る可能性が懸念される。これらのハイリスクの学生については声をかけ，個別に話を聴く機会を設ける必要がある。動揺が見られ，専門的なケアが必要だと思われる場合には，カウンセラーに繋ぐ。簡単なストレスチェックなどを関係する学生に配布し，その結果を見てカウンセラーに繋ぐのもよい。ケアが必要な学生を見落とさないために「気がかりな学生がいたら知らせてほしい」と学生に伝えておくことも役に立つ。

４．情報管理上の注意喚起

学生の交友範囲は，研究室などの公的な集団の範囲を超えて広がっていることが普通である。自殺について知らされた学生が，故人と親しかった他の学生にその事実を伝えることがあるとしても，そうした行為を禁止できるものではない。亡くなった学生と親しくしていた仲間たちが，事実を共に受けとめ，喪失を共に悼み，互いに支え合うことは大事なことであり，また必要なことであろう。

しかしながら，そうした情報が興味本位に不必要に拡散していくことは望ましいことではない。それゆえ，教職員が学生に情報を伝える際には，情報の扱いに関しては，故人に敬意を払うよう，また遺族の希望を尊重するよう，注意喚起する必要がある。学生には責任を持って情報を管理することを求め，他の学生に伝える場合には，知らせる必要があるかどうか慎重に考え，不必要に広げないことを求める。判断がつかないときには，教職員に相談するよう求める。

SNS には特に注意が必要である。誰かが SNS に情報を上げてしまうと，制御不能な仕方で拡散してしまう危険性がある。そうなると遺族や関係者を傷つけることになるため，SNS での情報発信は絶対にしないよう注意喚起する。

Ⅴ　その他（スライド 21 ～ 23）

１．再発防止策の検討

大学が再発防止への努力を具体的かつ明確に示すことは，自殺によって動揺した人たちを安心させる。自殺に至る経緯について，得られた情報を分析し，自殺の背景要因の理解に努める。学内の対応は適切だったか，援助希求のサインを見

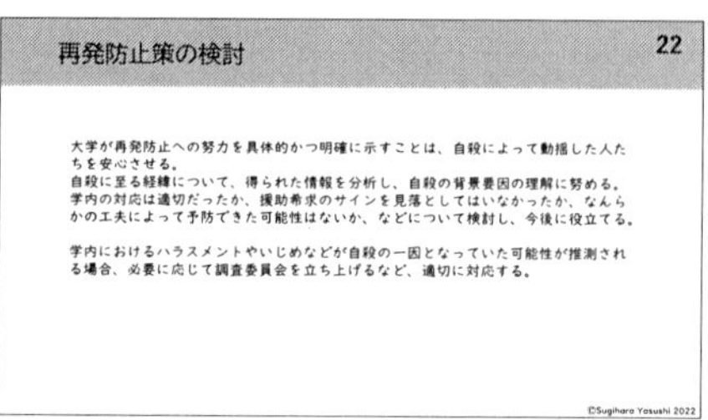

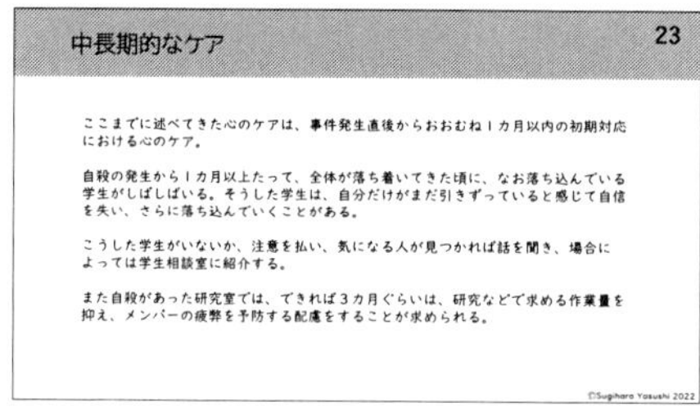

落としてはいなかったか，なんらかの工夫によって予防できた可能性はないか，などについて検討し，今後に役立てることが重要である。

得られた情報から，学内におけるハラスメントやいじめなどが自殺の一因となっていた可能性が推測される場合には，必要に応じて調査委員会を立ち上げるなど，適切に対応する必要がある。

2．中長期的なケア

上に述べた心のケアは，事件発生直後からおおむね1カ月以内の初期対応における心のケアである。しかし，自殺の発生から1カ月以上たって，全体が落ち着いてきた頃に，なお落ち込んでいる学生がしばしばいる。そうした学生は，自分だけがまだ引きずっていると感じて自信を失い，さらに落ち込んでいくことがある。

教職員の目からはもうすっかり落ち着いたように見える場合でも，個々人の心の中ではまだ動揺が続いていることがよくある。この時期には，自殺とは関係ないその学生の問題，例えば研究室の人間関係，キャリアの問題，家族の問題，健康上の悩みなどが増幅されて現れてくることがよくある。こうした学生がいないか，注意を払い，気になる人が見つかれば話を聞き，場合によっては学生相談室に紹介する。

また自殺があった研究室では，できれば3カ月ぐらいは，研究などで求める作業量を抑え，メンバーの疲弊を予防する配慮をすることが求められる。

文　献

文部科学省（2010）子供の自殺が起きたときの緊急対応の手引き．https://www.mext.go.jp/a_menu/shotou/seitoshidou/__icsFiles/afieldfile/2018/08/13/1408018_001.pdf（2021年10月12日閲覧）

文部科学省（2014）子供の自殺が起きたときの背景調査の指針（改訂版）．https://www.mext.go.jp/component/b_menu/shingi/toushin/__icsFiles/afieldfile/2014/09/10/1351863_02.pdf（2021 年 10 月 12 日閲覧）
日本学生相談学会（2014）学生の自殺防止のためのガイドライン．https://www.gakuseisodan.com/wp-content/uploads/public/Guideline-20140425.pdf（2021 年 10 月 12 日閲覧）
下園壮太（2002）自殺の危機とカウンセリング．金剛出版．
下園壮太監修（2018）クライシス・カウンセリング．金剛出版．
高橋祥友（1997）自殺の心理学．講談社現代新書．
高橋祥友・福間詳編（2004）自殺のポストベンション．医学書院．

第6章
事故が起きたときの対応

今江秀和

I　はじめに

事故といっても，けが人のいない，あるいはかすり傷程度で済むような小さな事故もあれば,重大な被害を引き起こすような大きな事故もある。ここでは主に,大学として対応が必要になるような事故への対応について考えてみたい。

1．大学生が出合う事故（スライド2～4）

①大学生と事故

大学生になると，授業，学外実習，インターンシップ，サークル活動など，活動の幅が大きく広がる。これに加え，プライベートでも一人暮らしをしたり，アルバイトをしたりと，学生の活動範囲も大きく広がる。また，免許証を取得し自動車やバイクに乗る学生も増えてくる。

このような変化に伴い，学生が事故にあう可能性も大きくなってくる。事故は不意に起こるものであるが，その結果は重大なものになることがある。そうした場合，大学としての事故対応や，学生のケアが必要になってくる。

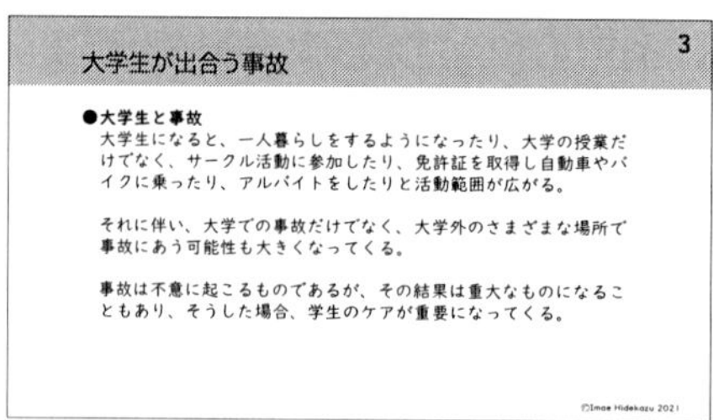

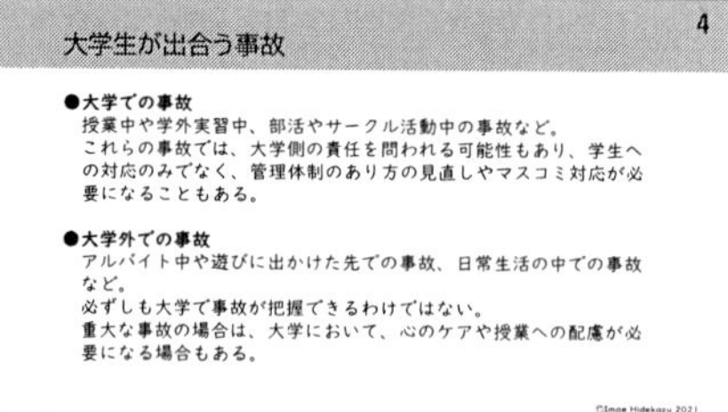

②大学での事故

事故が起きる場所はさまざまであるが，ここでは大学での事故と，大学外での事故に分けて考える。大学での事故の中には，学外実習やサークル活動など大学管理下で行われる活動も含むものとする。

大学で起こる事故には，実験中の事故，体育の授業中の事故，クラブやサークル活動中の事故，学外実習中の事故などさまざまあり，すべてを網羅することはできない。事故の大小についてもさまざまである。例えば化学の実験の場合，ガラスの器具を割って手を切るといった事故もあれば，有毒ガスの発生や爆発といった事故もある。重大な事故では，大きな怪我を負う者や，命を失う者が出る場合もある。授業中の重大な事故では，教員の管理責任が問われることもあり，負傷した学生だけでなく，教員もストレスにさらされる可能性がある。

③大学外での事故

大学外の事故としては，アルバイト中や遊びに行った先での事故，日常生活の中での事故などが考えられる。車やバイクを運転する場合には，事故にあったり，事故を起こしたりする可能性も大きくなる。

大学外での事故については，必ずしも大学で把握できるわけではない。学生が怪我などで保健室を訪れたり，ゼミでの世間話の中で話題にして，大学教職員が知ることになる場合もあるが，事故が重大なものでなければ，大学で何か対応をするということにはならないだろう。一方，事故が重大なものであれば，学生相談機関での心のケアや，授業への配慮を行う必要が出てくる場合もある。

Ⅱ　大学で事故が起きたときの対応（スライド５～９）

大学で事故が起きた場合，まずは緊急の対応が必要になる。ここでは大学でどのような対応をする必要があるかについて述べる。

１．応急手当

事故発生時に優先されることは，事故にあった学生の生命と健康であるので，まずは事故にあった学生の応急手当を行わなければならない。学生の症状を確認し，症状が重篤な場合は 119 番通報を行う。救急車を呼ぶのがよいのか判断がつかなかったり，迷ったりする場合は，学生の安全を第一に考え，救急車を呼ぶようにする。その後，症状に応じて止血や心肺蘇生などの応急手当を行う。また自身が連絡したり，周りの人に連絡を頼んだりすることが可能な状態であれば，保健室等に応援を要請する。

2．安全の確保

交通事故や実験中の事故などでは，その場に留まっていることが危険な場合がある。事故発生現場が危険と判断される場合，応急手当と並行して，安全な場所に避難するなど安全を確保する必要がある。一人でいくつもの対応を行うことは難しいので，応援を要請する。周りに協力できそうな人がいる場合は，事務局への応援依頼などは，周りの人に可能な範囲で手伝ってもらうとよいだろう。

3．管理職，大学事務局への連絡

重大な事故の場合，事故現場での対応やその後の学生への対応だけでなく，情報の収集と管理，事故の調査，マスコミ対応，事故防止の取り組みなど，さまざまな対応をする必要が出てくる。そのため速やかに大学執行部や学部執行部，大学事務局などへの報告を行う。

4．保護者への連絡

重大な事故の場合や，事故自体は大きなものでなくても，学生が大きな怪我を負っているなど保護者への連絡が必要と判断される場合には，可能な限り早く連絡をする。連絡をしなかったり，連絡が遅くなることで，保護者が大学に不信感を抱くようなことがないよう気をつけたい。

5．事故対応チームの編成

重大な事故の場合，個々の教職員や部署での対応は難しい。また，個々の学生や教職員がそれぞれに情報を発信したり，マスコミに対応したりすると，さらなる混乱を招くことになる。そうした事態を避け，大学として統一した対応を行うために事故対応チームを編成し，事故対応にあたる必要がある。事故対応チームは，学生の対応や事故の調査，情報の管理，マスコミ対応などの方針を決め，指

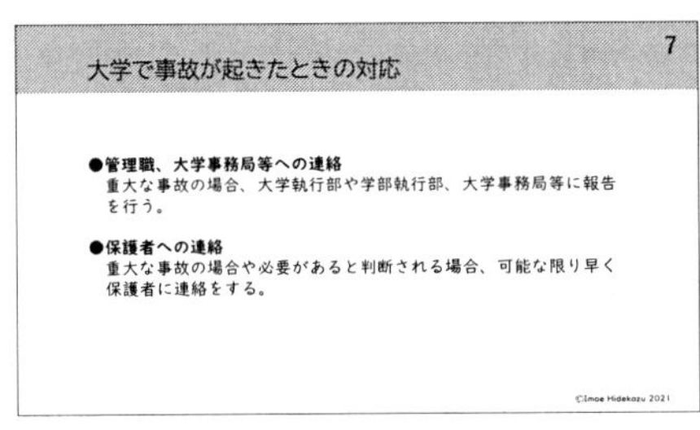

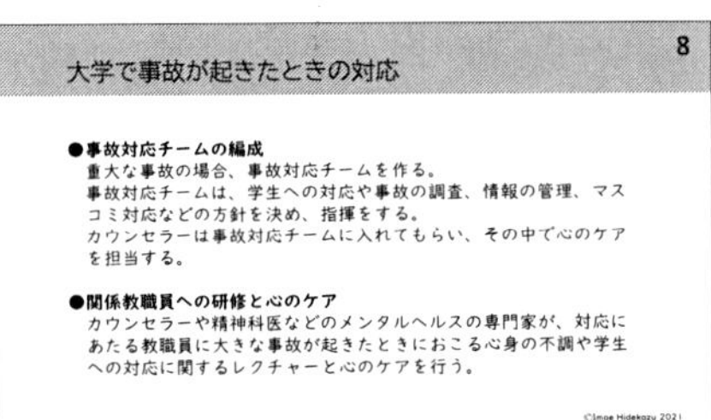

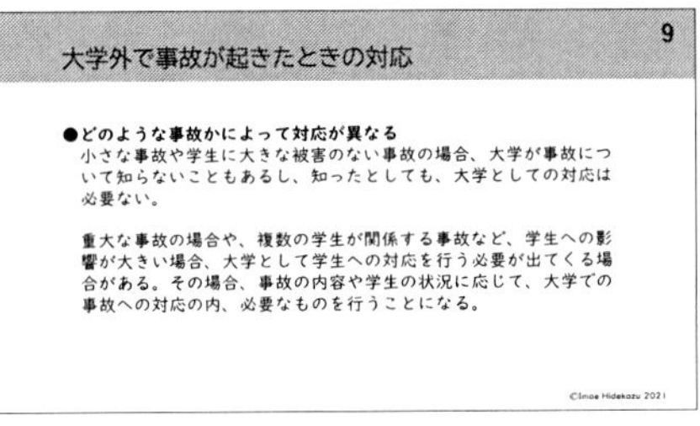

揮をする。カウンセラーは事故対応チームに入れてもらい，その中で心のケアを担当するのが望ましい。事故対応チームの中で，カウンセラーは，学生の心のケアの方針の決定や，学生対応にあたる教職員の支援，専門的なケアが必要な学生への対応などで意見を述べたり，中心的な役割を担うことになる。

6．関係教職員への研修と心のケア

事故が起き，大学として対応が必要となった場合，事故にあった学生に関係する教職員が学生への対応を行うことになる。もちろんカウンセラーも関係教職員と連携し，学生への対応を行うが，普段から交流のある教職員が対応することは学生の安心に繋がると考えられる。また，普段から交流のある教職員だからこそ，学生の様子の違いに気づいたり，その後の様子を見守ったりすることが可能になる。

しかし，事故にあって混乱したり，不安になっている学生への対応は，教職員にとって，どのように対応してよいか分からず，不安を覚えるものであるだろう。また対応する教職員自身が事故の当事者であったり，事故にショックを受けている場合もある。そのため，学生対応にあたる前に，事故対応にあたる関係教職員への研修と心のケアが必要になる。

実際に教職員が学生の対応にあたる前に，カウンセラーや精神科医などのメンタルヘルスの専門家が，教職員に対して，大きな事故が起きたときに起こる心身の不調や学生対応の仕方や留意点についてレクチャーを行う。事故などの際に起きる心身の不調について知ることは，学生に対応するときの安心感に繋がるだけでなく，自身に起きている心身の不調に対する不安の軽減にも繋がるものである。

研修を受けたとしても，学生対応への不安そのものがなくなるわけではないだろう。必要に応じて，カウンセラーや精神科医などのメンタルヘルスの専門家と連携しながら，対応にあたるとよいだろう。

7．大学外で事故が起きたときの対応

大学外での事故は，どのような事故であったかによって対応は変わってくる。小さな事故や学生に大きな被害のない事故では，大学が事故について知らないこともあるし，知ったとしても，大学として対応を行う必要はない。事故のことを聞いた教職員が学生に対して，何か困っているようなことがないか聞き，必要に応じてアドバイスをしたり，今後事故に気をつけるよう伝えるといった対応でよいだろう。

一方，重大な事故の場合や，複数の学生が関係する事故など学生への影響が大きい場合，事故の内容や学生の状況に応じて，大学での事故への対応や，次に述べる心のケアの中の必要なものを行うことになる。

Ⅲ　学生対応（スライド 10 ～ 20）

1．心のケアの必要性

後で詳しく述べるが，重大な事故など危機的な出来事を体験した場合，さまざまなストレス反応が生じることがある。また，そうした反応によりいつもの自分とは違う状態になることが学生を不安にさせたりもする。こうしたことから心のケアが必要となる。ここでの心のケアは，初期の応急処置的な対応と言えるが，そうした対応を行うことで，その後の学生の心理的な問題を予防したり，継続した支援が必要な学生を見つけ適切な支援を行うことに繋がる。

2．心のケアを行う際の留意点

重大な事故が，すべての学生にとってトラウマになるかというと，そうではな

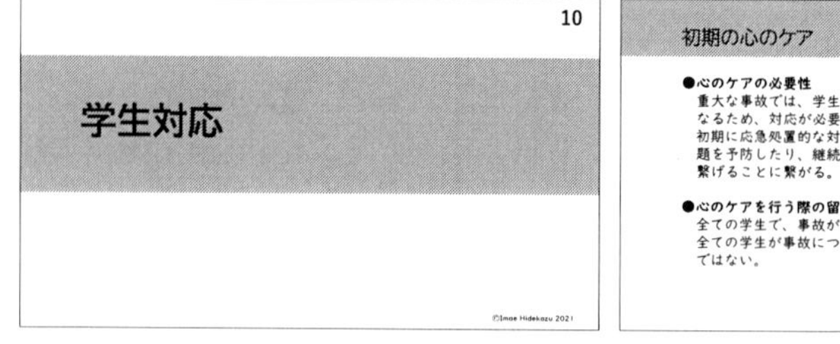

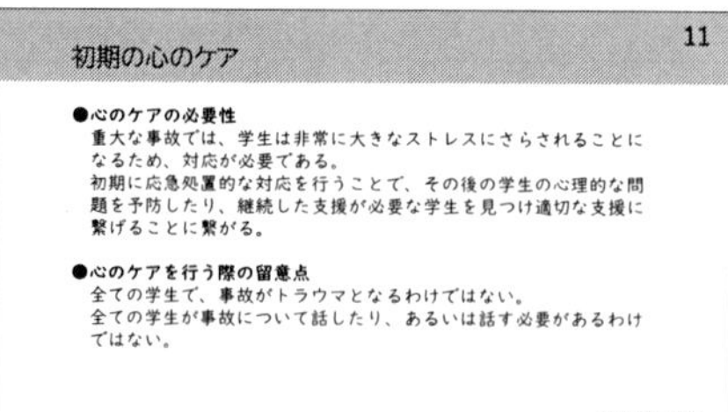

12 初期の心のケア

●対象者

死亡した学生がいる場合、その学生と日頃関わりのあった学生

大きな怪我を負った学生（事故直後は入院していたりして、事故のすぐ後に対応することができないこともある）

事故の現場に居合わせた学生

事故を目撃した学生

©Imae Hidekazu 2021

13 初期の心のケア

●初期の心のケアで行うこと

情報を提供する

危機的な出来事を体験した際のストレス反応とその見通しを伝える

適切な対処法を伝える

人により反応の仕方が異なることを伝える

学生の状態を把握し、必要に応じて個別に対応する

©Imae Hidekazu 2021

14 初期の心のケア

●情報を提供する

正確で適切な情報の発信

学生が起きたことを受け止め、対処するのを助ける。

不正確な情報や噂の拡散や、それによるトラブルを防止する。

発信する情報

事故に関する情報（事故が起きた経緯や被害の状況など）

事実に基づく情報を伝え、憶測や個人的な見解などは伝えない。

学生の様子を見ながら伝える。

SNSでの拡散の禁止など、情報の慎重な取り扱いを求める。

学生へのケアに関する情報

相談できる教職員や窓口、何かあれば気軽に相談してよいことを伝える。

©Imae Hidekazu 2021

15 初期の心のケア

●危機的な出来事を体験した際のストレス反応とその見通しを伝える

情緒的反応	興奮、不安、悲嘆、無感動、自責感、罪悪感、無力感、孤独感、不信感など
身体的反応	動悸、過呼吸、過度な発汗、目眩、睡眠の障害、食欲不振、吐き気、下痢、頭痛、肩こり、腰痛など
認知的反応	思考の混乱、集中力の低下、計画性の低下、問題解決能力の低下、決断力の低下など
行動面の反応	多弁、口数の減少、多動、嗜好品の増加、食行動の変化、身だしなみの変化、引きこもりなど

※これらの反応は「異常な事態に対する正常な反応」であり、たいていの場合、1ヶ月ほどで徐々に回復する。

これらの反応が強すぎたり、長く続きすぎる場合には、専門家への相談が必要である。

©Imae Hidekazu 2021

16 初期の心のケア

●適切な対処法を伝える

リラクセーションや呼吸法など、ストレス反応の軽減に役立つ対処法があることを伝える。

どの対処法が合うかは、人それぞれなので、自分なりの対処法を工夫してほしいと伝える。

不安や動揺が大きいときには人に相談することも必要であることを説明し、相談できる人や場所の情報を伝える。

●人により反応の仕方が異なることを伝える

事故への反応はいろいろであり、温度差が出るのは当然であると伝える。

そうすることでトラブルの発生や傷つく学生が出るのを防ぐことができる。

©Imae Hidekazu 2021

17 初期の心のケア

●学生の状態を把握し、必要に応じて個別に対応する

アンケートや面談を通して、学生の状態を把握する。

誰が面談するかは、事故の内容、学生の受けた影響、関係教職員との信頼関係などを考慮して計画する。

ハイリスクな学生については、個別に話を聞く機会を設ける。

①体調について、②今感じていること、③心配や不安なこと、④気になっていること、を中心に聞き、出来事そのものに触れない。

学生の様子を見ながら、学生のペースに合わせて話を聞く。

グループでの話し合いでは、その場に適さない内容が出てきたときは、場所を変えて個別に対応する。

症状が重篤な場合や、気がかりな学生がいる場合などはカウンセラーに繋ぐ。

©Imae Hidekazu 2021

18 初期の心のケア

●ハイリスクな学生

近接性	物理的な近接性	事故発生時、近くにいて、事故を目撃するなどした学生
	情緒的な近接性	事故で亡くなったり、大きな影響を受けたりした人と情緒的に近い関係にあった学生
	時間的な近接性	時間的に近い時期に外傷体験や喪失体験を有する学生
脆弱性	内的な脆弱性	回避的コーピング、もともとの精神疾患や身体疾患、社会的ひきこもり、過去の外傷体験、発達や認知機能レベルの低さ、自己効力感の低さ、高い心理生理的覚醒度、悲観主義を有する学生
	外的な脆弱性	家族からのサポートや家族外の社会資源が欠如している学生

Brockら（2016）『School Crisis Prevention and Intervention: The PREPaRE Model, Scond Edition』、福岡県臨床心理士会・窪田（2020）『学校コミュニティへの緊急支援の手引き第3版』を参考に作成

©Imae Hidekazu 2021

19 その後の心のケア

●不調が続いていたり、重篤な症状が出てきた場合

学生相談機関や医療機関に繋ぐ。

専門家のケアを受けていない学生が心の問題で苦しんでいる様子に教職員が気づいた場合、学生相談カウンセラーに相談したり、学生を紹介する。

●大きな問題がないようにみえる学生への対応

特に心理的な問題を抱えているように見えない学生の場合、何か対応するということではなく、見守る。

時間が経って問題が生じてくる場合や、記念日反応がみられる場合もあるので、気になることがある場合、それとなく声をかけたり、必要に応じて学生相談カウンセラーに繋ぐようにする。

©Imae Hidekazu 2021

20 その後の心のケア

●身体的な後遺症のある学生への対応

身体的な後遺症がある学生は、身体的なケアだけでなく、心理的なケアも必要になる場合がある。これまでできていたことができなくなったり、夢を諦めざるを得なくなったりと大きな喪失を体験する場合があり、学生はその体験を自分なりに整理していくことになる。

学生と関わる中で気がかりなことがあったり、心理的なケアが必要と思われる場合は、学生相談カウンセラーに繋ぐ。

●授業や学生生活への配慮

事故直後、心理的な問題や、身体的な問題により、授業や学生生活に支障を来す場合、教育的配慮が必要となる。

問題が長期にわたり、PTSDやうつ病などの診断がつくような場合は、障害学生支援についての情報提供や配慮を申請の提案を行う。

©Imae Hidekazu 2021

い。また，すべての学生が事故の経験について話をしたい，話す必要があるとは限らない。事故を経験した学生は，その経験がトラウマになっている，その経験を話したい，あるいは話す必要があると決めつけて対応することのないようにする必要がある。

3．対象者

事故発生直後の心のケアでは，次のような学生が対象になる。死亡した学生がいる場合，亡くなった学生と日頃関わりのあった学生が対象となる。また死亡した学生はいないが，大きな怪我を負った学生がいる場合，怪我を負った学生が対象となる。ただし，大きな怪我を負った学生は，事故直後は入院していたりして，事故の後すぐに対応することができないこともある。事故の現場に居合わせた学生も心のケアの対象となる。怪我など直接の被害がなくても，すぐ近くで死亡する学生や大きな怪我を負う学生を見たことで大きなショックを受ける場合がある。また事故が発生したその場にいなくても，事故が発生する瞬間を離れた場所から見ていたり，事故の現場に駆けつけたり，事故の処理をしている現場を見かけたりする学生が存在する場合もあり，そうした学生も心のケアの対象となる。

授業中の事故，課外活動中の事故など，大学内での事故では，心のケアの対象となる学生は多くなる可能性がある。この後，具体的な対応について述べていくが，対象者が多い場合，すべての対応を個別に行うのではなく，対象者を集めて対応するといったことも考えられる。

4．初期の心のケア

初期の心のケアで行うことは，①情報を提供すること，②危機的な出来事を体験した際のストレス反応とその見通しを伝えること，③適切な対処法を伝えること，④人により反応の仕方が異なることを伝えること，⑤学生の状態を把握し，必要に応じて個別に対応すること，である。①〜⑤と番号を付けているが，学生の状態を把握しようと話を聞く中で，学生が間違った情報を信じていれば，その場で正確な情報を提供するといったように，必ずしも順番に行っていくというわけではない。

①情報を提供する

事故が起きた場合，なるべく早く正確で適切な情報を発信するのがよい。何があったのかを知ることは，学生が事故を受け止め，対処することを助けると考えられる。また，不正確な情報や噂が拡散されたり，間違った情報がもとでトラブルが起きたりすることを防止することになる。

発信する情報としては，まず事故に関する情報がある。具体的には，事故が起きた経緯や被害の状況などである。事故に関する情報を伝える際は，事実に基づく情報のみを伝え，憶測や個人的な見解などは伝えないようにする。事故の情報を聞く際の学生の反応はさまざまである。学生の様子を見ながら，学生の状態に応じた伝え方を工夫する必要がある。SNS で情報を拡散することの禁止など，慎重な情報の扱いを求めておく必要もある。

もう１つ学生に提供しておく必要のある情報として，相談できる教職員や窓口といったケアに関する情報がある。何かあれば気軽に相談するよう伝え，学生に相談できる，相談していいんだという安心感をもってもらえることが大切である。

②危機的な出来事を体験した際のストレス反応とその見通しを伝える

事故という危機的な出来事を体験すると，ストレス反応が生じることがある。ストレス反応が生じた学生は，ストレス反応による辛さとともに，通常とは違う心身の状態に不安を感じることと思われる。しかし，こうしたストレス反応は「異常な事態に対する正常な反応」である。正常な反応としてのストレス反応にどのようなものがあるのか，そしてそうした反応がどのように経過していくのかを知ることは，安心感に繋がる。

ストレス反応には，情緒的反応，身体的反応，認知的反応，行動面の反応がある。情緒面の反応には，興奮，不安，悲嘆，無感動，自責感，罪悪感，無力感，孤独感，不信感などがある。身体的反応には，動悸，過呼吸，過度な発汗，目眩，睡眠の障害，食欲不振，吐き気，下痢，頭痛，肩こり，腰痛などがある。認知的反応には，思考の混乱，集中力の低下，計画性の低下，問題解決力の低下，決断力の低下などがある。行動面の反応には，多弁，口数の減少，多動，嗜好品の増加，食行動の変化，身だしなみの変化，引きこもりなどがある。

これらの反応は，たいていの場合，１カ月ほどで徐々に回復するものである。こうした見通しを伝えることで，学生の不安は和らぐと考えられる。これらの反応が強い場合や，長く続く場合には，専門家への相談が必要である。著しい不調を訴える学生や，不調が長引く学生がいる場合は，カウンセラーに繋ぐようにする。カウンセラーに繋ぐ方がよいのかどうか分からないといった場合には，周囲の人がカウンセラーに相談することも可能である。また，ケアが必要な学生を見落とさないために，学生に対して，気がかりな学生がいたら知らせるよう伝えておくことも有効である。

③適切な対処法を伝える

ストレス反応が，危機的な事態における正常な反応であり，１カ月ほどで回復していくものであったとしても，ストレス反応は辛いものである。リラクセーションや呼吸法などストレス反応の軽減に役立つ対処法があることを学生に伝えることも大切である。どの方法が合うかは，人それぞれなので，学生には，できそうなもの，合いそうなものを試してみて，自分なりに工夫するよう伝えておく。また，不安や動揺が大きいときには，一人で抱え込まず，人に相談することも必要であることを説明し，相談できる人や場所の情報を伝えておくとよい。

④人により反応の仕方が異なることを伝える

例えば，死亡した学生がいる場合に，涙を見せる学生もいれば，解離により何も感じないといった状態になる学生もいる。葬儀に行きたいと思う学生もいれば，行く気になれない学生もいる。泣かないことや葬儀に参列しないことが冷たい人であることや，悲しんでいないことを示しているわけではない。重大な事故を経験した際の心の状態はさまざまである。そのため，それぞれの学生の反応に温度差ができるのは当然である。

涙を見せた学生が涙を見せない学生を冷たいと感じたり，涙を見せないことで冷たいと決めつけられた学生が傷つくなどのトラブルを防ぐために，人により反応が異なることを事前に学生に伝えておくことが必要である。

⑤学生の状態を把握し，必要に応じて個別に対応する

ここまでは，関係する学生全員に対して，知っておいてほしいことを伝える対応だったが，次に述べるのは，それぞれの学生に個別的な対応をするためのものである。

個々の学生に応じた対応をするためには，学生の状態を把握する必要がある。学生の状態を把握する方法としては，アンケート，個別面談，グループ面談などの方法がある。グループ面談を行い，その中でアンケートにも答えてもらうなど，組み合わせて行うことも可能である。

誰が面談するかについては，事故の内容，学生の受けた影響，関係教職員との信頼関係などを考慮して決めるとよい。教職員が担当する場合，不安に感じることもあると思われるが，先に述べたようにカウンセラーなどのメンタルヘルスの専門家が事前に研修を行ったり，実際の面談の前にカウンセラーも入って打ち合わせを行うことも可能であるので，気になることは相談するとよいだろう。

ハイリスクな学生については，個別に話を聞く機会を設けることが必要である。

どのような学生がハイリスクかについては，後で述べる。

面談では，①体調について，②今感じていること，③心配や不安なこと，④気になっていること，を中心に聞き，出来事そのものについては触れないよう注意する（藤森，2020）。これは，安易にトラウマについて語らせることが再外傷化に繋がる危険性があるためである。外傷体験を他者に語り，断片化された記憶の再統合を図るのは，専門的な関わりの中で，治療者との信頼関係や安全感が確立された上で行われる必要がある（金，2006）。

学生の話を聞く際は，学生の様子を見ながら，学生のペースに合わせるようにすることが大切である。グループでの話し合いで，学生がその場に適さない内容を話したりする場合は，場所を変えて個別に対応するようにする。

アンケートや面談の結果，症状が重大な場合や気がかりな学生がいる場合は，カウンセラーに繋ぐようにする。

⑥ハイリスクな学生

重大な事故が起きた場合でも，必ずしもすべての学生がストレス反応を引き起こし，不調になるわけではない。一方，危機的な出来事がトラウマとなり，不調を引き起こしやすいハイリスクな学生も存在する。トラウマを予測するリスク要因について，Brock ら（2016）や福岡県臨床心理士会・窪田（2020）を参考に述べてみたい。

1つ目は近接性である。近接性には，物理的な近接性，情緒的な近接性，時間的な近接性がある。物理的な近接性は，事故発生時に近くにいて，事故を目撃したといったことである。情緒的な近接性は，事故で亡くなったり，大きな影響を受けた人と情緒的に近い関係にあるといったことである。時間的な近接性とは，時間的に近い時期に事故とは別の外傷体験や喪失体験をもっているといったことである。

2つ目は脆弱性である。脆弱性には，内的脆弱性と外的脆弱性がある。Brock ら（2016）は，内的脆弱性として，回避的コーピングや，もともとの精神疾患や身体疾患，社会的ひきこもり，過去の外傷体験，発達や認知機能レベルの低さ，自己効力感の低さ，高い心理生理的覚醒度，悲観主義を，外的な脆弱性として，家族からのサポートや，家族以外の社会的資源の欠如を挙げている。

こうしたリスク要因を有する学生は，不調を引き起こしやすいため，個別に対応し，必要に応じて，カウンセラーに繋ぐようにする。

5．その後の心のケア

先に述べたように多くの学生は1カ月ほどで徐々に平常の状態に戻っていく。しかし，その後も心理的な問題が続く学生もいる。また，一旦平常な状態に戻ったものの，時間が経ってから問題が生じる場合もある。ここではそうした学生の心のケアについてみていきたい。

①不調が続いていたり，重篤な症状が出てきた場合

事故後，不調が続いていたり，うつやPTSDなどの重篤な症状が出てきた場合は，学生相談機関や医療機関に繋ぐ必要がある。学生が心理的問題を抱えているように見えるが，問題の程度が判断できない，どう対応してよいか分からないといった場合は，まずは学生相談カウンセラーに相談したり，学生を紹介するとよい。

②大きな問題がないようにみえる学生への対応

特に心理的な問題を抱えているように見えない学生については，それとなく見守っておくくらいでよい。これは，時間が経ってから問題が生じてくることがあったり，記念日反応と言って，事故があった日が近づいてくると不調になったりすることがあるためである。気になることがある場合は，それとなく声をかけたり，必要に応じて学生相談カウンセラーに繋ぐようにする。

③身体的後遺症のある学生への対応

事故により身体的な後遺症を負った学生は，身体的なケアだけでなく，心理的なケアも必要になる場合がある。後遺症のある学生は，これまでできていたことができなくなったり，将来の夢を諦めざるを得なくなったりと大きな喪失を体験する場合があり，その体験を自分なりに整理していくことになる。教職員が，学生と関わる中で，気がかりなことがあったり，心理的なケアが必要と思われる場合は，学生相談カウンセラーに繋ぐようにする。

④授業や学生生活への配慮

事故直後，心理的あるいは身体的な問題が生じ，授業や学生生活に支障を来す場合は，教育的な配慮が必要になる。また，問題が長期にわたり，PTSDやうつ病など診断がつくような場合は，障害学生支援による合理的配慮を受けることが可能なので，必要に応じて情報を提供したり，教職員から学生に配慮の申請を提

案してもよいだろう。

Ⅳ　事故の加害者となった学生への対応（スライド 21 ～ 23）

1．事故の加害者

事故は，被害者だけでなく，加害者も生み出す。加害者も，被害者同様，恐ろしい体験をしたり，負傷したりすることがあり，ストレス反応がみられることもあるだろう。当然，事故を引き起こしたことで罪悪感や自責の念をもつこともある。周りから責められたり，冷たい目で見られたりするなど，大学に居場所がないと感じるようなこともあるだろう。事故の責任を問われ，法的に処罰されたり，大学から処分を受けたりする可能性もあり，それにより学業を続けられなかったり，進路の変更を余儀なくされることもある。処分が決まるまでに時間がかかることもあり，その間は不安を感じながら生活することになる。このように加害者も苦しい状況に陥るが，加害者という立場から，自身の心のケアに積極的になれなかったり，人生を楽しんではいけないという思いを抱いたりすることもある。

2．事故の加害者となった学生への対応

事故の加害者となった学生への対応は複雑である。事故を起こしたことに対して，注意や指導を行う必要がある。事故の重大さによっては，処分を行わなければいけない場合もある。一方で，先に述べたように事故の加害者となった学生も苦しんだり，悩んだりしている場合があり，そうした辛い状況にある学生を支援するような対応も必要だと考える。事故の加害者となった学生にどのような立場で関わるかにより，対応は

22

事故の加害者となった学生への対応

●事故の加害者
事故の加害者も、被害者同様、恐ろしい体験をしたり、負傷したりすることがあり、ストレス反応がみられることもあるだろう。
事故を引き起こしてしまった罪悪感や自責の念をもつこともある。
周りから責められたり、冷たい目で見られることもあるだろう。
事故の責任を問われ、法的に処罰や大学から処分を受ける可能性もあり、それにより学業を続けられなかったり、将来の進路の変更を余儀なくされることもある。
処分が決まるまでは不安を感じながら生活することになる。
加害者という立場から、自身の心のケアに積極的になれなかったり、人生を楽しんではいけないという思いを抱いたりすることもある。

©Imae Hidekazu 2021

23

事故の加害者となった学生への対応

●事故の加害者となった学生への対応
加害者ということで責めるのではなく、寄り添う姿勢が必要である。
初期の心のケアは、基本的には一般の学生と同様である。
ストレス反応が強かったり、長引いていたり、罪悪感や自責の念で参っていたりするような場合、学生相談カウンセラーに繋ぐ。

●事故の加害者となった学生へのカウンセリング
事故と向き合えるよう支援する。
喪失を乗り越えられるよう支援する。
ネガティブな感情を表出できるように支援する。
自分自身の人生を考えられるように支援する。
必要に応じて関係教職員と連携したり、教員と学生の橋渡しをする。
必要に応じて法的な相談ができる窓口などを紹介する。

©Imae Hidekazu 2021

異なってくるだろうが，ここではゼミの教員やクラブの顧問などとして，普段の学生生活で接する教職員がどのように対応するとよいかについてみていきたい。

加害者となった学生に関わる際，加害者ということで責めるのではなく，寄り添う姿勢が必要である。事故が学生のミスや不注意により起きた場合には，しっかりと注意や指導を行うことも必要であるが，学生を責めるような姿勢だと，学生は大学に居場所を失ってしまいかねない。

初期の心のケアについては，一般の学生と同様である。ストレス反応が激しかったり，罪悪感や自責の念で参ってしまっているような場合，学生相談カウンセラーに繋ぐなどの対応も必要になる。

3．事故の加害者となった学生へのカウンセリング

事故の加害者となった学生へのカウンセリングでは，①事故に向き合えるよう，②喪失を乗り越えられるよう，③ネガティブな感情を表出できるよう，④自分自身の人生を考えられるよう支援していく必要がある（今江・鈴木，2013）。また必要に応じて，関係教職員と連携し，教員と学生の橋渡しをすることも必要になる場合がある。さらに法的なことで不安や心配がある場合，法的な相談ができる窓口を相談するといった対応も必要になる。

V　その他（スライド24，25）

1．事故の予防

事故は，被害者にも，加害者にも，大きなダメージを与えるものである。事故が起きたときに，どう対応するかは重要な問題であるが，事故が起きないようにすることも重要な課題である。事故にあわない，事故を起こさないための教育や，事故が起こりにくい環境やシステム作りが重要である。

2．事故への備え

事故にあおうと思ってあう人も，事故を起こそうとして起こす人もいないだろう。事故は不意に起こるものであり，重大な事故が起これば，身体的，心理的な問題だけでなく，金銭的な問題も生じてくる。金銭的な問題は心理的な負担にもなる。保険に入っていることで，金銭的な問題が軽減されることは，心理的な負担の軽減にもなる。事故のリスクを伝え，保険の加入を学生に勧めることも必要であろう。

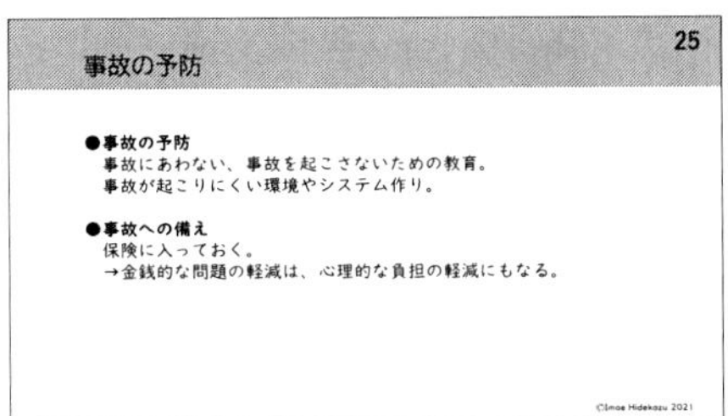

文　献

Brock, E., Nikerson, B., Reeves, A., Jimerson, R., Ioeberman, A. & Feinberg, A.（2016）School Crisis Prevention and Intervention: The PREPaRE Model, Second Edition. Bethesda; NASP.

Foa, E., Keane, T. & Friedman, M.（2009）Effective Treatments for PTSD [2nd Edition]: Practice Guidelines from the International Society for Traumatic Stress Studies. Guilford Press.（飛鳥井望監訳（2013）PTSD 治療ガイドライン［第２版］―エビデンスに基づいた治療戦略．金剛出版．）

藤森和美（2020）学校トラウマの実際と対応―児童・生徒への支援と理解．誠信書房．

福岡県臨床心理士会編・窪田由紀編著（2020）学校コミュニティへの緊急支援の手引き［第３版］．金剛出版．

今江秀和・鈴木健一（2013）交通事故加害者となった学生への支援に関する一考察．学生相談研究，34(2); 124-133.

金吉晴（2006）心的トラウマの理解とケア［第２版］．じほう．

窪田由紀・森田美弥子・氏家達夫監修（2019）こころの危機への心理学的アプローチ―個人・コミュニティ・社会の観点から．金剛出版．

文部科学省（2016）学校事故対応に関する指針．https://anzenkyouiku.mext.go.jp/mextshiryou/data/jikotaiou_all.pdf（2021 年 10 月 5 日閲覧）

National Child Traumatic Stress Network & National Center PTSD（2006）Psychological First Aid: Field Operations Guide, 2nd Edition.（兵庫県こころのケアセンター（2009）サイコロジカル・ファーストエイド実施の手引き［第２版］．https://www.j-hits.org/_files/00106528/pfa_complete.pdf（2021 年 10 月 22 日閲覧）

齋藤憲司・石垣琢磨・高野明（2020）大学生のストレスマネジメント―自助の力と援助の力．有斐閣．

第７章
災害があった時の心のケア

黒山竜太

Ⅰ　はじめに

筆者は以前大学に教員兼任カウンセラーとして学生相談業務に従事していたが，ある時大地震によって大学そのものが使用不能になるほどの被害を受けたため，その後の所属学生および教職員への心理支援に携わった。すでに日本各地では地震や津波を始めとする甚大な災害が各所で発生していたにもかかわらず，自らが被災するまでは，どこか自分事としてとらえることができておらず，災害への備えが万端であったとは言い難い状況であった。ただ，こうした認識は日々忙しく業務に従事している多くの支援者にとっても同様ではないだろうか。その大きな反省と体験を踏まえ，本章では被災後の大学コミュニティへの心理支援について可能な限り具体的な内容を整理したい。

災害時の心理支援としては，その代表的なものとしてWHO版やアメリカ版として作成されているサイコロジカル・ファーストエイド（PFA）がある。これは大学の被災時にも大いに役立つものと思われるが，おそらく大学が被災した場合，教職員自身も被災者となり，そうでありながら支援に従事する立場となる。そういう意味では，PFAによる前提知識をもっておいたうえで，本章に記載した内容を参考にして頂ければ幸いである。

Ⅱ　災害後支援とは（スライド２）

1．災害後に起こること（スライド３）

①さまざまな「喪失」――目に見えるものから見えないものまで

災害が起こると，実にさまざまなものが失われてしまう。それは人，建物，場所といった目に見えるものから，人と人とのつながりや組織の機能の喪失まで幅広い範囲に及び，また場所やつながりの喪失は「自分らしさ」の喪失につながりうる。災害の規模によっては，こうした「目に見えないもの」も失われかねな

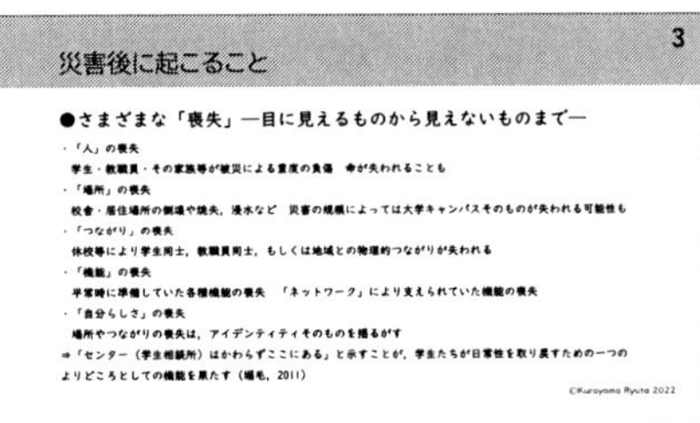

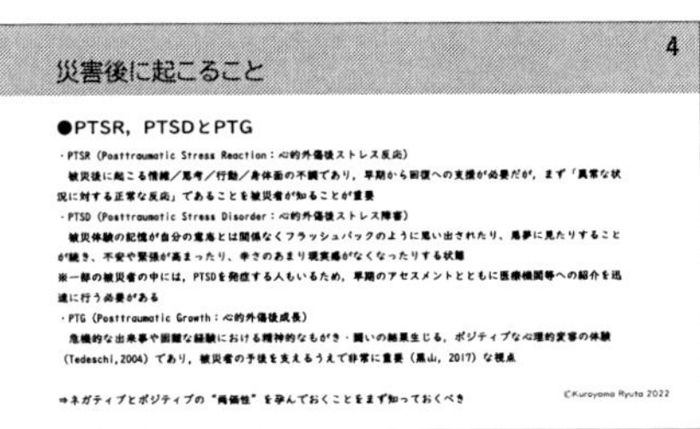

い。特に，支援者は「目に見えない喪失」に注目しておく必要があると思われる。例えば，災害被害とともに休校状態となることで，学生は友人同士のつながりがなくなってしまったり，大学が平常時に提供できていた各種支援サービスが停止ないし脆弱化してしまうことで，大学としてのセーフティネットが機能しなくなってしまったりする。そのため，堀毛（2011）が指摘するように，被災後早期から「センター（学生相談所）はかわらずここにある」と示すことが，学生たちが日常性を取り戻すための一つのよりどころとしての機能を果たすことになると考えられる。そうしたメッセージを示すために，状況によっては平常時に行っている支援サービスとはやや異なる形でのアプローチが求められるのではないだろうか。例えばSNSの活用である。また，そのアカウントの存在を学生に広く周知するツール（例えば大学のHPや学生用ポータルシステムなど）を活用する。ただし，有事の際にHPにアクセスする学生は必ずしも多くないことから，個別に学生へアクセスできる方法を検討する方が望ましい。そうして，さまざまな「喪失」の最中にある学生たちにできる限り早期から寄り添う姿勢を示すということが，その後の支援に結びついていくものと考えられる。

② PTSR，PTSD と PTG（スライド４）

被災後，筆者も含め真っ先に学生たちに懸念されたのが，心的外傷後ストレス障害（Posttraumatic Stress Disorder; PTSD）の発症状況であった。実際，大学が再開してフラッシュバック様症状等を呈し学業困難に陥った何人もの学生に関わることとなったが，筆者が会えなかっただけで実際はもっと多かったであろう。多くの人は被災すると心的外傷後ストレス反応（Posttraumatic Stress Response; PTSR）という情緒／思考／行動／身体面にさまざまな不調を呈することが知られている。もしくは，そうした反応が急性ストレス障害（Acute Stress Disorder; ASD）と診断されることもある。それらは「異常な状態に対する正常な反応」であることを知ることがまず重要であり，そのうえで安定した生活を取り戻すことや適宜リラクセーションの実施といった適切な支援を受けることで，1カ月程度で回復していくとされる。もちろん一部の被災者の中にはPTSDを発症する人もいるため，早期のアセスメントとともに医療機関等への紹介を迅速に行う必要がある。いずれにしても，被災後早期から専門家による支援は重要である。

一方，災害は悲惨な事態を生み出すだけではない。激しく傷ついた後，その経験が人として素晴らしく成長していく契機ともなりえるという外傷後成長(Posttraumatic Growth; PTG)という概念も提唱されている(Tedeschi, 2004)。実際に筆者も，被災後一旦地元に帰った学生たちが，被災した大学や居住アパートの大家さんのために自ら街頭に立って募金活動に取り組んだり，大学再開後にいくつもの復興支援プロジェクトを立ち上げたりする姿を目の当たりにした。そうした彼らの姿は大変心強く，彼らがただ支援を受けるだけの立場ではないということを明示している。被災という出来事がこうした「両価性」を孕んでいるということを，支援者はまず知っておくべきであろうと思われる。

2．支援の際に重視すべきポイント（スライド5）

①短・中・長期を見据えた支援

高橋（2011）は，震災後のケアについてひとつの見通しとして短期1（直後から1週間），短期2（1週間から2カ月），中期（1～2カ月半から半年），長期（半年から1年）というスパンで被災者を支援することを提案している。具体的には，PTSRからPTSDに移行させてしまわないための短期の支援，体験を整理し再構成することを目指した中期の支援，可能な範囲で日常を取り戻し社会関係への再統合を目指す長期の支援，といった段階的な支援の見通しである。これは例えば，焦って日常生活を取り戻させるような促しがかえって本人を追い込んでしまうことを防ぐとともに，被災者と支援者の双方に回復の見通しをもたらすものである。もちろん被災の内容や程度によって時期の幅や支援の程度は異なるし，本人の被災前の状態も影響する。また，被災した「個人」の回復の度合いは，所属する「コミュニティ」自体の回復状況も影響する。同じ場所で元の生活を取り戻せるのと戻せない

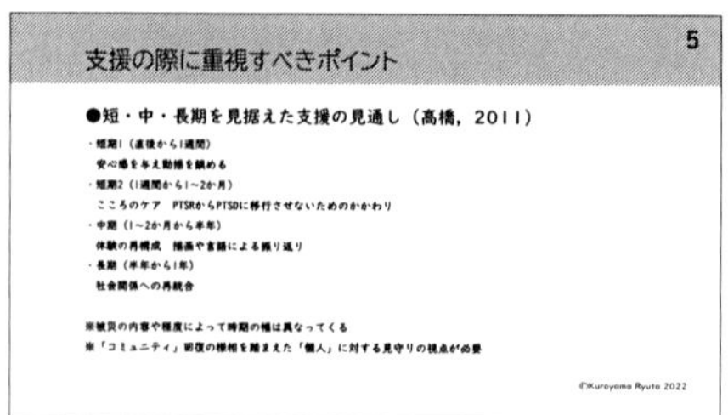

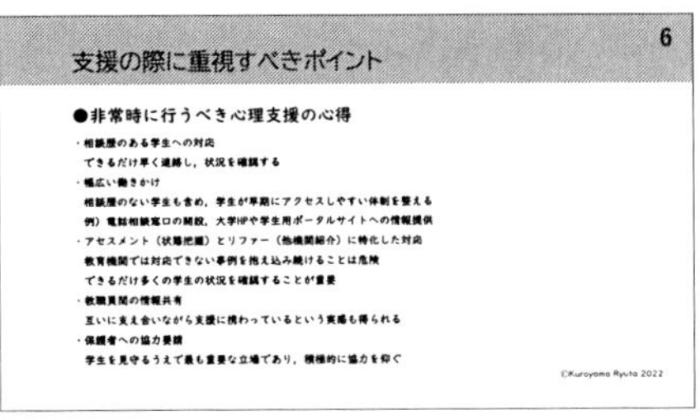

のとでは，その後の社会関係構築のあり方や目標が全く異なってくる。コミュニティの回復・復旧の様相を踏まえつつ，そこにいる各個人がどのような影響を受けているか，またどういう形での回復がなされるべきかを，一人ひとりについて見守っていくことが重要である。

②非常時に行うべき心理支援の心得（スライド６）

被災時にはまずは相談歴のある学生，特に日頃から心配の強い学生にはできるだけ早く連絡し，状況を確認すべきであろう。そして，同時進行でまだ相談歴のない学生も含め，広く働きかけを行うことで，学生が早期にアクセスしやすい，ないし支援者から積極的にアプローチする体制を整えることが望ましい。

一方，大学規模での災害が起これば，相当数の学生（場合によっては教職員も）への支援が求められる。支援者側のマンパワーや相談受付のキャパシティを考慮しておく必要はあるだろう。そして，大学はあくまで教育機関であり，医療機関でなければ対応できない事例を抱え込んでしまうことはかえって危険である。災害後の支援にあたっては，平常時以上にできる限り多くの被災学生へのアセスメント（状態把握）と，場合によってはリファー（他機関紹介）に特化した対応が必要である。普段から医療機関は敷居が高いと感じている学生も，非常時であれば勧めに応じて受診してくれることもある。ある程度対応が落ち着いてくるまでは，広く多くの学生の状況を確認していくというスタンスを優先すべきである。そして，可能な限り教職員同士で情報を共有し，互いに支え合いながら支援に携わっているという実感を持っておくことも重要である。保護者も重要な支援者として位置づけ，積極的に協力を仰ぐことも有用であろう。

Ⅲ　災害への備え（スライド７）

１．大学コミュニティのアセスメント（スライド８）

①さまざまな「リスク（危険因子）」と「リソース（援助資源）」

ここでは，大学コミュニティにおけるリスク（危険因子）とリソース（援助資源）のアセスメントについて述べる。まず地理的な特性の把握は重要である。市街地であれば建物の倒壊や交通マヒ，海・川の近郊であれば津波・浸水，山間部

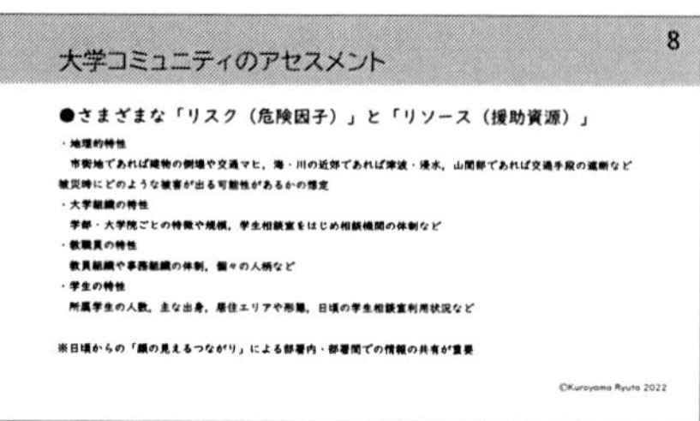

であれば交通手段の遮断など，被災時にどのような被害が出る可能性があるかを想定しておくと，有事の際の避難や支援等に役立つ。加えて，大学組織の特性として，どういった学部・大学院を擁しており，どのような専門教員・職員がいるか，またその規模はどうか，相談支援はどのような体制か，さらには所属学生の規模や主な出身，居住エリアや形態，日頃の学生相談等の利用状況などについても把握しておくと，迅速な対応がとりやすくなる。さらに言えば，地域のリソースに注目しておくことも重要である。つまり，大学の構成員同士が地域も含め全体として互いに開かれており，できる限り密な連携が行われている状況が望ましい。特に，有事の際は「顔の見えるつながり」が安心感を生み，連携をスムーズにすることを筆者は痛感している。平常時から部署内・部署間での意識的なコミュニケーションの機会を持っておくことで，いざというときに協力体制が作られやすいと言える。特にカウンセラーは日頃から積極的にさまざまな部署に顔を出して，面識を得ておくことが重要であろう。

②さまざまなリソースの把握・開発（スライド９）

ここではさらに，「リソースの把握・開発」について述べる。まず〈個人リソース〉として，支援者自らの立場や役割，有事の際に自分はどのような動きが取れるのかについてなどを自覚しておく。そして，自分では限界があると思われた時，誰に頼ればよいのか，どの組織に応援を依頼できるかなどについても確認しておく。職業的専門性だけでなく，人間性もキーポイントになる。次に〈関係リソース〉として，自分は誰とつながっているか，誰と誰は日頃からよく連携が図れているか，といった観点も重要である。もし足りないと思われる箇所があれば，できる限り関係を構築するよう努力する。そして〈組織リソース〉として，学長や学部長等をトップとし

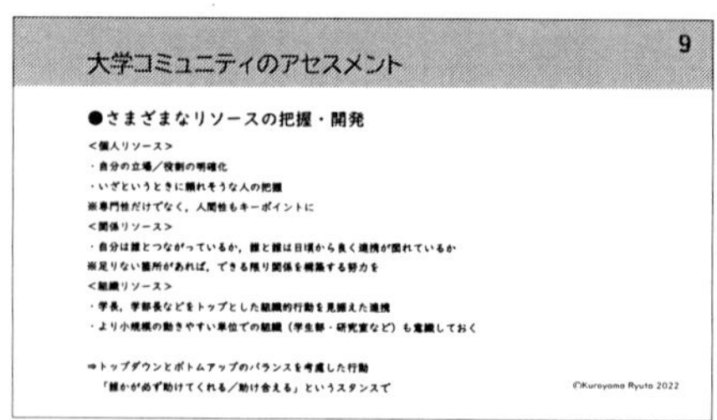

た組織的な判断や行動を想定しておく。これは，場合によっては支援者の視点を直接トップに伝え，組織全体の行動を促す役割も必要になることがあるからである。一方，組織体が大きすぎて動きが鈍いと思われたら，学生部・研究室といった，より小規模の動きやすい単位での組織に働きかけることを意識しておく。状況に応じてトップダウンとボトムアップのバランスを考慮した行動がとれるよう想定しておくことが望ましい。「誰かが必ず助けてくれる／助け合える」というスタンスで，日頃からさまざまなリソースの開発に努めているとよいのではないだろうか。

2．有事に備えた準備（スライド 10）

被災時には生活・交通インフラがストップし，携帯もつながりにくい状態になる。まずは自分自身の身の回りの状況が落ち着いてから，大学の誰に，どのように連絡を取ればよいかを模索することになる。職員間の緊急連絡網の作成はもちろんだが，できれば職員同士で直接連絡が取りあえる関係が構築されていることが望ましい。また，現代では多くの情報が電子化されていると思われるが，災害で PC が破損してしまう可能性に備えて，学生の情報についてはせめて連絡先だけでも紙で出力しておき，定期的に更新しておくとよいだろう。できれば学生支援部署名義で携帯電話やスマートフォンが運用されていると，有事の際には行動がとりやすいので推奨したい。また，被災時に配布できると役に立つ各種資料を準備しておくことも重要である。例えば日本学生相談学会 HP の会員専用ページには，東日本震災対策学生相談メーリングリスト「つながり」のまとめが掲載されており（2021 年 9 月確認），被災後の支援に役に立つ情報がアーカイブされている。情報を確認しておくとよいだろう。状況に応じて複数の資料提供を想定し，紙および電子媒体でも配布可能な準備をしておくと安心である。

また，ある程度事態や期間を想定したシミュレーションを行っておくことが何より重要である。筆者は震災直前にキャンパスレベルで地震とは別の災害を想定したシミュレーションを体験していたが，そのおかげである程度部署内・部署間での想定外の事態に対応するイメージができていた。シミュレーションによって，学内外の地理的特性や人的・物的リソースに目を向ける機会となり，どういう事態に何をするかを確認することができた。しかしそれ以上に，有事の際に自分がどう主体的に行動すべ

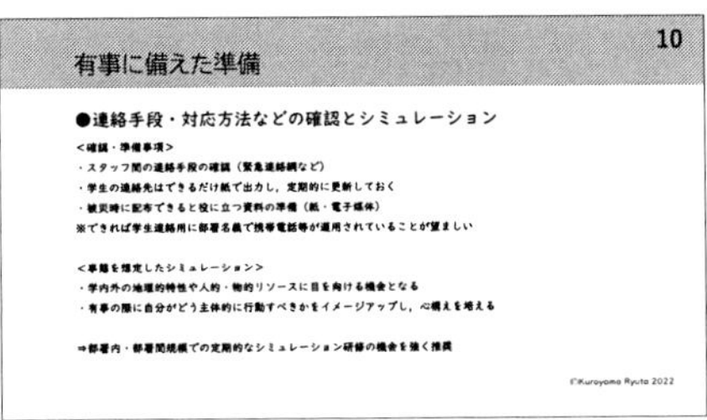

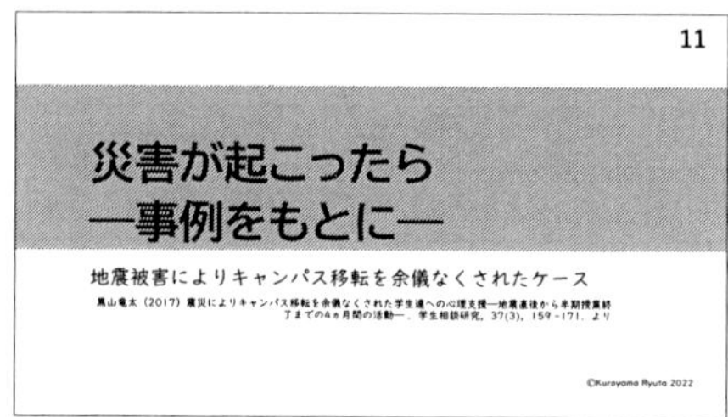

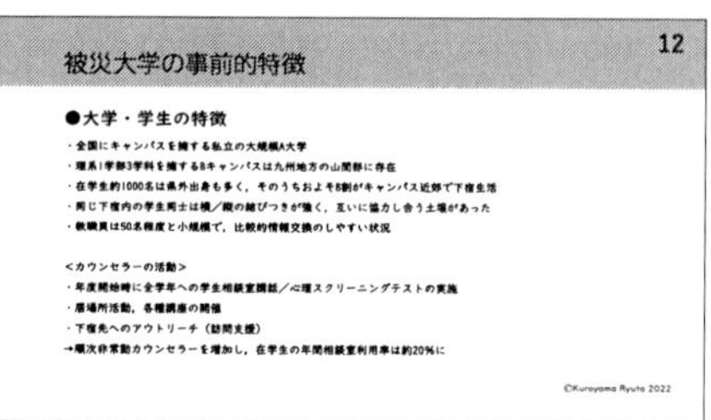

きかをイメージするとともに，その際の「心構え」を培うことができるように思われる。そのため，定期的に部署内・部署間規模での定期的なシミュレーション研修の機会を設けることを強く推奨したい。

Ⅳ　災害が起こったら――事例をもとに（スライド 11）

ここでは，筆者が以前所属していた大学が地震災害に遭い，キャンパスの移転を余儀なくされたケース（黒山, 2017）を基に，現場で起こったこととその事態へ対応してきたことを紹介する。

1．被災大学の事前的特徴（スライド 12）

私立Ａ大学は全国にキャンパスを擁する大規模大学で，関東地方に本部がある。筆者が勤務していたＢキャンパスは九州地方の山間部に位置し，理系１学部３学科を擁した。Ｂキャンパスの学生は県外の出身も多く，在学生約 1,000 名のうちおよそ８割がキャンパス近郊で下宿生活を送っていた。同じ下宿内の学生同士は横・縦の結びつきが強く，互いに協力し合って生活するという土壌が形成されていた。また，教職員は総勢 50 名程度と小規模で，学科や教員／職員の垣根を越えて日頃から情報交換のしやすい状況にあった。

筆者はふもとの町に居住し，教員兼任カウンセラーとしてＢキャンパスへ勤めて４年目であった。それまでに，年度開始時に全学年への学生相談室（以下，相談室と略記する）講話および心理スクリーニングテストとそのフィードバック（詳細については黒山ら（2016）を参照頂きたい）を実施し，また居場所活動やストレスマネジメント等の講座の企画，下宿先へのアウトリーチ（訪問支援）活動などを展開し，非常勤カウンセラーも順次増員を行って，在学生の年間利用率は約20％にのぼっていた。

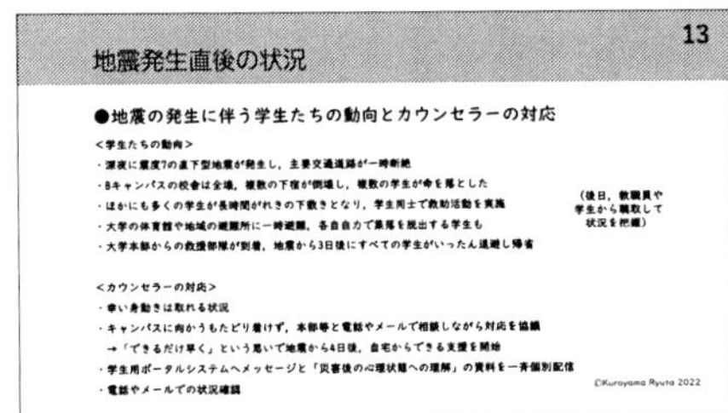

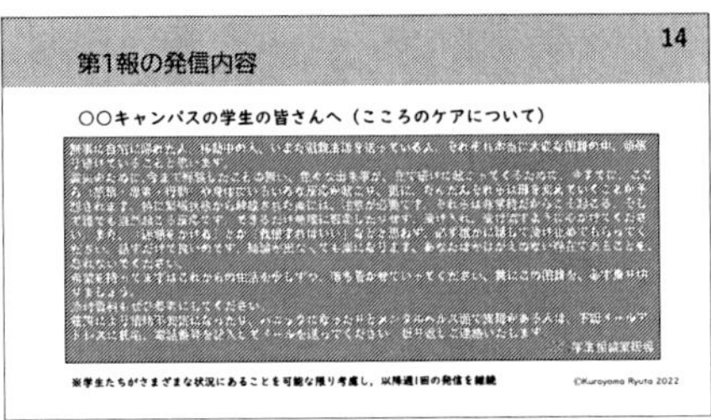

2．地震発生直後の状況（スライド 13）

X年４月，深夜に震度７の直下型地震が発生し，Ｂキャンパスの地域は深刻な被害を受けた。また下宿の倒壊により複数の学生が亡くなり，多くの学生が長時間がれきの下敷きとなった。学生同士で救助活動を行い，無事だった学生達は，大学の体育館や地域の小中学校の体育館に地域住民とともに避難した。自力で退避できる学生は，車に乗り合わせるなどして各自で集落を脱出する中，大学本部より救援部隊が現地に到着し，状況確認のうえ大型バスを手配して，地震から３日後にすべての学生を大学から一旦退避させた。しかし，なかには集落に残って自宅が倒壊した大家たちを助けるため，復旧援助活動を続ける学生もいた。

3．筆者の状況および初期の対応（スライド 14）

筆者の居住地域も地震に遭い水道・ガスが使えない状況となったが，幸い身動きは取れた。そのため，家族だけを県外の親戚宅に避難させた後，Ｂキャンパスに向かったが，すでに道路復旧工事が始まっていてたどり着くことができず，一旦自宅に戻り対応に備えた。Ｂキャンパスの相談室長とはすぐに連絡が取れない状況であったため，大学本部の責任者に連絡を取り，今後の対応について相談しながら支援を始めることとした。まず，日を改めて再度大学に向かい，来談歴のあった学生の連絡先と相談記録は急ぎ取り出すことができたため，自宅から学生へ電話やメールによる状況確認を開始した。また，学生用ポータルシステムを使い，Ｂキャンパス在籍の全学生へメッセージを一斉に個別配信した。メッセージには筆者の率直な思いとともに「共にこの困難を，必ず乗り切りましょう」という文言と「災害後にみられる精神状態と対処」という資料を添付し，またメールアドレスを記載して相談を受け付けた。メッセージ配信は授業再開までの２カ月半の間，努めて１週間に１度のペースで続けた。

4．さまざまな学生の状況や反応（スライド 15）

この時期受け付けた相談には，着の身着のまま逃げ帰った後で，友人に会えない寂しさがこみ上げていたり，食欲減退や不眠症状が現れていたり，この先の不安に苛まれる学生の声があった。被災地に報道陣が入り，強引な取材を受けて傷ついたといった訴えもあった。地元に戻ってすぐに有志で募金活動を行う学生も多くあったが，街の人の態度に傷ついた学生もいた。学生の精神状態によっては，地元の医療機関を調べて受診を勧めた。一方，メールで被災時の状況を克明に記述してくる学生もおり，相談室宛にメールすることが心の整理につながると締めくくられていた。

また時間経過とともに，実家に戻っている学生からは「親とうまくいかない」という訴えが散見され，可能な限りその場で電話を代わってもらい学生への見守りを依頼したり，保護者へ被災後の学生達の心理についての理解と見守りを依頼する旨の文書を作成し，自宅へ送付した。

5．大学再開のための準備（スライド 16）

発災から９日後，Ｂキャンパスから 25km ほど離れた同県内市街地にあるＣキャンパスの校舎の安全が確認でき，Ｂ・Ｃキャンパス所属の教職員が招集され，対応可能なＢキャンパスの教職員はひとまずＣキャンパスにて対応体制を整えることとなった。Ｃキャンパスにも設置されていた相談室の隣室に臨時の相談室を整備した。招集日の翌日には筆者から災害後の心理状態の変化と経過についての情報資料をメール添付にて教職員へ一斉配信した。その翌日，他キャンパスでの相談受付窓口開設の知らせが届き，そのことを学生にも知らせた。また非常勤カウンセラーも順次業務を再開してもらい，学生への連絡・状況確認をお願いした。筆者は毎日学生課の朝礼に参加したり各部署を回ったりして，教職員のメンタルヘルス状態に配慮しつつ情報共有に努めた。

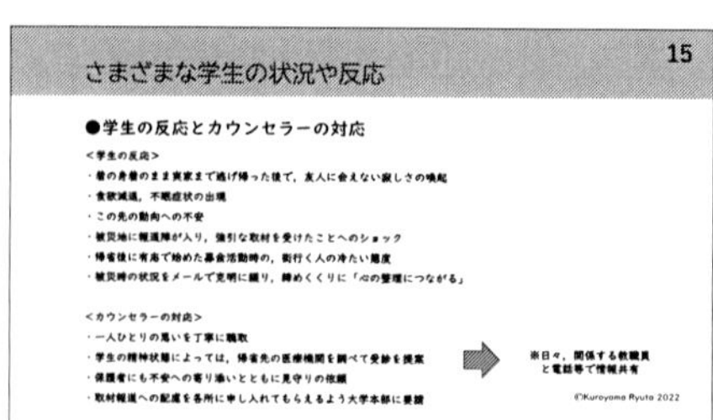

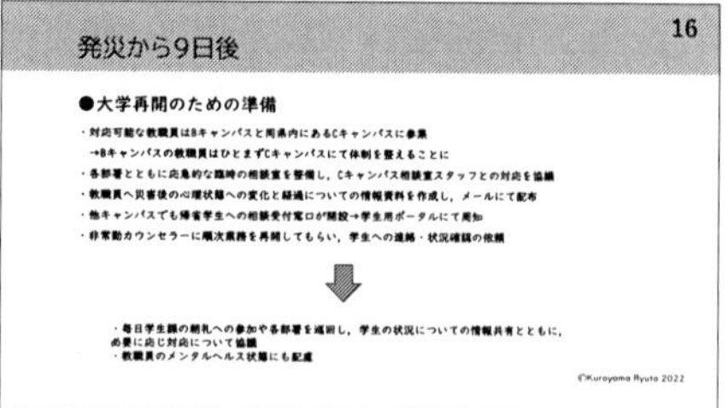

6．Cキャンパス学生の授業再開（発災から1カ月～2カ月半）（スライド17）

5月中旬，先にCキャンパス学生への授業が再開した。キャンパスに学生が戻り，Bキャンパスの学生も直接相談に訪れるようになった。複数の学生から携帯メールを利用していないという話を聞いたことから，同日に相談室名でLINEとTwitterのアカウントを作成し，学生用ポータルにて周知した。学生からはすぐにフォローが始まり，過去に来談歴のある学生を中心に今の状況について報告や相談を受けた。

同じ頃，大学より「1カ月後Bキャンパス学生はCキャンパスでの授業再開を検討」と学生へ周知があった。これに伴い，現アパートの契約解除・引越について大家とのトラブルが発生した。また，学生に発信される情報が不十分であるとの大学への不信感を含んだ不安の訴えが相談室へ複数寄せられた。筆者はそれらの声を大学本部にまで届けるよう努めた。

一方，6月に入り他キャンパス所属の被災地支援を専門とする教員による教職員向け研修会が実施された。その後，授業再開にあたって教職員が学生に対応する際の留意点をまとめ，筆者から教職員へ向けて一斉メールにて配布した。また，Bキャンパス学生の授業再開時に，他キャンパスの医師，看護師，臨床心理士などの専門職教員が臨時の相談対応チームを結成して参集し，支援協力を得られた。

7．Bキャンパス学生の授業再開から春学期終了まで（スライド18，19）

授業再開後，すぐに個別面談の希望が相次いだ。再開当初筆者や学生同士で久しぶりに会えた喜びや授業を受けられるありがたみをかみしめる学生の姿が多かったが，一方で被災した当初の恐怖やキャンパスを失ったことへの喪失感，この先の不安が拭い去れないなど，胸に秘めた思いを語る学生も散見された。亡くなった学生と親しかった学生からの自発・紹介による相談もあり，医療機関に繋がるまで，あるいは落ち着くまで継続的に相談支援を行った。一方，震災を機に毎日授業を受講できるようになった学生もみられた。しかし，学生によっては途中息切れ状態になることもあり，学期終了までペース配分とスケジュールの調整を援助した。

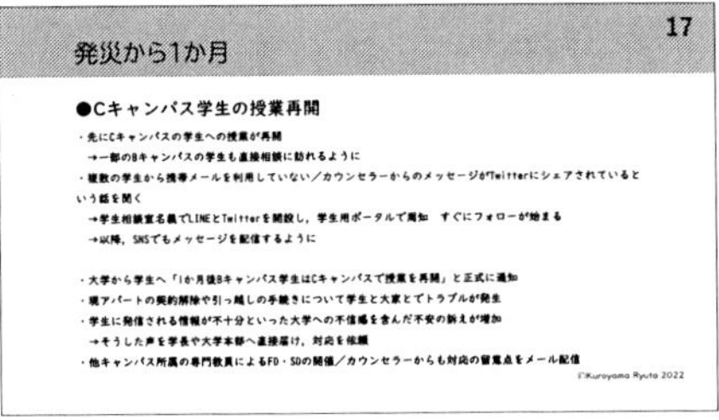

教職員からの紹介を受けた学生の面談も増加した。授業欠席が目立つ学生

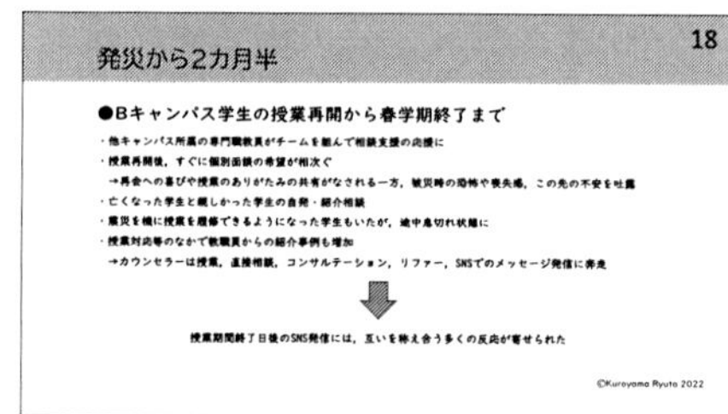

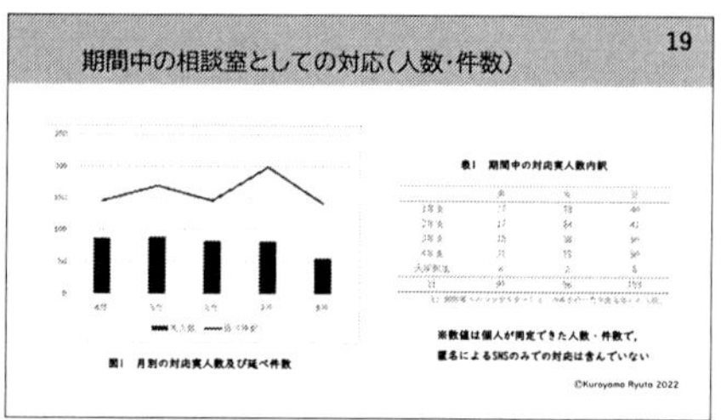

の情報を得て，相談室からも連絡をしてフォローに努めた。特に喪の作業が必要な学生には，本人のペースを尊重したうえでその思いの吐き出しを受け止めながら，本人の了解のもと教職員へ面談の結果をフィードバックし，配慮を要請した。

直接相談対応する時間枠に空きがほとんどない状況が続く中，SNSを活用して学内イベントの紹介や頑張りに対するねぎらい・励ましを続け，時折メッセージの交換を行った。授業最終日終了後の発信には，互いを称え合う多くの反応が寄せられた。

最後に，X年度4月から春学期終了時8月までの月別相談室対応数および同時期の総対応者数・総延べ件数を図1，表1（スライド19）に示す。

V　対応を振り返って（スライド20）

1．被災後初期からの対応について（スライド21）

筆者は相談室の役割として，まず相談履歴のあるハイリスク学生への状況確認を行うとともに，学生用ポータル機能を活用して全学生にメッセージを配信することで,学生にとってできるだけ身近な存在となるよう心掛けた。「共に乗り越える」という姿勢で不安に寄り添うとともに，必要な情報をできるだけ早く届けることが重要であったと考えている。大学の動いていない休校期間こそ，学生とのつながりを維持・拡張していくことに，被災後心理支援のもっとも重要な意義があったように思われる。途中からLINEやTwitterといった学生に親しみのある連絡・情報発信ツールを導入したことも，功を奏した。それは学生が教えてくれたことである。学生の声に耳を傾け，可能な対応手段を柔軟に講じていくことが大事であるということを学生から学ぶというのは，支援者側にとって重要な姿勢ではないだろうか。

また同時に，教職員との連携も非常に重要であった。震災前から培っていた関係性が，できるだけ多くの学生の支援へとつながった。相談室単体で行えること

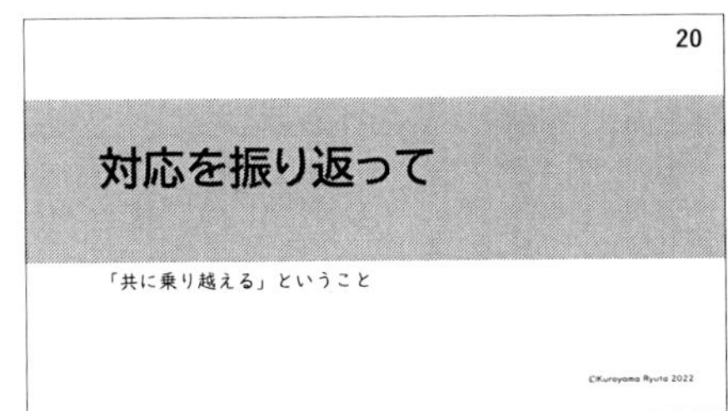

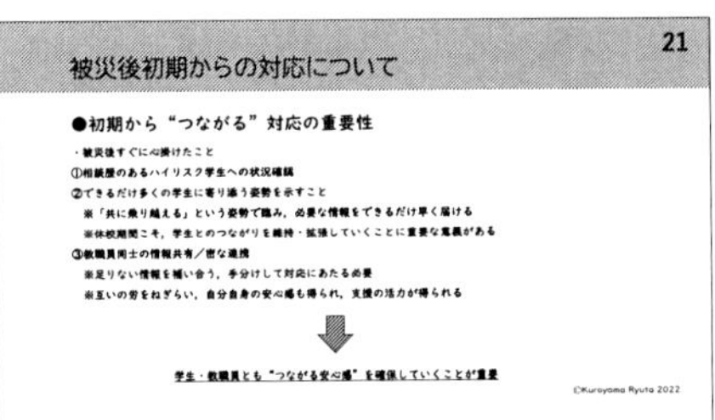

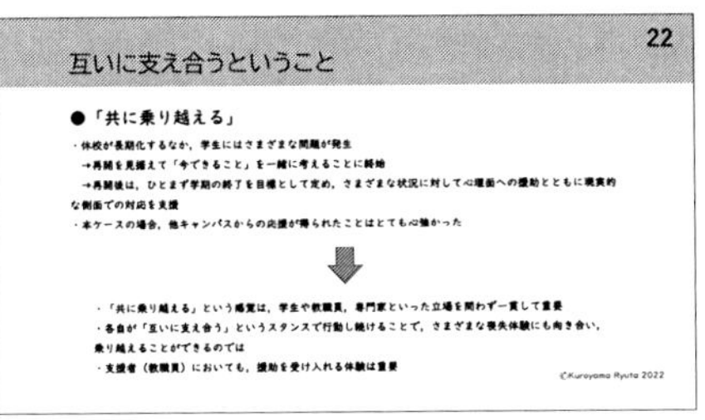

は少なく，事務・教員組織と密に連携を図っていく必要があった。また，そうした連携によって互いの労をねぎらい，自分自身の安心感も得られ，支援の活力が得られていたように思う。また，従前からの個人的なつながりも筆者を大いに支えてくれたことから，有事の際にはさまざまなネットワークを積極的に活用し,「つながる安心感」を確保していくことが重要ではないかと考えられる。

2．互いに支え合うということ（スライド22）

休校が2カ月半という長期間に及ぶなかで，学生にはさまざまな問題が発生した。筆者はそうした学生へ継続的に寄り添うとともに,「今できること」を一緒に考えることに終始した。学生たちの置かれていた状況は実に多様であり，苦しい状況を訴え続けたものもあれば，試行錯誤の末に新たな一歩を踏み出したことを報告してくれたものもあった。そうした状況への寄り添いは大学再開を一つの目標に定めることで，なんとかつなぎとめていくことができていたように思われる。また，大学再開後は，ひとまず学期の終了を目標として定め，心理面とともに現実的な面での対応に注力した。電話やメールでの対応から対面での対応が主になることで，より学生の状況がわかるようになるとともに,「共に乗り越える」という意識を共有しやすくなったように思われる。この「共に乗り越える」という感覚は，学生や教職員，専門家といった立場を問わず一貫して重要なものであった。支援を受ける側･提供する側と分かれるのではなく,「互いに支え合う」というスタンスで行動し続けることで，さまざまな喪失体験にも向き合い，乗り越えることができるのではないだろうか。

そのようななか，上述のケースでは幸い他の地域にもキャンパスがあり，初期から多様な支援や協力が得られた。大学再開にあたり，応援を得られたことは非

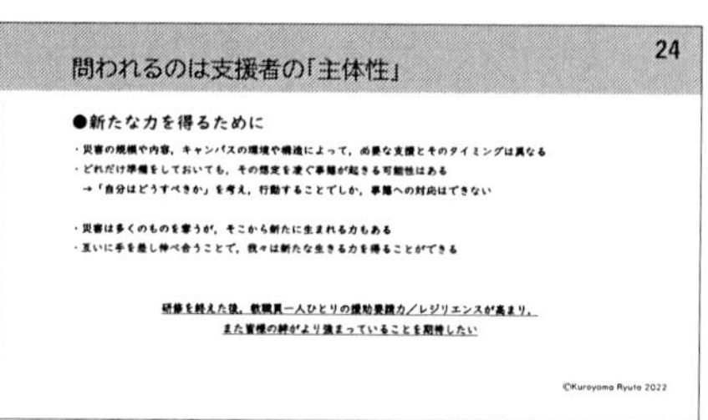

常に心強い体験であった。そうしたリソースを遠慮なく受け入れることは重要であろう。また，そうした力は自らの力に変えていくことにもつながる。筆者自身にとっても，被災後支援の体験は自らの援助要請のあり方に大きな影響を及ぼしている。援助を受け入れることは自らの力になり，それがまた人に寄り添う原動力になっていく。それは立場や職種の別を越えた，人としての成長と言えるのかもしれない。

VI　おわりに（スライド 23，24）

災害を経験して，問われるのは支援者の「主体性」ではないかと感じる。どのような準備をしていてもその想定を凌ぐ事態が起きる可能性はあり，その際に「自分はどうすべきか」と考え，行動することでしか，事態へ対応することはできない。

また，先行論文（黒山，2017）においてもっとも強調したかったのは，「被災によって学生と私達の絆はより強くなった」ということであった。災害は実に多くのものを奪っていき，悲嘆に暮れる事態となる。しかし，そこから新たに生まれる力も必ずある。起こらないに越したことはないが，万が一自分や身の回りの友人・知人がそうした事態に陥った際には，躊躇なく手を差し伸べてほしい。そうすることで，我々は新たな生きる力を得ることができると，筆者は信じている。

文　献

堀毛裕子（2011）震災後の学生相談の現状―東北学院大学カウンセリング・センターの活動．大学時報，60(341); 66-69.

黒山竜太・渋谷安紀子・田中宏尚（2016）全学年に実施する「心の健康調査」の意義―自己との向かい合いと心理的成長を目指して．東海大学紀要 農学部，35; 33-41.

黒山竜太（2017）震災によりキャンパス移転を余儀なくされた学生達への心理支援―地震直後から半期授業終了までの４カ月間の活動．学生相談研究，37(3); 159-171.

National Child Traumatic Stress Network & National Center PTSD（2006）Psychological First Aid: Field Operations Guide, 2nd Edition.（兵庫県こころのケアセンター（2009）

サイコロジカル・ファーストエイド実施の手引き［第２版］．https://www.j-hits.org/_files/00106528/pfa_complete.pdf（2021 年９月 14 日閲覧））
高橋哲（2011）災害，事件，事故の後で．日本臨床心理士会資料．http://www.jsccp.jp/jpsc/pdf/takahashi.pdf.（2021 年９月 16 日閲覧）
Tedeschi, R. D. & Calhoun, L. G.（2004）Posttraumatic Growth: Conceptual Foundations and Empirical Evidence. Psychological Inquiry, 15(1); 1-18.
World Health Organization（2011）心的応急措置（サイコロジカル・ファーストエイド：PFA）フィールドガイド．https://saigai-kokoro.ncnp.go.jp/pdf/who_pfa_guide.pdf（2021 年９月 16 日閲覧）

第8章
連絡がとれない学生への対応

石金直美

Ⅰ　はじめに――「学生と連絡がとれない」(スライド2～4)

「学生と連絡がとれない」というとどんな事態を想像するだろうか。学生自身が連絡をとることのできない緊急事態にあるかもしれない，あるいは学生は誰から連絡が来ても応じることなくひきこもっているのかもしれない。

また,「学生と連絡がとれない」ことで大学教職員が困っているのか，家族が困っていて大学に相談がきたのか。大きく分けて，

①学生本人の意図に反して自分から連絡する，あるいは来た連絡に応じることができずにいる場合。
②学生本人が意図的に連絡を絶っている場合。

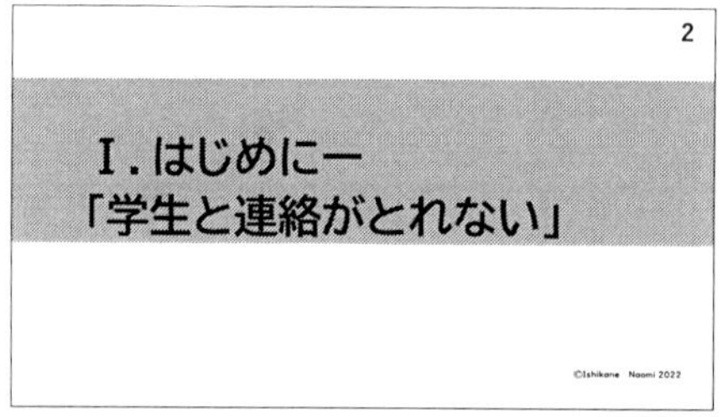

の二つの場合が想定される。

前者であれば学生の安全確保＝危機対応という視点から迅速な介入が必要である。事件や事故に巻き込まれ命の問題に関わる事態もあるだろう。急激な心身の状態悪化によって自分から連絡をとるといった回復のための行動が

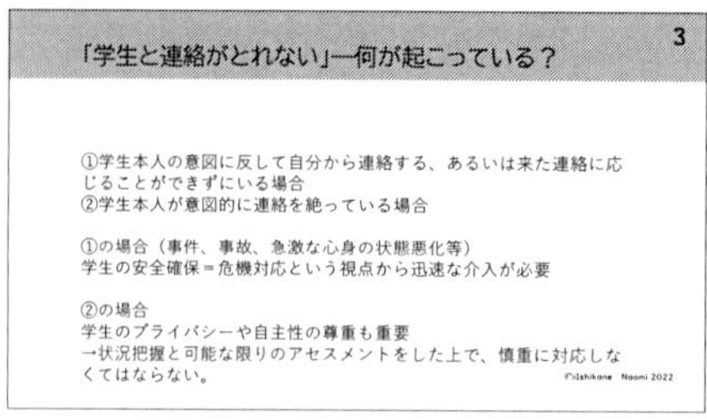

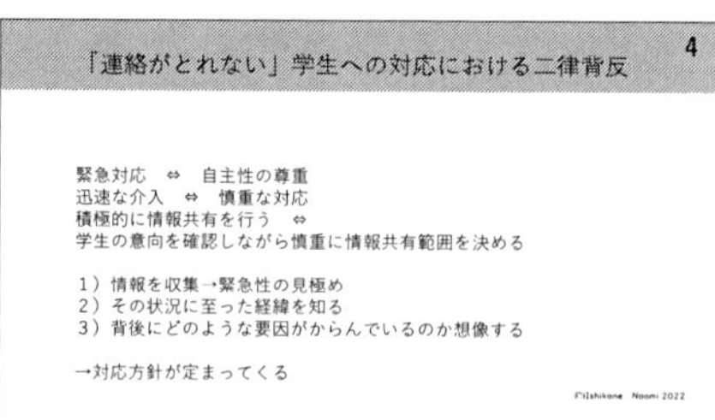

表１　「連絡がとれない」学生への対応における二律背反

緊急対応	自主性の尊重
迅速な介入	慎重な対応
積極的に情報共有を行う	学生の意向を確認しながら慎重に情報共有範囲を決める

できなくなる場合，本人は連絡をとりたくても第三者（カルト集団やこじれている人間関係などが想定される）によって手段を奪われている場合もある。こうした場合には基本的に大学側と家族の情報共有と協力が不可欠である。

後者の場合は問題が複雑である。大学で「連絡がとれない」ため困っているとしたら家族に連絡をするべきか。誰しも躊躇することだろう。学生のプライバシーや自主性の尊重という視点も重要である。状況把握と可能な限りのアセスメントをした上で，慎重に対応しなくてはならない。連絡がとれて安全確認はできたけれど強い不信感や傷つきが双方に残った，という帰結は避けたいものである。

何日待てば家族連絡に踏み切っていいのか等の対応ガイドラインがほしい，それに従えば迷いなく進められるのに，という教職員からの声をよく聞く。「ケースバイケースで判断していくしかない」と回答するたびに軽い落胆の反応が返ってくる。迷いながら個々のケースに応じて判断していくためには心のエネルギーを使うが，その過程を通して学生への理解が深まり，関係者の連携が広がることには大きな意義がある。

時に相反するが両方蔑ろにできない問題であり判断に迷うのは当然である。

学生と連絡がとれないが，何が起こっているのか全く分からないという出発点から始まって，まずは情報を収集し緊急性を見極めねばならない。その状況に至った経緯を知り，背後にどのような要因がからんでいるのか想像することで，幅広く対応の選択肢を検討できるようになる。本章の研修を通して，実際の場面に行きあたった際に落ち着いて対応できるようになることを目指したい。

II　情報収集と緊急性の評価（スライド５～９）

まず,「連絡がとれない」事態の背後で何が起こっているのかをできうる限り明らかにし，緊急性を評価した上で誰がどのような対処方法をとるのが適切か判断しなくてはならない。

1．大学教職員の側から「連絡がとれない」場合

まずは最近の状況に関して情報収集が必要となる。必修の講義や研究室で最近姿を見ているかどうかを調査する。サークル活動には参加しているか，学生同士のSNSのやり取りの中で受発信をしているかどうか，も確認できるといいだろう。何らかの活動が確認できれば危機対応としてではなく慎重に対応を考えていくことになる。

それでも学生の活動の痕跡が確認できない場合は安否確認が急がれる。家族への連絡も考える段階である。家族への連絡に関する留意点については後述する。一人暮らしであればまずは家族が訪問等，安否確認のための具体的な行動をとることが第一選択となる。家族に連絡をとること自体が難しい，例えば留学生の事例や，遠方等で家族が迅速な対応をとれない場合には，大学教職員が学生の下宿を訪ねて，生命にかかわる緊急事態か否かの判断をすることが必要なこともある。その場合，緊急対応の可能性（一人が学生から目を離さず，もう一人が必要な連絡をとることができる）や，訪問者の心的負担を考慮すると，可能な限り複数人で訪問することが望ましい。

大学教職員が訪問しても学生本人が応答しないことがある。

- そこにいるが応答できない状態にある場合。
- 本当に不在である場合。
- そっと身を潜めて通り過ぎるのを待っている，居留守の場合。

が考えられる。

状況に何らかの異変が見られ応答したくてもできないのではないかと察せられる場合は躊躇せずに家族への連絡

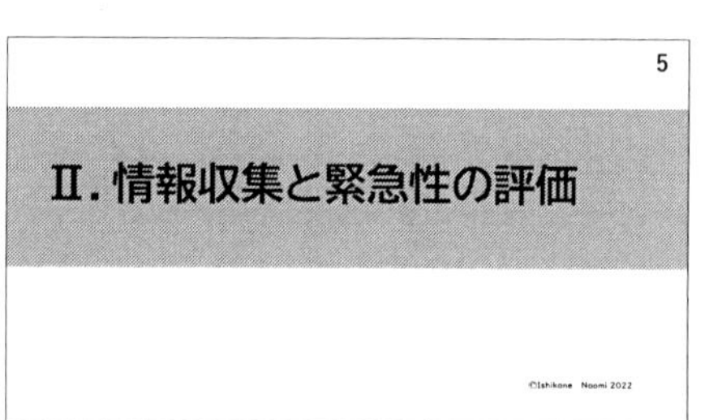

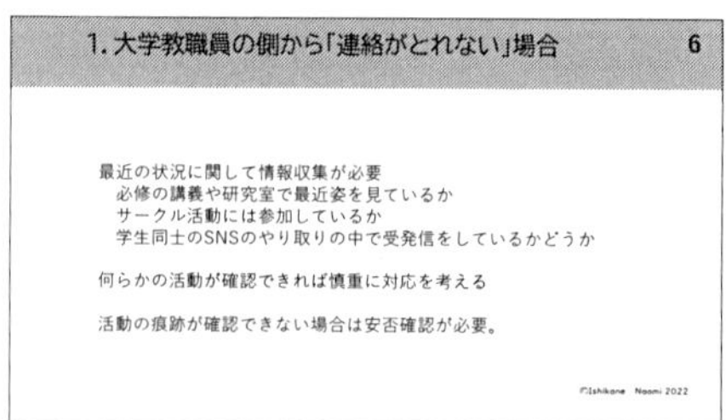

7

安否確認が必要な場合
家族に連絡し、訪問等の安否確認を促す
家族に連絡がとれない、迅速な対応が難しい場合
大学教職員による対応を検討
・複数人での訪問が望ましい
・応答がなければ心配している旨のメモを残す

8
2. 家族への連絡

安否確認がどうしてもできない場合は家族への連絡を
可能であれば家族が安否を確認
すぐに家族が駆けつけることができない場合は家族の依頼によって
下宿の管理会社や家主、警察の立会いのもと入室して確認。

行方不明状態なら
警察相談専用電話＃9110（生活の安全に関する不安や悩みに関する相談窓口）を

©Ishikone Noomi 2022

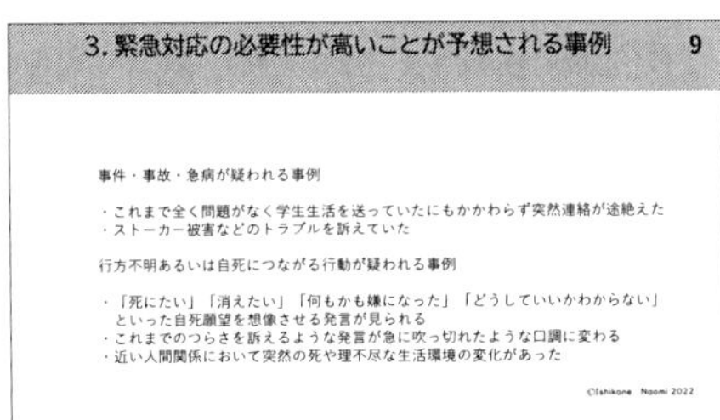

を行おう。

不在あるいは居留守の場合は『心配しているので連絡を』（連絡方法を書き添えるとよい）という主旨のメモを残しておこう。細かいことになるが，郵便受は見ないという学生も多い。ドアに挟む方が学生が手にとる可能性が増す上，日をおいて再度確認する際の安否確認につながることが期待できる。

２．家族への連絡

安否確認がどうしてもできない場合は家族への連絡を考えることが必要である。事件・事故に巻き込まれている事例，心身の病気によって自ら対処行動をとれない事例，自死の危険性がある事例等が考えられる。こうした事例では迅速な危機介入が必要であり，家族の協力が必須となる。可能であれば家族，すぐに家族が駆けつけることができない場合は家族の依頼によって下宿の管理会社や家主，あるいは警察の立会いのもと入室して確認しよう。

連絡もとれず家にいる様子もない，行方不明状態なら警察相談専用電話＃9110（生活の安全に関する不安や悩みに関する相談窓口）を利用するという方法もある。必要性があれば警察が安否確認の訪問もしてくれる。警察庁（2021）によると令和２年度に警察に行方不明者届が出された延べ人数は 77,022 人，人口 10 万人当たり 10 歳代では 116.9 人，20 歳代では 114.7 人となっており，年齢層別では 10 歳代，続いて 20 歳代がもっとも多いという。約 80％は受理から１週間以内に所在確認ができているとのことではあるが，軽視できない数字である。地元の警察官が気を配り続けてくれ，学生が下宿に戻ったことがわかった事例もある。緊急事態の場合には非常に心強い。

その他，カルト集団との関わりや DV 等の人間関係のこじれが背景にあって本人の意思によらず連絡をとれないように強制されている場合（本人が同意している場合も含む），薬物やネット・ゲーム依存によって連絡をとらない・とれない場合もある。これらの場合には大学，家族だけで対応するのは困難であり，医療，司法その他の専門的な支援団体の協力が不可欠である。（第 12 章　学生生活上の

表2　緊急対応の必要性が高いことが予想される事例

事件・事故・急病が疑われる事例
・これまで全く問題がなく学生生活を送っていたにもかかわらず突然連絡が途絶えた（もちろん連絡手段のトラブルだったというようなシンプルな例もある） ・ストーカー被害などのトラブルを訴えていた
行方不明あるいは自死につながる行動が疑われる事例
・「死にたい」「消えたい」「何もかも嫌になった」「どうしていいかわからない」といった自死願望を想像させる発言が見られる ・これまでのつらさを訴えるような発言が急に吹っ切れたような口調に変わる ・近い人間関係において突然の死や理不尽な生活環境の変化があった（直近でなくてもしばらく時間を経たのちに強い影響が現れることもある）

さまざまなリスク参照）

3．緊急対応の必要性が高いことが予想される事例

ケースバイケースであるが，目安を挙げておく（表2）。

また，筆者の経験から注意が必要だと感じるケースを参考までに述べておく。不登校から学業を再開するなど一度危機を乗り越えたように見えた学生が，二度目の挫折や方向喪失を経験すると一度目より深く落ち込むことがある。休学を経て無事に復学を果たして頑張っているように見えた学生が突然調子を崩すこともある。不調の波を繰り返すことで希望を持てなくなることは非常に危険であると感じることが多い。参考にしていただきたい。

Ⅲ　家族への連絡に関する留意点（スライド 10 ～ 13）

1．家族への連絡をひとまず保留した方がよい場合

事件・事故・病気等の事情でなく，学生が自発的に，時には無意識的に社会的環境から距離を置くことで心身の休養を図り，安定を取り戻そうとしていることもある。学業がうまく進んでおらず罪責感から家族に打ち明けることもできずに連絡を閉ざしている学生も多い。後に相談機関につながった時に話を聴くと，当時は「なぜそうなったのかと聞かれても答えられないから，理解してもらえると思えない，だから親には話せなかった」と聞くこともある。自分自身どうしたらいいのか，どうしたいのか模索中で，意識的に（あるいは無意識的に）自己決定までの猶予を得ようとしているのだろう。

そうした場合は警察などの第三者の訪問自体が学生にとって侵襲的な怖い体験

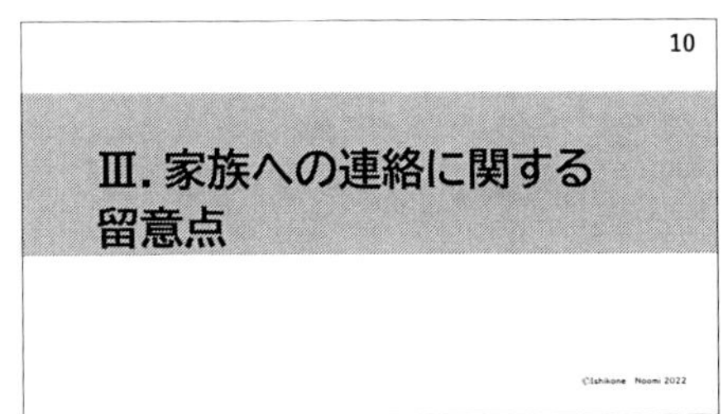

1. 家族への連絡をひとまず保留した方がいい場合　11

・社会的環境から距離を置くことで心身の休養を図り、安定を取り戻そうとしている学生
・学業がうまく進んでおらず罪責感から家族に打ち明けることも出来ずに連絡を閉ざしている学生
・背景に家族関係の要因が関係している事例（学生が家族との心的距離を必要としている）

不用意な連絡は大学への不信感につながる

©Ishikane Noomi 2022

12

- 『心配して連絡を待っている』旨を伝える
- 期限を区切って『その時までに連絡がとれないようだったらご家族に連絡をしようと思う』といったメッセージを。
- 期限内に反応がなかった場合は家族への連絡を行う

©Ishikane Noomi 2022

2. 家族から大学への「学生と連絡がつかない」問い合わせへの対応　13

原則的に学生への連絡を取次いだり連絡先を教えたりはしない

状況をうかがい、安否確認を促す
「何かわかったらお知らせください」
「何かお困りのご様子だし、何か糸口が見つかるかもしれないので」
と学内相談機関を紹介

信頼関係構築につなげる
連携協力のネットワーク形成につながる

©Ishikane Noomi 2022

になることもあるため注意が必要である。

また，背景に家族関係の要因が関係している事例もあるため，慎重にならざるを得ない。学生が家族との心的距離を必要としていることがある。親子だからこそ被支配感や侵入感を抱きやすく，連絡を拒むことで自身の主体性の感覚を守ろうとしているのかもしれない。親が子どものために良かれと思うことが子どもにとって必ずしもそうではないのはよくあることである。親自身が精神的不安定さを抱えて子どもに依存的になっており，負担が重いと感じる学生側が自分の生活を守るために家族に連絡先を隠す事例もある。

こうした事例では不用意な家族への連絡によって学生が心を閉ざし，連絡をとった大学側に強い不信感を抱くことにつながりかねない。

情報収集，安否確認を丁寧に行うことで，危機対応が必要なのか，粘り強い支援が必要なのかを慎重に判断したい。判断に迷う際には学生相談室や保健管理センターなど学内の専門家に相談してみることでより適切なアセスメントが可能になるだろう。

慎重な対応が必要だと判断された事例では家族への連絡をひとまず保留し，メールや下宿へのメモ書き等で学生本人に『心配して連絡を待っている』旨を伝え，期限を区切って『その時までに連絡がとれないようだったらご家族に連絡をしようと思う』といったメッセージを伝えるとよいだろう。期限を区切ることで学生自身が自分の現状と向き合うよう促すことができる。大学側の，学生自身の意志を尊重している姿勢を伝えることもできる。こうしたメッセージがきっかけとなって学生と連絡がつながることも少なくない。

期限内に反応がなかった場合は家族への連絡を行おう。「自分では現状を伝えられなかったから，ショックではあったけれど大学から連絡がいってほっとした面もある」と語った学生もいる。家族の協力も得て中長期的視点での支援へとつなげていくきっかけとしたい。

2．家族から大学への「学生と連絡がつかない」問い合わせへの対応

学生に連絡がとれない，電話やメールに反応がない，SNSに既読もつかない，という状態に困った家族からの問い合わせが大学や学内相談機関に寄せられることもある。大学によっては出席，欠席，早退，遅刻が保護者にも確認できるサイトが用意されていたり，単位の取得状況が保護者に通知されたりすることもある。学業不振を心配した家族が学生に連絡しようとしても応じない，大学ではどんな様子かと問い合わせてくる場合，この状況に至るまでなぜ保護者に連絡をくれなかったのかという大学側の対応へのクレームが含まれることもある。

大学として，原則的に学生への連絡を取次いだり連絡先を教えたりすることはしないだろう。保護者を騙った第三者が連絡先を聞き出す危険性もある。また家族と距離を取りたい学生が意図的に連絡先を隠している例もある。

「取次はできません」と断った上で「大学からメールや掲示で呼びかけることはできます」と答える対応が一般的だろう。家族が困っていることは明らかなので，可能であれば状況をうかがい，様子を見に行くことを勧めるといった対応の促しをすることが望ましい。大学で確認し提供できる情報（保護者が入手可能なはずの情報）や安否確認方法の提案といった情報提供が助けになることもある。下宿の管理会社に連絡すると，入室訪問はできなくともインターホンでの在室確認や，家族が連絡を求めている旨のメッセージを残すといった協力をしてもらえることもある。このような小さな情報提供や「何かわかったらお知らせください」と言葉を添えることで信頼関係構築につながることが期待される。また，「お困りのご様子だし，何か糸口が見つかるかもしれないので」と学内相談機関を紹介してほしい。そこから連携協力のネットワーク形成につながることだろう。

Ⅳ　学生が研究室に出てこず「連絡がとれない」場合（スライド14～17）

学生相談室で関わることがもっとも多いのはこうした事例である。

1～2週間学生の姿を見ない，欠席連絡なしでミーティングに出てこないこと

14

Ⅳ. 学生が研究室に出て来ず
「連絡がとれない」場合

©Ishikane Naomi 2022

15

• 1～2週間学生の姿を見ない
• 欠席連絡なしでミーティングに出てこないことが時々ある
• 発表担当だったにも関わらず来なかった
• 発表予定の直前に体調不良等の連絡をしてくることが続く

→『何か手伝えることがあれば一緒に考えよう』

©Ishikane Naomi 2022

16

よくあるパターンの一例

研究や研究室に気持ちが向かいにくい。加えて朝疲れが取れておらず動き出しにくい。
→何とか自分を奮い立たせて登校。
→自責の念から遅れた分を取り戻さなければと夜遅くまで頑張る。
→疲れすぎたのか、脳内の緊張状態がとけないのか、翌朝また起きにくくなってしまう。
→一日登校できなくなってしまう。
→教員や他の学生がどう思っているか気になり余計に行きづらくなる。

©Ishikane Naomi 2022

17

• 一番良い関係にある人、何気ない雑談ができる相手からメッセージを
• 再登校につながらない場合は、月に一回程度を目安に
『どうしていますか。何か手伝えることがあったら言ってください』
という主旨のさらっとした短いメッセージを
• 学期や学年の節目、休学等の決断が必要な時期には
『一度一緒に考えよう』と話し合いの機会を提案

©Ishikane Naomi 2022

がときどきある，発表担当だったにも関わらず来なかった，あるいは直前に体調不良等の連絡をしてくることが続くといった状況があれば，教員はこのままで大丈夫だろうかと気がかりになるだろう。これまで研究生活に行き詰まりを感じている様子がなかったか，研究室での言動で気になることがあったかどうか等，状況整理を始めよう。研究室内のスタッフや学生たちにさり気なく最近の学生の様子を尋ねてみたい。教員側から見えている様子と学生同士の間で見せている表情は異なることも多い。

研究室に来た時に通常通り活動しているように見えていると教員は学生のつらさに気づきにくいものである。学生同士であれば，来る時間が遅くなってその分帰宅時間が遅くなっている傾向や，不意に休む日があるといった変化に気づいていることもある。

よくあるパターンを一例としてあげる。

研究や研究室に気持ちが向かいにくい。加えて朝疲れが取れておらず動き出しにくい。
→何とか自分を奮い立たせて登校。
→自責の念から遅れた分を取り戻さなければと夜遅くまで頑張る。
→疲れすぎたのか，脳内の緊張状態がとけないのか，翌朝また起きにくくなってしまう。
→一日登校できなくなってしまう。

→教員や他の学生がどう思っているか気になり余計に行きづらくなる。

このようなつらい悪循環が起こってしまうとその延長線上で，ある日糸が切れたようにぷつりと行けなくなってしまう。

何らかの行き詰まりや調子の変化が窺えたら,『何か手伝えることがあれば一緒に考えよう』という姿勢でメッセージを送ってみたい。卒業論文や修士論文提出が近づいて連絡がつかなくなる学生の場合，教員としては『このままでは間に合わなくなってしまう』と率直に懸念を伝えたくなるものである。『今からでも可能な道筋を一緒に考えよう』といった，学生が希望を抱くことのできる伝え方の方が動き出しやすいものである。暗闇でしゃがみこんでいる時にある方向から光が見えればそちらに進んでみようという気持ちが起きやすい，とイメージしてみるといいだろう。

研究指導に直接携わっている教員から連絡すると，学生側からは，どう思われているか気になってプレッシャーと不安が増し，本心をうちあけにくいこともある。

その場合はできればその学生と一番良い関係にある人，何気ない雑談ができる相手からメッセージを送るのが望ましい。日頃よく話す学生仲間が研究室内にいるようなら訪問を頼んでみることも有効である。教授に頼まれた学生たちがケーキを手土産に訪問したことがきっかけとなって復帰が可能になったというような例もある。

安否確認はできても再登校につながらない場合は，月に一回程度を目安に『どうしていますか。何か手伝えることがあったら言ってください』という主旨のさらっとした短いメッセージを送るとよいだろう。学期や学年の節目，休学等の決断が必要な時期には躊躇なく『一度一緒に考えよう』と話し合いの機会を提案したい。教員からは，連絡をとること自体が学生にとってプレッシャーだと感じられるのではないかと案じて動きにくいという声を聞く。過度の刺激は心的負担となるが，軽い関わりを継続的に行なうことによって，見捨てられるのではないかという学生側の不安が和らぐこともある。教員にとっても忍耐力が必要であり，これでいいのかという不安が付きまとうだろう。学生相談室等の学内相談機関がコンサルテーション役を担うことで教員側の燃え尽きを予防したい。

V　連絡がついたあとの支援（スライド 18 ～ 22）

連絡がついたところから本当の意味での学生支援は始まる。「連絡がとれない」

状態が「とれた」状態に変わったとしても根本的にはまだ何も解決されていない。今後同じようなことが起こらないために検討すべき課題は多い。

１．学生への支援

学生側の検討すべき課題

・なぜ学生が自分を閉ざさなくてはならかったのか。
・他の方法はなかったか。
・今後同じ状況にならないためにはどうしたらいいか。
・誰にどのような発信をすれば糸口が見つかりやすいか。
・家族や教職員に過度の心配をかけないようにするにはどうしたらよいか。

こうした課題について学生本人だけでなく，家族や教職員などの支援者の知恵を結集して考えたい。ぜひ学内相談機関につなぐきっかけとしてほしい。「迷惑をかけてしまった」と学生が感じる相手にはなかなか本音を言いにくいものだ。学生に『あなた自身もつらかったのではないか。振り返って，今後どうしたらいいか一緒に考えよう。第三者の方が話しやすいこともあるかもしれないので，学内の専門家と話してみたらどうだろうか』といった声かけを行ってほしい。

元々の問題に加え，家族や大学教職員等周囲の人を巻き込んでしまった罪悪感や，目をそらしたかった現実に戻らなくてはならない不安で学生自身の心の傷つきはより深くなっていることだろう。まずは学生自身が自分の体験を語ることで，心の整理を行いたい。連絡を閉ざすという「行動」で示さざるを得なかったつらさを「言語化」することで，自分の「感情」に気づき他者と共有できるようになるための心理的作業を，時間をかけて行うことが必要である。自分にとってつらい状況や環境だと感じる時，環境にうまく合わせられない自分を変えねばならない，それなのに変わることができないからどうしようもないと多くの学生は感じてしまう。自分から環境に働きかける，もしくは環境自体を変えるという選択肢も考えられるようになるとよいだろう。時には進路の見直しによって元気を取り戻す事例もある。

第三者から見ると心理的支援の必要性が高いと感じる事例ほど本人は相談を拒むことが多い。多くの学生相談機関で感じている悩ましい事実である。「いいです，もう大丈夫です」と言って元の日常生活に戻ることができると，周囲からは立ち直ったのだろう，もう安心と受けとられるかもしれない。吹っ切れたような元気さや明るさすら見せることもある。しかし，現実適応にエネルギーを多く費やすと心の整理は二の次になってしまいやすいものである。危うさを抱えたまま

18

V. 連絡がついたあとの支援

19

1. 学生への支援

学生側の検討すべき課題

・なぜ自分を閉ざさなくてはならかったのか
・他の方法はなかったか
・今後同じ状況にならないためにはどうしたらいいか
・誰にどのような発信をすれば糸口が見つかりやすいか
・家族や教職員に過度の心配をかけないようにするにはどうしたらよいか

20

- 「行動」で示したつらさを「言語化」
  →自分の「感情」に気づく
  →他者と共有できるようになる

- 心理的支援の必要性が高いと感じる事例ほど本人は相談を拒むことが多い

- 急速な復帰より時間をかけた段階的な復帰を

21

2. 家族への支援

家族側の検討すべき課題

・困った時に家族に頼ることができなかったのはなぜか
・家族関係の問題が背景にあったのかどうか
・どういうコミュニケーションのとり方を心がけると心を開きやすくなるか

中長期的なサポートが必要な場合
　家族が住む地域の相談機関を紹介

家族自身の心理的問題や家族関係自体が大きい要因となっている場合
　学内相談機関で支援を提供するのは難しい。

22

3. 教職員への支援

教職員側の検討すべき課題

・困った時に教職員に頼ることができなかったのはなぜか
・教育環境の問題が背景にあったのかどうか
・どういうコミュニケーションのとり方を心がけると心を開きやすくなるか

学生個人の問題とは限らない、大学の環境の中で起こったこと
学内相談機関との連携によって第三者的視点も入れて環境を見直す

「燃え尽き」を防ぐ
「一人で、あるいは閉じた環境だけで抱え込まない方がよい」

蓋をしているだけかもしれない，と想像してみてほしい。繰り返しになるが，一度危機を乗り越えたように見えた学生が，二度目の挫折や方向喪失を経験すると一度目より深く落ち込むことがある。急速な復帰より時間をかけた段階的な復帰の方が適度なペースだと思った方がよい。

内閣府（2019）の調査によると，全国に推計で，15 歳から 39 歳までのひきこもり者が約 54 万人いる可能性があるという（齋藤，2020）。齋藤が指摘するように大学生時のひきこもりは「近況を尋ねる親からのメールなどに対して，最低限の安否を伝えたり，授業に出ていると誤魔化して答えるなど，事態を先延ばしするためのやり取りをとることができる場合」が多く,「地域でひきこもっている事例とはやや状態が異なる傾向」がある。大学時の不登校やひきこもりが必ずしもその後の長期的なひきこもりにつながるわけではない。それでも，大学での不登校から社会参加の糸口がつかめないままひきこもり化してしまう可能性もあるだろう。大学生の間に「連絡がとれない」事態に端を発して家族や家族外の人との関係が深まり,「困った時に誰かに発信して気づいてもらえると何か打開策が見つかるかもしれない」という他者への基本的信頼感の再確認ができるとよいだろう。つらい時に援助を求める行動をとるという選択肢を将来にわたってもつこ

とができるようになってほしい。

2．家族への支援

家族側の検討すべき課題
・困った時に家族に頼ることができなかったのはなぜか。
・家族関係の問題が背景にあったのかどうか。
・どういうコミュニケーションのとり方を心がけると心を開きやすくなるか。

学生から連絡を拒まれた家族も傷つきを体験する。なぜ信頼して心を開いてくれなかったのか，頼ってくれなかったのかと思い悩むことだろう。「どれだけ心配したと思っているのか！」「親の気持ちを考えたことはあるのか！」と詰め寄りたい気持ちも当然あるだろう。

「心配していた」という家族の気持ちを率直に伝えることは大切である。ただ，家族の強い感情的反応にさらされると学生は，家族に「もう大丈夫だから心配の必要はない」と思わせるために心的エネルギーを使ってしまう。学生自身の振り返り過程が棚上げされてしまうことが懸念される。学生の心を過度に揺るがさない伝え方が望ましい。

家族自身の心の落ち着きがあって初めて，学生の気持ちに共感的に耳を傾けることができるようになるものである。家族自身の傷つきが手当てされ，落ち着いた気持ちで学生を見守ることができるようになれば学生は SOS を出しやすくなる。そのためにまず学内相談機関で家族の視点からの話を聴くことが有効である。大学側は家族の困り感をも真摯に受け取ってくれ，共に問題解決の方向を探してくれる，と家族が感じられるとよい。今後学生の危うい変化を感じ取った時に早い段階で大学に連携を求めてくれ，早期の対応が可能になることだろう。

家族にも中長期的なサポートが必要な場合，大学の相談機関で継続的に行うのは現実には困難なことも多い。その場合は家族が住む地域の相談機関の紹介を考えたい。また，学生が大学を離れた後に活用できる相談手段や支援機関を家族に伝えておくことも重要である。

家族自身の心理的問題や家族関係自体が「連絡がとれない」事態の大きい要因となっている場合は，学内相談機関では学生本人の心理支援以上のことを提供するのは難しい。学生にもその限界を伝えた上で，家族への支援を行える地域の専門機関を家族に直接，あるいは学生を通じて伝えよう。学内相談機関では，学生自身がどのように家族に働きかけることができるかを一緒に考えることはできるだろう。時には家族との心理的境界線をしっかり保てるようになるための心理的作業を促すことも必要である。

3．教職員への支援

教職員側の検討すべき課題
・困った時に教職員に頼ることができなかったのはなぜか。
・教育環境の問題が背景にあったのかどうか。
・どういうコミュニケーションのとり方を心がけると心を開きやすくなるか。

学生個人の問題と片づけてしまうのではなく，大学の環境の中で起こったことだという観点からも考えてみることが大切である。学生が追いつめられやすい環境ではなかったか，と自問すると「他の学生は同じ環境でもやれているのに」という考え方が出てくることだろう。価値観や最適活動量，レジリエンスの違い等の個人差を考慮し，多様な学生が受け入れられる環境づくりを目指したい。学内相談機関との連携によって第三者的視点も入れて見直すことも有効であろう。

多忙な教員が心を込めて学生対応を行なってもはっきりした手応えを感じられないこともある。「また連絡がとれなくなってしまった」という二度目の体験が起きれば教職員にとっても相当な傷つきになる。教職員の「燃え尽き」を防ぐためにも「一人で，あるいは閉じた環境だけで抱え込まない方がよい」ことを強調しておきたい。特定の教職員が責任を負っていると感じてしまわなくてすむよう，少なくとも研究室全体，必要に応じて専攻，学部等の学生担当や教務担当の教職員とも相談しながら対応する体制を作りたい。学内相談機関との連携も検討してほしい。学生本人が相談機関につながらなかった場合でも，教職員から学生の様子を伝えることで専門家の視点からコンサルテーションを行うこともできる。「連携と協働」のネットワークによって学生も教職員も専門家も相互に支え合える体制作りを目指したい。

VI　最　後　に（スライド23，24）

さまざまな事例があることを述べて来たが，現実の事例はもっと多様である。こういう事例にはこう対応するといい，というガイドラインはない。

本章のはじめに，

危機対応　⇔　自主性の尊重
迅速な介入　⇔　慎重な対応

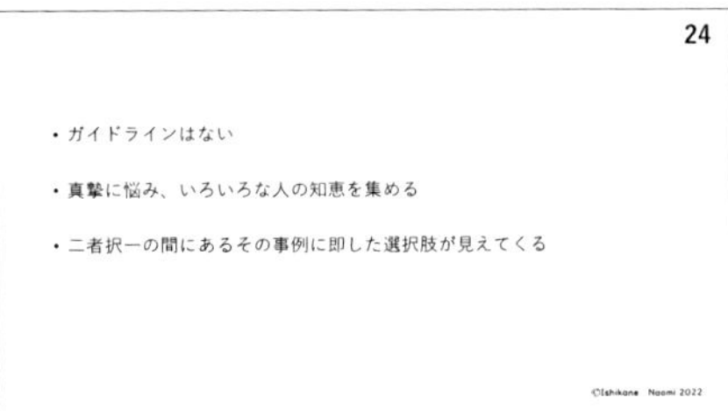

積極的に情報共有を行う　⇔　学生の意向を確認しながら慎重に情報共有範囲を決める

という二律背反の問題提起をしたが，どちらかが正解なのではない。今，目の前の事例でどうしたらいいのかと真摯に悩み，いろいろな人の知恵を集めることで，二者択一の間にあるその事例に即した選択肢が見えてくることがある。自分の中に選択肢を広げるために本書を役立ててほしい。

文　献

警察庁（2021）令和２年における行方不明者の状況（令和２年）．https://www.npa.go.jp/publications/statistics/safetylife/R02yukuefumeisha.pdf（2021 年 10 月 19 日閲覧）

齋藤暢一朗（2020）不登校・ひきこもりの学生．In：日本学生相談学会編：学生相談ハンドブック新訂版．学苑社，pp.110-116.

内閣府（2019）生活状況に関する調査（平成 30 年度）．https://www8.cao.go.jp/youth/kenkyu/life/h30/pdf-index.html（2021 年 10 月 19 日閲覧）

第９章
SNS トラブル対応

吉村麻奈美

Ⅰ　SNS とは

休み時間や空き時間，見渡す範囲の多くの学生が，スマホを見ている。うち何割かは，SNS（Social Networking Services；インターネット上の交流を通じて社会的ネットワークを構築するサービス）を見ているはずだ。SNS は無料で提供されているものが多く，アカウントを作成しログインして使用する。プロフィール欄があり，メッセージを交換する機能があり，文字や写真を使って好きなことを書き込み，他者と共有できるタイムラインがあるといった，構造上の共通性がある。

SNS とはさまざまなツールの総称であり，人気ツールは時代に応じて変化していく。特に大学生はデジタルネイティブ世代，すなわち SNS の先端的担い手であり，彼らが扱うものは短期間で目まぐるしく変化する（ように筆者は感じる）。また，彼らはその変化に慣れており，新しいものを受け入れ，それらに対して前向きな印象だ。本章では 2021 年現在の大学生にとって主流ツールである Twitter, LINE，Instagram を念頭に置いて執筆していくが，もしかすると，ほんの数年後にこれらは死語になっているかもしれない。

Ⅱ　SNS 上でのトラブル（スライド２）

SNS はトラブルメーカー，という表現もあるほどである。学生の話を聞いていると，ストレス対処のひとつとして，SNS で誰ともつながらないアカウントを作り，そこに愚痴を書くという人が少なからずいる。しかし，他者との交流が SNS の主たる機能なので，ときには他者と交流するなかで，あるいは何気ない投稿が，問題化することがある。

SNS トラブルといっても多様だが，総務省の調査（平成 30（2018）年度）によれば，「自分の発言が自分の意図とは異なる意味で他人に受け取られてしまっ

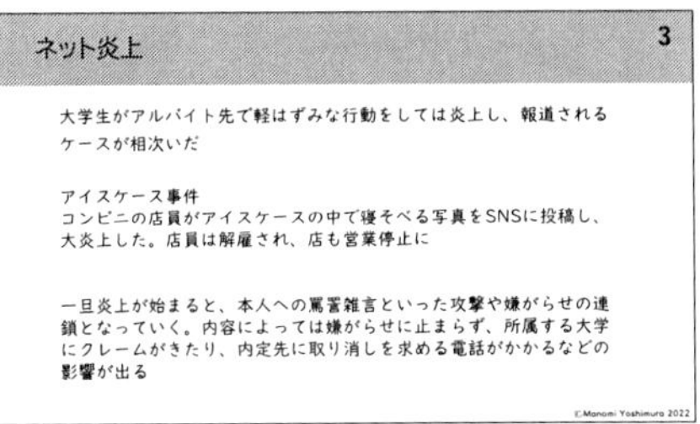

た」「ネット上で他人と言い合いになったことがある」等が上位であった。つながりを得るためのSNSだが，つながりすぎるのも考えもの，というわけだ。では，大学生に見られるトラブルを紹介していこう。

1．ネット炎上（スライド3）

外部との間で生じるSNSトラブルで代表的なものに，ネット炎上がある。ネット炎上は近年，急激に増えている。大学生がアルバイト先で軽はずみな行動をしては炎上し，報道されるケースが2013年頃に相次いだ。いわゆるバイトテロである。

有名な事件としては「アイスケース事件」がある。コンビニの店員がアイスケースの中で寝そべる写真をSNSに投稿し，大炎上したものだ。その後店員は解雇され，店も閉店となるという事態に発展した。以降，類似の事件が何件も続いてしまう。

ふざけて面白い（と本人が思っている）ことをしたことから始まっているが，閉店や破産という事態に至るなど，責任は重大だ。友人に伝えたくて軽い気持ちで投稿したのかもしれないが，SNSは実はたくさんの人に開かれた場所なのである。

一旦炎上が始まると，本人への罵詈雑言といった攻撃や嫌がらせの連鎖となっていく。内容によっては所属する大学にクレームが寄せられたり，内定先に取り消しを求める電話がかかるなどの影響が出てしまう。あるケースでは実際に内定取り消しが生じ，学生の人生に大きな影響を与えた。むろん，当該学生はそこまで想像できずに軽はずみな行動をとっていたのだろう。

ネット炎上に付随して，「特定班」，すなわちネットの中の調査部隊が不適切投稿の主の素性を暴き出すという現象も起こることがある。調査部隊は投稿者のアカウント周辺を調べ上げ，本名や写真，住まいなどを突き止め公表する。そのスピードと威力には，凄まじいものがある。

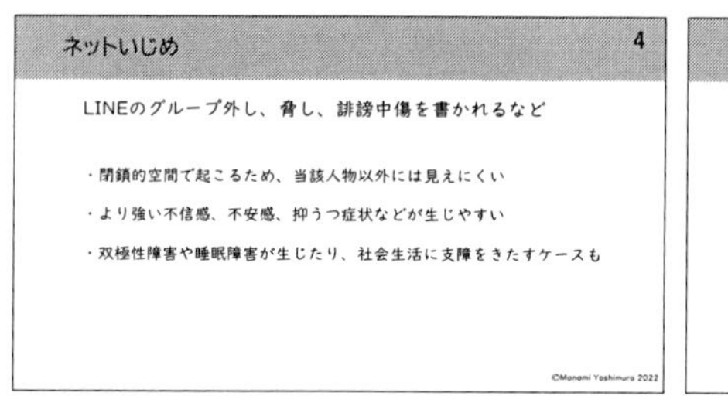

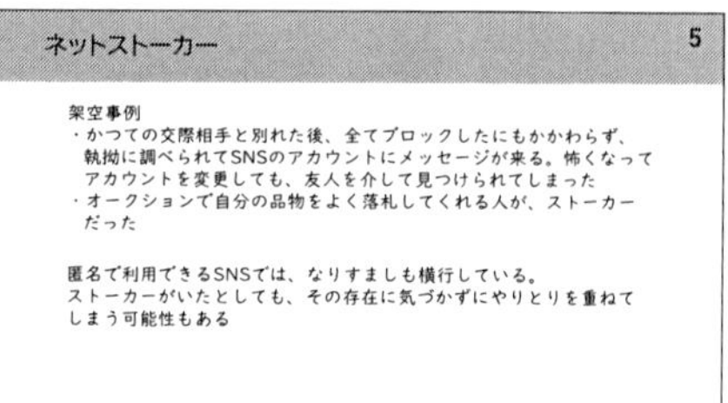

2．ネットいじめ（スライド４）

こちらはSNSにおける学生間トラブルといえる。SNSが普及したことにより発生し始めたもので，近年は若者に限らず幅広い世代で問題となっている。文部科学省も，いじめ防止対策推進法において，いじめにはインターネットを通して行われるものも含むとしている。リアル（本章では「ネット」に対して「リアル」という言葉を用いることとする）のいじめは，暴力や無視，所有物の紛失や落書きなど，周囲からも見えるものが多かった。ところが，ネットいじめは閉鎖的空間で起こるため，当該人物以外には見えにくい。ネットいじめの内容は，例えばLINEのグループ外し（LINEいじめやLINE外しともいい，強制的に退会させられることを指す）のほか，悪口や誹謗中傷を書かれる，個人情報の暴露，挑発行為といったものがある。

ネットいじめでは，その匿名性がより強く影響し，いじめられた側の反応が増幅することもある。匿名ゆえ加害者を特定できない疑心暗鬼から，より強い不信感，不安感，抑うつ症状などが生じやすい。また，睡眠障害が生じたり，社会生活に支障をきたすケースも報告されている。自殺念慮のリスクが高まるという指摘もある（富田，2016）。

一方で，対人関係念慮の強い学生が，「いじめられているような気がする」と情報を誤解して受け取っている場合もあるため，具体的に話を聞かないうちにいじめが起きていると結論づけるのは尚早かもしれない。本人の弁を否定しないよう気をつけながら，やりとりの詳細をじっくり聞くことが望まれる。

3．ネットストーカー（スライド５）

SNS上で，つきまといやストーカーの被害に遭っている学生の話も聞くことがある（つきまとい等を繰り返し行うとストーカー行為となる）。ネット上では行動が見えないためよりわかりにくいが，SNS上での相手の言動を逐一チェックし，行動を把握している人物がいるかもしれない。架空事例として，次のようなものを挙げてみる。

〈架空事例〉

- かつての交際相手と別れた後，全てブロックしたにもかかわらず，執拗に調べられて SNS のアカウントにメッセージが繰り返し来る。怖くなってアカウントを変更しても，友人を介して見つけられてしまった。
- オークションで自分の品物をよく落札してくれる人が，実はストーカーだった。

匿名で利用できる SNS では，なりすましも横行している。そのため，相手がつきまといやストーカーの行為者であることに気づかずにやりとりを重ねてしまう可能性もある。

4．言葉不足による齟齬（スライド６）

いじめに遭うまでいかなくとも，相手との齟齬が生じる可能性は誰にでもある。特に Twitter は文字制限があり，さらに LINE や Slack は短文のやりとりが主になっている。文字ではなく絵文字やスタンプで済ませるような返信も多い。短文でのテンポ良い会話に慣れているのが大学生だと思うが，短文ゆえに齟齬が起こることもある。

他に，発達障害の学生が，スタンプの意図がわからなかったり，絵文字の顔の表情が読み取れずに，SNS でのコミュニケーションに苦労する様子もしばしば聞くところである。

5．教員と学生で SNS を使う場合

ゼミの交流を SNS で促進しようとする教員は少なくないであろう。その場所は 24 時間接続可能であるからこそ，境界がなくなりやすい。教員へのメッセージが増え対応に苦慮する，学生同士のトラブルが生じるなど，問題が発生することもあるかもしれない。

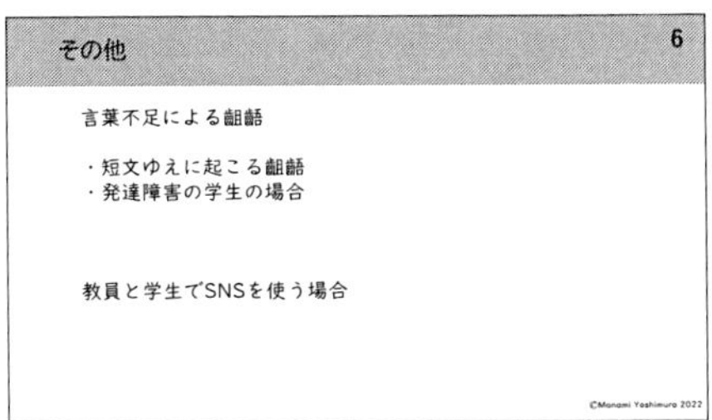

教員は入らず，ゼミの学生同士で LINE グループを作るように設定する場合もある。LINE グループにいることが辛く，脱落してしまう学生の話も聞くため，心配な学生がいる場合は，LINE グループでどのようなことが起

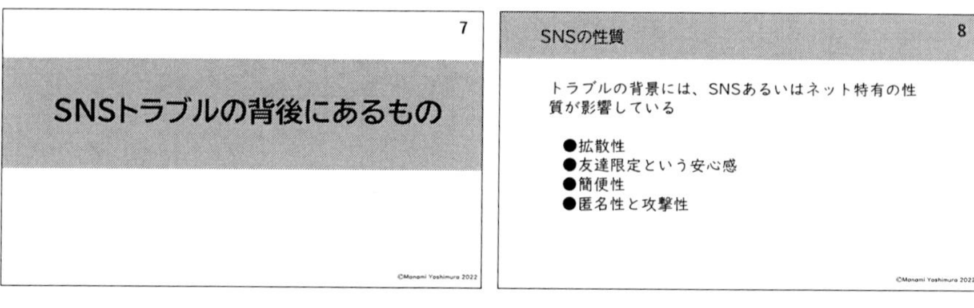

きているか，ときどき状況を聞いてみるといいかもしれない。目まぐるしく変わるSNSでは，適切な集団運営マニュアルがあるわけではない。不安なことがあれば，慣れている（あるいは得意な）他の教員に聞いてみるのもひとつの方法であろう。

Ⅲ　SNSトラブルの背後にあるもの（スライド７）

１．SNSの性質（スライド８）

トラブルの背景には，SNSあるいはネット特有の性質が影響している。いくつか挙げてみる。

①拡散性

そもそもSNSは社会的つながりを持つことや，拡散することを重要な機能として持っている。ネット炎上の箇所で触れたように，自分と仲間数人だけが見ているものだと思ったら大間違いで，あっという間に拡散し，大勢の目に晒される危険性が常にある。炎上になるケースの中には，「バズりたい（たくさんの人に拡散されたい）」という欲望から始まるものも見受けられる。承認欲求を満たす目的であったはずだが，異なる顛末となってしまった形だ。

②「友達限定」という安心感

投稿を閲覧できる人を制限できる機能（「鍵をかける」などと表現される）があるため，プライベートな記述や自撮りなどの投稿がされやすい。範囲をコントロールできるという安心感があるのだろう。所属を明かして表向きの発言をするための表アカウントと，裏アカウントを使い分ける学生も少なくない。

③簡便性

電車に乗っている暇なひととき，授業の合間の数分，ご飯を食べながら，寝る前の時間……どのようなシチュエーションでもスマホを手に取れば，SNSに接続できる。そこでは好きなように書き込みができて，好きなように交流ができる。あまりに手軽なので自分でも統制できないほど見てしまうという学生の声は多い。

④匿名性と攻撃性

SNS のみならずネット全体にいえることである。匿名であるばかりに，普段言えないことが言えたりする。知り合いの目を気にせず，別人格を演じることも可能となる。それらはストレス発散に有効と感じるのかもしれない。また，投稿を削除できる機能もある。そういった機能がタガを外しやすく，利用者の攻撃性を生み出しやすい。

2．現代の学生における人とのつながり方（スライド９）

人とつながりたいと思い，つながっていないと不安を抱く学生は多い。そのつながり方の中に，あたりまえのように SNS がある。ところが，寂しくなって SNS を見ると，そこには自分以外の友人同士が仲良くしている様子があり，傷ついてしまう。焦りに駆られて SNS を見ると，そこにはキラキラとした同級生の言動があってますます焦ってしまう。そのように表層部分での比較に終始し，振り回され続けている学生は少なくない。

水戸部（2018）は，学生相談事例から SNS に求めるものを以下の３点にまとめている。

1）愛着が形成できなかった家族にかわる人とのつながり。
2）自分を表現しても責められたりしない「わかってくれる」人とのつながり。
3）面と向かって向き合わなくても交流できる人とのつながり。

自分の居場所を見出すことができないできたある学生は，SNS では「つながり」「共感」「人間関係」を得ることができた。しかし，「リアル」はなかった，と語った。ここでのリアルという表現は，実感と換言できるかもしれない。このような，いまひとつ実感を持ってつながりきれない感覚は，現代の社会および学生の気質に通じる。１つの根っこではなく，多数の小部屋で自己が暮らしているようなありようだ。

かつては，共有しやすいアイドルがいて，同級生の多くは同じテレビ番組の話題

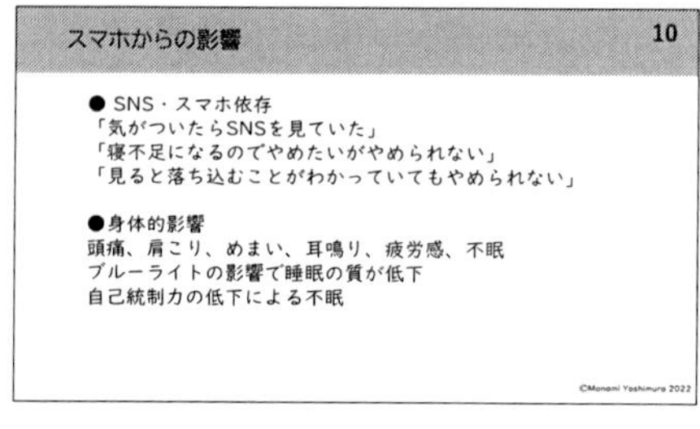

で盛り上がっていた。現代はさまざまなジャンルで多様化が進み，テレビ番組を見る人もいればYouTubeやSNS上の配信を見たり，Netflixで見たい番組を好きな時間に見る人もいる。それぞれの領域に異なるインフルエンサーがいて，異なる“推し”がいる。この多様化は現代の一つの特徴といえる。

畑中（2019）は，いくつかの自分を意識して使い分ける「自己の多次元化」を感じている若者は増えているとし，サプリ志向（○○にはこれ，という自己統制行動）という主体的なコミットをしない傾向を持つこと，さらに，対人関係において葛藤を回避するような付き合い方をすること，といった共通性を見出している。断片的な個性は，「キャラ」と呼ばれるものかもしれない。このような特徴とSNSとは，相性が良い。

3．スマホからの影響（スライド10）

① SNS・スマホ依存

ネットいじめとインターネット（とりわけSNS）の長時間利用の関連性が指摘されている。大学生はスマホから見ている人が多く，「気がついたらSNSを見ていた」「寝不足になるのでやめたいがやめられない」「見ると落ち込むことがわかっていてもやめられない」など，SNS依存の話題は枚挙にいとまがない。スマホという手軽に扱える媒体で見られることと，SNSそのものが嗜癖を起こしやすいことの双方がこの現象を起こしているように思われる。

医学的知見の蓄積はこれからという領域ではあるが，ネット依存のリスク因子について検討がされ始めている。例えば，韓国や台湾の調査からは，精神状態の悪さやADHD症状などが将来のネット依存のリスク因子になることを読み取ることができる（中山・樋口，2016）。

一方で，スマホやSNSはアルコールのように「一切やめる」という単純戦略が採用しにくい場合がある。実際にゼミの会話に参加できなくなったり，友人とのやりとりに取り残されてしまうかもしれないためだ。

②身体的影響

多用すると身体面に影響が出ることもある。例えば，俯いた姿勢で固まり続けるため頚椎に負担がかかり，頭痛，肩こり，めまい，耳鳴りなどが出現する場合

11

SNSトラブルを予防するために

©Manami Yoshimura 2022

ネットリテラシーを学ぶ　12

●炎上の原因（清水，2020）

1、SNSが公開されているという認識の欠如
2、社会常識の欠如
3、ゆがんだ自己承認欲求・自己顕示欲・独自の正義感
4、「特定」されることがないという誤解

©Manami Yoshimura 2022

がある。運動不足による諸問題，体重の変動なども生じうる。

スマホのブルーライトの影響で睡眠の質が低下するという研究結果もあるが，没頭してしまってやめられないために昼夜逆転となるなど，自己統制力低下の結果，不眠が生じているケースにも多々出会う。

Ⅳ　SNS トラブルを予防するために（スライド 11）

SNS トラブルを予防するためには，改めて SNS の特徴についてよく把握しておく必要があるだろう。以下，予防のために学生に伝えられると良いことを挙げていく。

1．ネットリテラシーを学ぶ（スライド 12）

例えばネット炎上を起こしてしまう人の場合，何が炎上の燃料なのかを理解していない可能性がある。すなわち，何が問題かを知る必要があるが，「べからず集」を表面的に覚えるのではなく根本的理解をしておかないと，過ちを繰り返してしまうだろう。

清水（2020）は，炎上の原因として次の４点を挙げている。

1）SNS が公開されているという認識の欠如。
2）社会常識の欠如。
3）ゆがんだ自己承認欲求・自己顕示欲・独自の正義感。
4）「特定」されることがないという誤解。

2．ネット炎上の予防（スライド 13）

また，清水（2020）は，炎上させないための 14 か条を紹介している（表１）。

不謹慎な行為をしないことが大前提だが，SNS には誰に見られても問題のないことを書く，自分の本名を出して書けないことは書かないようにする，というこ

表1　炎上させないための14か条

その1	SNSは公開されていることを認識する
その2	SNS上の友人が少なくても炎上リスクがあることを認識する
その3	SNSは友人知人への連絡用ツールとして用いると危険だと認識する
その4	多様な価値観の人がいるので，自分の価値観を押しつけず，他人の価値観を否定しない。自分の書込みに対して批判がありうることを覚悟する
その5	批判に対しての中傷や人格的な攻撃を行わない
その6	プライバシー（氏名，住所，電話番号，顔写真，勤務先，学校，家族に関する情報など）を侵害する書き込みをしない
その7	差別的，攻撃的な言動など，他人を不快にさせる書き込みをしない
その8	政治，宗教，思想・信条，歴史観など，デリケートな話題に関する書き込みをしない
その9	アカウントなどの画像使用や他人の著作物を勝手に使用・加工した書き込みをしない
その10	他人に対する中傷や単なる悪口の書き込みをしない
その11	氏名，住所，電話番号，顔写真，勤務先，学校，家族に関する情報など，自分のプライバシーに関する書き込みをしない
その12	交通違反，暴行・脅迫，無銭飲食，恐喝行為，パワハラ発言，セクハラ発言など，違法行為についての告白をしない。大前提として，違法行為をしない
その13	企業の秘密情報に関する書き込みをしない
その14	企業に関する情報を発信しない。仮に発信するとしても企業の公式見解ではないことを明記する

（引用元：清水陽平『サイト別　ネット中傷・炎上対応マニュアル［第3版］』）

とだと考えればわかりやすいだろう。

3．自分を守る設定（スライド14）

ネット上では，個人情報が流れる危険性や個人が特定される可能性がリアルよりも高い。写真や話の内容から人物を推測されてしまうこともある。自分は気をつけていても友人が個人情報を開示していれば，大学やサークル，出身校や出身地などがバレてしまうこともある。

氏名や住所そのものは書かなくても，探し当てられてしまう情報はいろいろとある。例えば，自宅の部屋から撮った写真，自宅の周辺に関する情報，今どこで

ネット炎上の予防　13

●炎上させないための１４箇条

その１	SNSは公開されていることを認識する。
その２	SNS上の友人が少なくても炎上リスクがあることを認識する。
その３	SNSは友人知人への連絡用ツールとして用いると危険だと認識する。
その４	多様な価値観の人がいるので、自分の価値観を押しつけず、他人の価値観を否定しない。自分の書込みに対して批判がありうることを覚悟する。
その５	批判に対しての中傷や人格的な攻撃を行わない。
その６	プライバシー（氏名、住所、電話番号、顔写真、勤務先、学校、家族に関する情報など）を侵害する書き込みをしない。
その７	差別的、攻撃的な言動など、他人を不快にさせる書き込みをしない。
その８	政治、宗教、思想・信条、歴史観など、デリケートな話題に関する書き込みをしない。
その９	アカウントなどの画像使用や他人の著作物を勝手に使用、加工した書き込みをしない。
その１０	他人に対する中傷や単なる悪口の書き込みをしない。
その１１	氏名、住所、電話番号、顔写真、勤務先、学校、家族に関する情報など、自分のプライバシーに関する書き込みをしない。
その１２	交通違反、暴行・傷害、無銭飲食、恐喝行為、パワハラ発言、セクハラ発言など、違法行為についての告白をしない。大前提として、違法行為をしない。
その１３	企業の秘密情報に関する書き込みをしない。
その１４	企業に関する情報を発信しない。仮に発信するとしても企業の公式見解ではないことを明記する。

（引用元：清水陽平『サイト別　ネット中傷・炎上　対応マニュアル　第3版』）

©Manami Yoshimura 2022

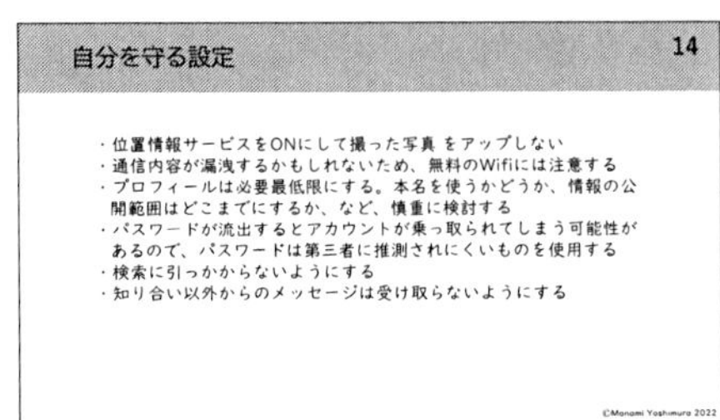

何をしているか，などである。位置情報サービスをオンにして撮った写真には位置情報が入っているため，その状態で自室で撮った写真をアップしてしまったら，自宅の場所を披露するに等しい。旅行中の投稿は自宅に不在ということを意味するから，空き巣に入られる可能性も出てくる。なお，Twitter や Instagram の位置情報は，投稿後に設定変更し消すこともできる。

ネット上で無防備になっていないだろうか？　気をつけるべき点のうち，代表的なものをいくつか挙げておこう。

・通信内容が漏洩するかもしれないため，無料の Wifi には注意する。
・プロフィールは必要最低限にする。本名を使うかどうか，情報の公開範囲はどこまでにするか，など，慎重に検討する。
・パスワードが流出するとアカウントが乗っ取られてしまう可能性があるので，パスワードは第三者に推測されにくいものを使用する。
・検索に引っかからないようにする。
・知り合い以外からのメッセージは受け取らないようにする。

これらを踏まえて，あらかじめ決められる設定のセキュリティを上げておくといいだろう。

4．発信に気をつける（スライド 15）

①写真の投稿

写真の投稿は，肖像権と関わるため注意が必要である。肖像権とは，みだりに撮影されない権利（撮影の拒絶），撮影された写真等をみだりに公表されない権利（公表の拒絶），肖像の使用に対する本人の財産的利益を保護する権利（パブリシティ権）から成っている。

自分のスマホに内蔵されている自分が撮った写真でも，そこに写っている人に

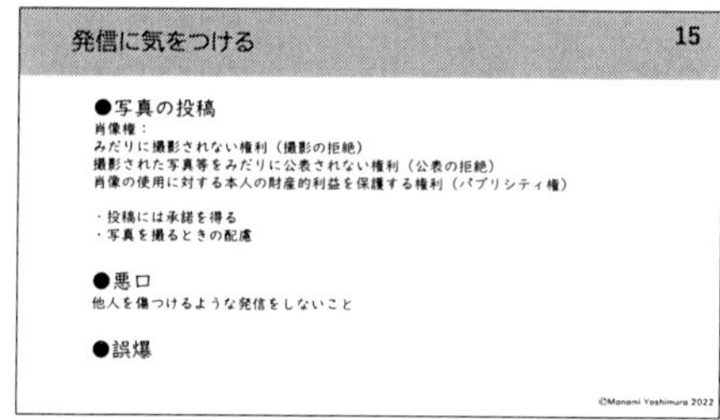

は肖像権がある。勝手に投稿した場合，その人の承諾を得ていないと，肖像権の侵害かつプライバシーの侵害とみなされてしまうのだ。投稿時に気をつけるほか，写真を撮るときに，ネットに載せないで欲しい人は顔を隠すように言い添える，という配慮の仕方もある。

②悪　口

集まって誰かの悪口を言うシーンは，日常的にも頻繁にあるものだ。学食でそこにいない人の悪口を言うぶんには，そこでの話で終わる（そうでないこともあるが）。しかしSNS上でそれをやると，スクリーンショットを撮って本人に見せられる危険も，拡散されて関係者に見られる危険も存在する。そうなれば名誉毀損で訴えられる可能性さえある。

他人を傷つけるような発信をしないことは，当然のことであるが気をつけるべきである。画面の向こうにいるのは生身の人間で，その人間が傷ついたり，怒ったりしたならば，書いたことを消しても，その反応や記憶を消すことはできない。ネット上でもリアルな日常生活と同様に，自分の言動には気を付けていく必要があるのである。

SNS上での匿名での有名人への誹謗中傷があり，うつ病や自殺に追い込んでしまったケースもあったことは，強く心にとどめておくべきである。

③誤　爆

友人に悪口を送信するつもりが誤ってグループに送信してしまった，恋人に自撮り写真を送ったつもりが親に送ってしまったなど，誤送信によるトラブル（いわゆる誤爆）もしばしばある。２つのアカウントを切り替えながら使っていたら，思わず違うアカウントで本音を書いてしまった，というタイプの誤爆もある。

メッセージが相手に送信されてしまうと消すことができない仕様も多いので，誰に送信しようとしているか，送る文章や添付物の内容も問題がないかどうか確認できていると安心だ。酔っ払っているときや，眠気の強いとき，疲れているときには特に，誤爆が生じやすい。

５．ネット上での適切な情報発信に関する教育（スライド16）

ネット炎上は大学生に多そうな印象を持つかもしれないが，社会人でも起こし

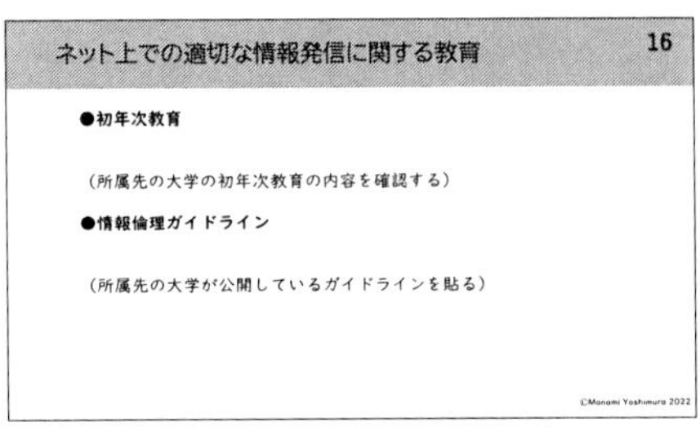

ている人はいる。考えてみれば，いい歳をした政治家さえ，幾度も失言をして炎上している。炎上に至る背景にはさまざまな要因があるが，対面では大丈夫なのにSNSでばかりトラブルに遭うという学生には，ネット上での情報発信に関する教育が有効かもしれない。

言及してきたSNSトラブルは換言すれば情報倫理の問題であるから，初年次教育の，インターネット利用に関する教育プログラムの中に，情報倫理も盛り込まれていることが望ましい。剽窃やフェイクニュースの見分け方などの学習過程で，自身のネット上の行動を客観視できることとなるであろう。

情報倫理については，多くの大学がガイドラインを掲載しているため，自身の大学のWebサイトを参考にすると良いだろう。例えば筆者の所属先の津田塾大学には，「ソーシャルメディア利用ガイドライン」のページがある。

V　トラブルに遭ってしまったら（スライド17）

1．対応の依頼（スライド18）

攻撃的な書き込みをされてしまった場合，「不快なら見ない」しか対処法がなかった時代もあったが，書き込みを削除する手続きは存在する。サイト管理者やサーバ会社などに連絡するという方法もある。また，提供元ごとに対応窓口が設けられているので，必要時には以下のような報告を行う手もあるだろう。

Twitter：アカウントやツイートのメニューから，違反報告ができるようになっている。「なりすまし」「著作権」「攻撃的な行為」「強烈な身体的脅迫」「個人情報」などの項目から，該当する項目を選び，報告する。

Instagram：問題だと思った写真の投稿そのものから違反報告ができる。写真の画面右下にメニューを開くボタンがあり，そこに「不適切な写真を報告」という選択肢がある。さらにその不適切さの該当するカテゴリを選び，報告する。

LINE：LINEプライバシーポリシーの「お問合せ」にある「こちらのフォーム」をクリックする。いくつかの選択肢の問いに答え，起きている問題について報告する。

18
対応の依頼

Twitter
Twitterヘルプセンターを検索し、「お問い合わせ」をクリックすると、違反報告ができるようになっている。「なりすまし」「著作権」「攻撃的な行為」「強烈な身体的脅迫」「個人情報」などの項目から、自分が該当する項目を選び、報告する

Instagram
問題だと思った写真の投稿そのものから違反報告ができる。写真の画面右下にメニューを開くボタンがあり、そこに「不適切な写真を報告」という選択肢がある。さらにその不適切さの該当するカテゴリを選び、報告する

LINE
LINEプライバシーポリシーの「お問合せ」にある「こちらのフォーム」をクリックする。いくつかの選択肢の問いに答え、起きている問題について報告する

©Manami Yoshimura 2022

19
炎上への対応

●**個人が炎上してしまった場合**

アカウントを削除した方が安全
自分の記述内容を記録しておく

●**組織が炎上してしまった場合**

無視 or **放置** or **謝罪**
謝罪し、事実関係の説明をし、原因と再発防止策を述べる

©Manami Yoshimura 2022

20
SNSトラブルに遭った学生へのケア

●話を聴く
大きく傷つき、安心感が持てない状態
「話を聴いてほしい」というニーズ
何が起きていてどのような状態にあるのか、丁寧に話を聴く

●学生相談へのリファー
心身の反応が見られる場合には学生相談機関を紹介

©Manami Yoshimura 2022

ほか，名誉権やプライバシー権などの人格権や著作権を理由に，裁判所への仮処分の申立を通じて削除依頼をする方法もある。

2．炎上への対応（スライド19）

自分が炎上してしまった場合は反省も必要であるが，既述のように素早く特定をされてしまう可能性があるので，そのアカウントを削除した方が安全である。ただし，自分の記述内容を確認できるよう，記録しておくことも身を守るために必要である。スクリーンショット等で撮っておく，などの方法がある。また，関連するアカウントは全て削除しておいた方がいいだろう。

炎上への対応としては，無視する，放置する，謝罪する，の3つの手段がある。組織であれば謝罪し，事実関係の説明をし，原因と再発防止策を述べることが求められる。個人はそこまでやらなくてもいいかもしれないが，例えば大学生であってもサークル等の組織のアカウントから発信している可能性はあるだろう。

3．SNSトラブルに遭った学生へのケア（スライド20）

上述のような技術的な対応のほか，トラブルに遭遇した学生の心理面でのケアも必要と思われる。学生は，身近で頻繁に使っていたSNSの中で生じたダメージに大きく傷つき，安心感が持てない状態に陥っているかもしれない。

SNS誹謗中傷等の心のケア相談（一般社団法人全国心理業連合会による企画）

が，令和2（2020）年に期間限定で実施された。そこでは，「話を聴いてほしい」というニーズが高かったことが報告されている。もしもトラブルに遭った学生が相談にきたら，何が起きていてどのような状態にあるのか，丁寧に話を聴くことがその学生への助けとなる可能性は高い。また，不眠や気分の落ち込みなど，心身の反応が見られる場合には学生相談機関を紹介してほしい。

VI　SNS のポジティブな活用（スライド 21）

「SNS トラブル」がテーマであるため，ネガティブな事ばかり書き連ねてきた。これらはあくまで SNS の一側面である。SNS はポジティブな側面も当然有している。例えば，疾病などの理由で外出ができない人が交流を楽しみ，自己表現できることは，大切な支えになっているかもしれない。リアルな場面でのコミュニケーションに困難のある人が，ネット上では少し上手に振る舞えて，それが練習になるかもしれない。

例えば栄養学では各栄養素をバランスよく過不足なく採ることが大事，と言われる。SNS も同様で，バランスよく適切な距離をおくことが大事である。

文　　献

畑中千紘（2019）現代の若者心性と若者文化．In：杉原保史・宮田智基編著：SNS カウンセリング・ハンドブック．誠信書房，pp.173-188.

株式会社三菱総合研究所・全国大学生活協同組合連合会・全国大学生協共済生活協同組合連合会（2020）大学生が狙われる 50 の危険．青春出版社.

水戸部賀津子（2018）「つながり」と「リアル」―若者にとっての ICT と人間関係．In：小川憲治・織田孝裕編著：ICT 社会の人間関係と心理臨床．川島書店，pp.137-150.

中山秀紀・樋口進（2016）ネット依存．臨床精神医学，45(10); 1243-1248.

清水陽平（2020）サイト別 ネット中傷・炎上対応マニュアル［第3版］．弘文堂.

総務省（2018）ソーシャルメディア利用のデメリット（情報通信白書 平成 30 年版）．https://www.soumu.go.jp/johotsusintokei/whitepaper/ja/h30/html/nd142230.html（2021 年 10 月 1 日閲覧）

富田拓郎（2016）ネットいじめ―展望と今後の課題．臨床精神医学，45(10); 1217-1224.

第10章 ハラスメントの予防

松下智子

I　大学でのハラスメント（スライド2）

1．日本の大学におけるハラスメント対策（スライド3，4）

日本国内におけるハラスメント対策は，1985年制定の男女雇用機会均等法（正式名称：雇用の分野における男女の均等な機会及び待遇の確保等に関する法律）において女性の雇用上の差別をなくす動きから始まった。1989年には福岡で初めてセクハラを争点にした裁判が行われ，「セクシャル・ハラスメント」がその年の新語・流行語大賞の金賞となった。1998年，セクハラ防止等を定める人事院規則10－10が制定され，翌1999年の改正男女雇用機会均等法の施行により，セクハラ防止対策が事業主の配慮義務となった。全国の大学では，「文部省におけるセクシュアル・ハラスメント防止等に関する規程」（1999）の制定を受け，セクシュアル・ハラスメント防止のための「ガイドライン」の制定，「防止委員会」の設置，「相談窓口」の開設など，組織としての対応が始まることとなった。

2

大学でのハラスメント

©Matsushita Tomoko 2022

1994～1995年頃より，アカデミック・ハラスメントという言葉が使われるようになり，大学の相談室におけるアカデミック・ハラスメントの相談も増加し，2004年に「アカデミック・

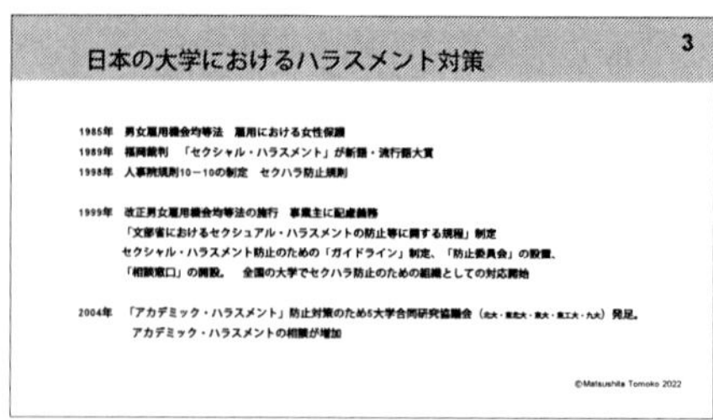

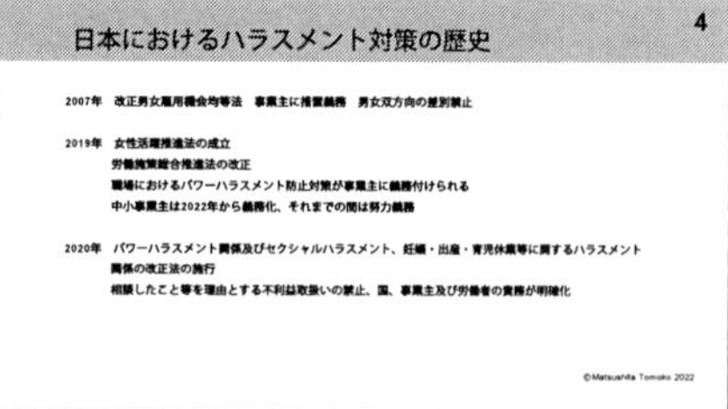

ハラスメント」防止対策のための5大学合同研究協議会（北海道大学，東北大学，東京大学，東京工業大学，九州大学）が発足した。2007年には，改正男女雇用機会均等法において，男女双方向の差別禁止，事業主にセクシュアルハラスメント防止措置の義務化がなされ，大学におけるハラスメント専門の相談室も増えていった。

近年では，2019年の女性活躍推進法（正式名称：女性の職業生活における活躍の推進に関する法律等の一部を改正する法律）の成立と，労働施策総合推進法（正式名称：労働施策の総合的な推進並びに労働者の雇用の安定及び職業生活の充実等に関する法律）の改正により，職場におけるパワーハラスメント防止対策が事業主に義務付けられた。2020年，パワーハラスメント関係およびセクシュアルハラスメント，妊娠・出産・育児休業等に関するハラスメント関係の改正法の施行に伴い，相談したこと等を理由とする不利益取り扱いの禁止と，国，事業主および労働者の責務が明確化された。

2．大学でのハラスメント対策義務と現状（スライド5～8）

大学におけるハラスメント対策，防止・相談・対応システムの整備は，修学・教育・研究あるいは就労環境の整備という観点，危機管理という観点から，大学として取り組むべき責任のある問題であり，不断に取り組んでいく価値のある問題である（吉武ら，2008）。ハラスメント対策の構成要素には，大学の取組の姿勢，相談・対応システムの構築，研修等の予防活動の3つが挙げられている（吉武ら，2008）。

日本国内の大学におけるハラスメントの実態についての詳細な報告はないが，入江（2018）による，2005年から2014年に公表されている日本国内の大学におけるハラスメント事例の分析では，大学におけるハラスメントはセクシュアルハラスメントを含むものが多く，女性の被害者が多いという結果であったが，近年の傾向として，セクハラ以外のハラスメント件数の増加や，男性の被害者の増加も指摘されている。大学におけるハラスメント相談体制の現状として，久ら（2018）の調査によると，大学におけるハラスメント相談窓口の内訳として，「ハラスメント専門の相談室」を置く大学が13.4%，「各部局の窓口相談員」を置く大学が69.3%，「兼任の相談窓口」を置く大学が58.1%，「学外機関」の窓口を置く大学が10.9%であり，多くの大学ではハラスメント専門の相談室が大学内に存在しないという結果であった。大学でのハラスメント相談での課題として，ハラスメント防止体制における規程・ガイドラインの整備不足や，大学構成員のハラスメントに対する認識不足や理解の差が挙げられており，大学でのハラスメント

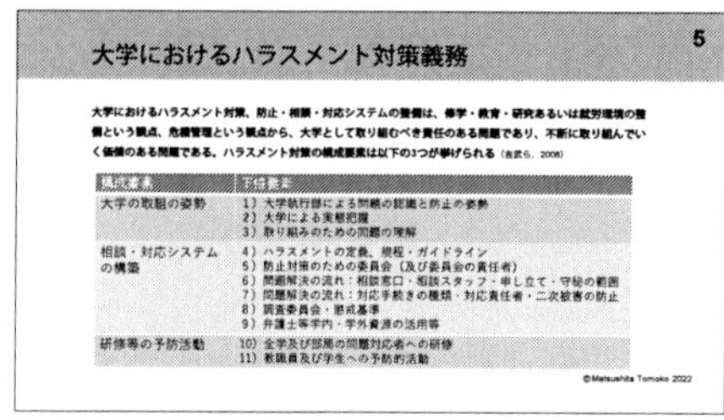

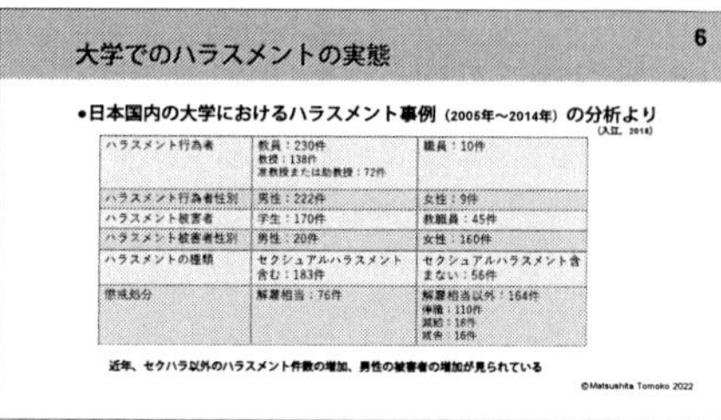

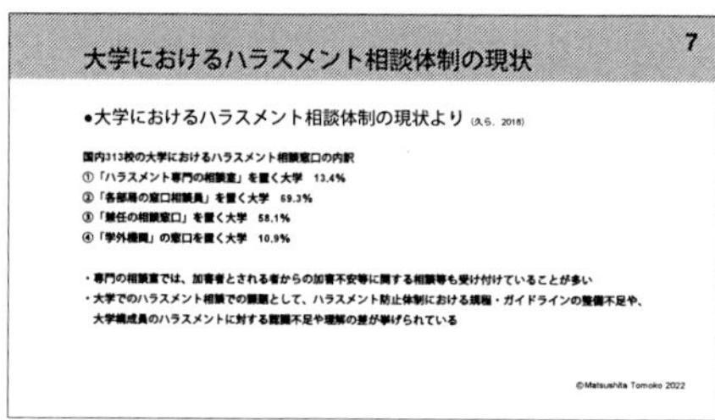

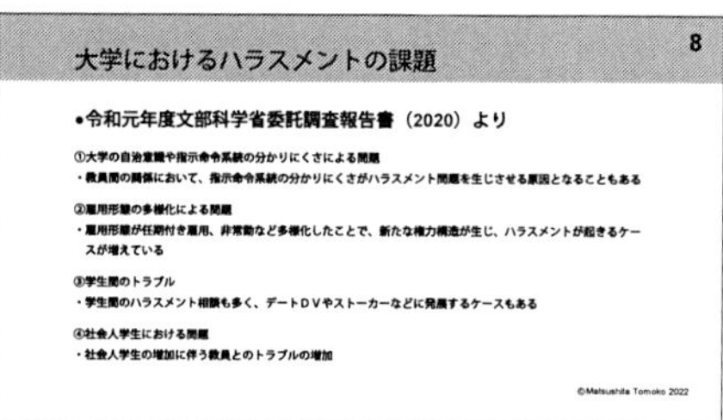

防止の取組はまだ十分とは言えないことが分かる。令和元年度の文部科学省委託調査報告書（リベルタス・コンサルティング，2020）によると，大学におけるハラスメントの現在の課題として，①大学の自治意識や指示命令系統の分かりにくさによる問題や，②雇用形態の多様化による問題，③学生間のトラブル（デートDVやストーカー），④社会人学生におけるトラブルの増加，が挙げられている。

II　ハラスメントの分類とその影響（スライド９）

1．ハラスメントの分類（スライド10～13）

①セクシュアル・ハラスメント

文科省規程第２条によると，セクシュアルハラスメントとは，「職員が他の職員，学生等及び関係者を不快にさせる性的な言動並びに学生等および関係者が職員を不快にさせる性的な言動」である。「性的な言動」とは，性的な関心や欲求に基づく言動をいい，性別により役割を分担すべきとする意識に基づく言動も含み，職場の内外を問わない。対価型（性的な言動への拒否反応で職員が就労上又は学生が修学上の不利益を受けること）と環境型（不快な性的な言動によって職員の就労上又は学生の修学上の環境が害されること）が含まれる。

②パワーハラスメント

職場におけるパワーハラスメントは，職場において行われる，優越的な関係を

9

ハラスメントの分類とその影響

©Matsushita Tomoko 2022

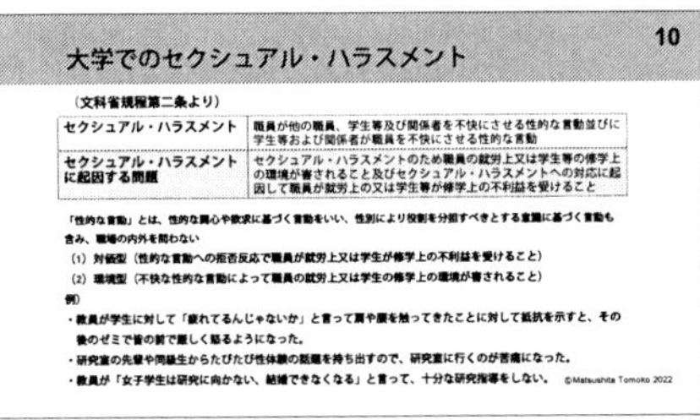

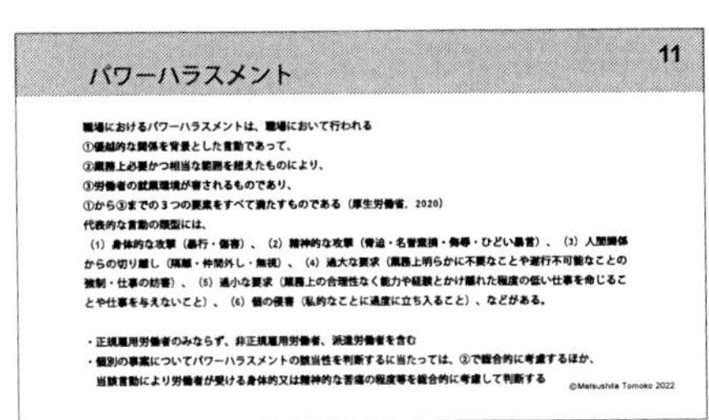

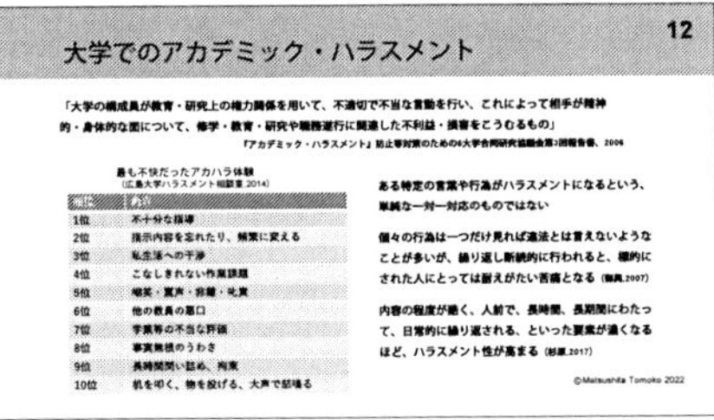

背景とした言動であって，業務上必要かつ相当な範囲を超えたものにより，労働者の就業環境が害されるもの，というこれら3つの要素をすべて満たすものである（厚生労働省，2020）。代表的な類型に，1）身体的な攻撃（暴行・傷害），2）精神的な攻撃（脅迫・名誉棄損・侮辱・ひどい暴言），3）人間関係からの切り離し（隔離・仲間外し・無視），4）過大な要求（業務上明らかに不要なことや遂行不可能なことの強制・仕事の妨害），5）過小な要求（業務上の合理性なく能力や経験とかけ離れた程度の低い仕事を命じることや仕事を与えないこと），6）個の侵害（私的なことに過度に立ち入ること），などがある。個別の事案についてパワーハラスメントの該当性を判断するに当たっては，“業務上必要かつ相当な範囲を超えたもの”という観点で総合的に考慮するほか，当該言動により労働者が受ける身体的又は精神的な苦痛の程度等を総合的に考慮して判断される。

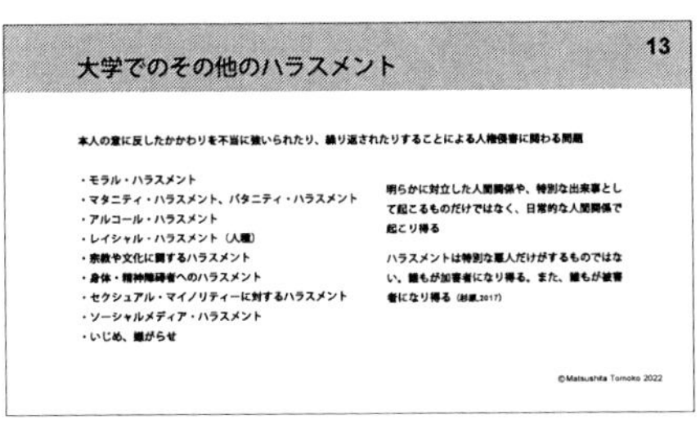

③アカデミック・ハラスメント

アカデミック・ハラスメントとは，「大学の構成員が教育・研究上の権力関係を用いて，不適切で不当な言動を行い，これによって相手が精神的・身体的な面について，修学・教育・研究や職務遂行に関連した不利益・損害をこうむるもの」

（『アカデミック・ハラスメント』防止等対策のための５大学合同研究協議会第３回報告書，2006）である。広島大学の調査（2014）によると，もっとも不快だったアカハラ体験は，不十分な指導（１位），指示内容を忘れたり，頻繁に変える（２位），私生活への干渉（３位），こなしきれない作業課題（４位），嘲笑・罵声・非難・叱責（５位）と続く。ある特定の言葉や行為がハラスメントになるという，単純な一対一対応のものではなく，「個々の行為は一つだけ見れば違法とは言えないようなことが多いが，繰り返し断続的に行われると，標的にされた人にとっては耐えがたい苦痛となる」（御輿，2007）のである。「内容の程度が酷く，人前で，長時間，長期間にわたって，日常的に繰り返される，といった要素が濃くなるほど，ハラスメント性が高まる」（杉原，2017）と言われている。

④その他のハラスメント

その他には，モラル・ハラスメント，マタニティ・ハラスメント，アルコール・ハラスメント，レイシャル・ハラスメント（人種），宗教や文化に関するハラスメント，身体・精神障碍者へのハラスメント，セクシュアル・マイノリティーに対するハラスメントといった，本人の意に反したかかわりを不当に強いられたり，繰り返されたりすることによる人権侵害に関わる問題全般が関係する。これらは，明らかに対立した人間関係や，特別な出来事として起こるものだけではなく，日常的な人間関係で起こり得るものである。「ハラスメントは特別な悪人だけがするものではなく，誰もが加害者になり得る。また，誰もが被害者になり得る」（杉原，2017）のである。

２．ハラスメントがもたらす影響（スライド 14 ～ 16）

ハラスメントがもたらす影響について，吉武ら（2008）を参考にしながらまとめた。

①被害学生への影響

被害学生への影響として，１）修学への影響（加害者と会うのを避けるために，講義や研究室に行けない），２）心身の健康への影響（不眠や吐き気，強い恐怖感，心的外傷後ストレス障害（PTSD）やうつ病の発症，希死念慮），３）ライフ・キャリア（人生）への影響（退学，退職（教職員）に追い込まれる，将来に対しての自信低下），４）被害を訴えた学生への二次被害（自身の対応を非難され新たな傷つきや自責感を感じる，被害を訴えたことに気づいた加害者からさらに陰湿な嫌がらせを受ける）などがある。

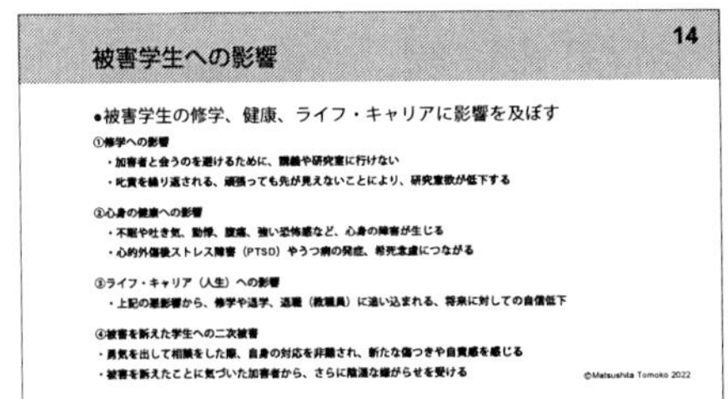

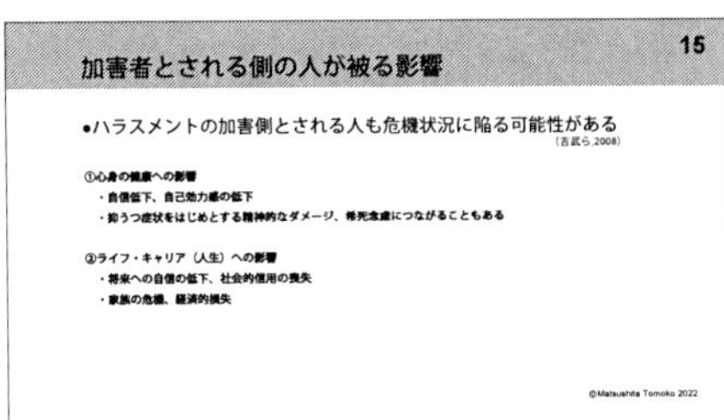

②加害者とされる側の人が被る影響

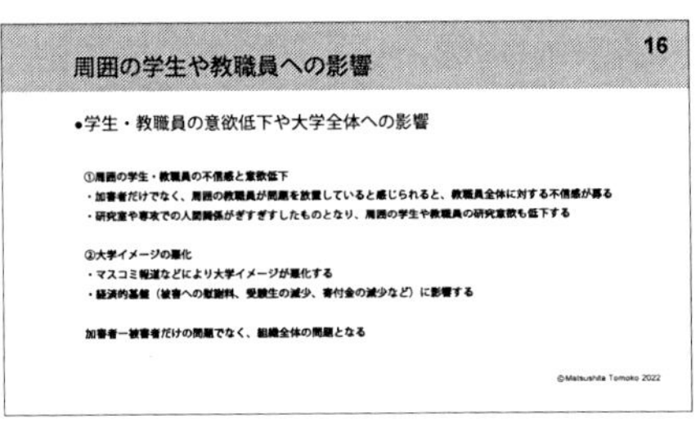

ハラスメントの加害側とされる人も危機状況に陥る可能性がある（吉武ら，2008）。それは，１）心身の健康への影響（抑うつ症状をはじめとする精神的なダメージ，希死念慮），２）ライフ・キャリア（人生）への影響（将来への自信の低下，社会的信用の喪失，家族の危機）などである。

③周囲の学生や教職員への影響

その他，１）周囲の学生や教職員の不信感や意欲低下を招くこと（問題を放置していると感じられることによる教職員全体に対する不信感，周囲の学生や教職員の研究意欲の低下）や，２）大学イメージの悪化（マスコミ報道による影響，受験生の減少，寄付金の減少など）といった問題も生じる。つまり，加害者ー被害者だけの問題でなく，組織全体の問題となる。

Ⅲ　大学におけるハラスメント予防（スライド 17）

吉武ら（2008）を参考に，大学でのハラスメントの特徴と，大学における組織的なハラスメント予防についてまとめた。

1．大学でのハラスメントの特徴（スライド 18，19）

大学でおこるハラスメントの背景やその特徴を考えると，大きく以下の４点が挙げられる。①教員－学生間の認識のズレ（教員が大学時代に受けた教育が当たり前だと思っていても学生にとっては理解できない，さまざまな価値観や常識が世代や国によって異なる），②説明と合意のコミュニケーションの不足（卒業論文や学位論文の評価が明確に示されていない，研究の役割分担や論文のオーサー

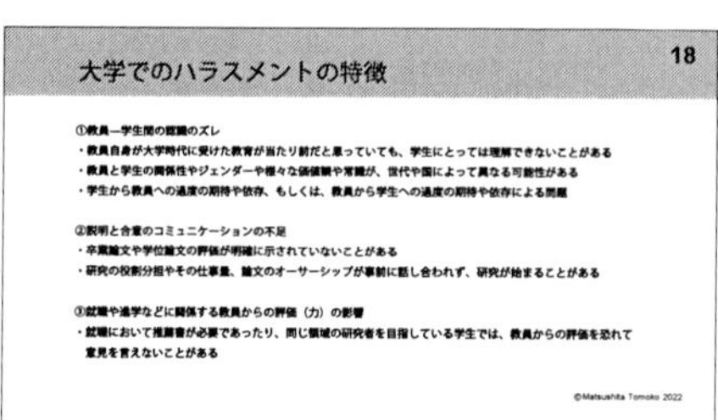

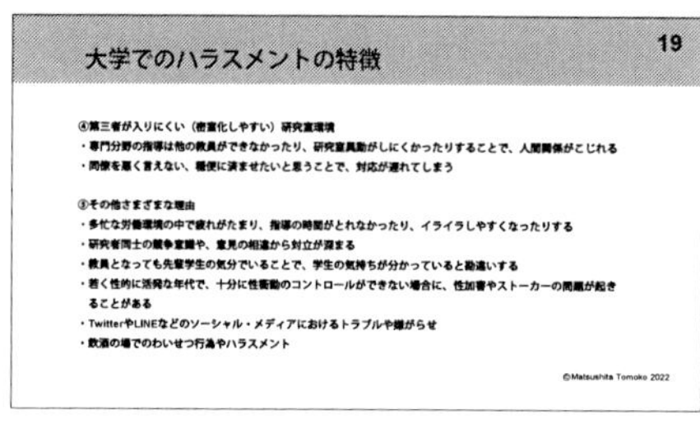

シップが事前に話し合われず研究が始まる)，③就職や進学などに関係する教員からの評価の影響（就職において推薦書が必要であったり，同じ領域の研究者を目指している学生では，教員からの評価を恐れて意見を言えないことがある)，④第三者が入りにくい研究室環境（専門分野の指導は他の教員が入りにい，研究室異動がしにくい)，などである。⑤その他さまざまな理由として，多忙な労働環境や，研究者同士の競争意識，教員となっても先輩学生の気分でいる，などが挙げられる。学生同士のハラスメントでは，「若く性的に活発な年代で性加害やストーカーの問題が起きたり，Twitter や LINE などのソーシャル・メディアにおけるトラブルや嫌がらせなど」（杉原，2017）の問題も考えられる。

2．大学における組織的なハラスメント予防（スライド 20 ～ 24）

『職場におけるハラスメント防止のために』（厚生労働省，2020）では，ハラスメント防止のための望ましい取組として，①各種ハラスメントの一元的な相談体制の整備（相談窓口の周知)，②ハラスメントの原因や背景となる要因を解消するための取組（日常的にコミュニケーションを取る，感情をコントロールする手法やマネジメントや指導についての研修，過度な肉体的・精神的な負荷を強いる組織風土の改善)，③労働者の参画（アンケート調査や意見交換等を行う）の３つを挙げている。大学における具体的なハラスメント予防としては，①日常的な教育（就労）環境の改善（適切なオリエンテーション，複数教員での指導，無記名でのアンケート，卒業や学位取得の条件の提示，研究室異動を認めるシステム作り)，②問題を組織として解決（こじれが軽度のうちに「仲介者」が介入して問題解決を図る，学内相談機関の利用を促す)，③学外の力を借りる（学外のハラスメント関連の相談機関や弁護士などに相談する）などが考えられるだろう。

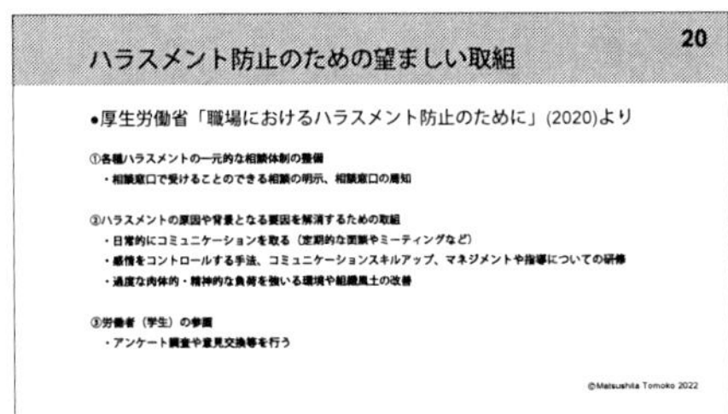

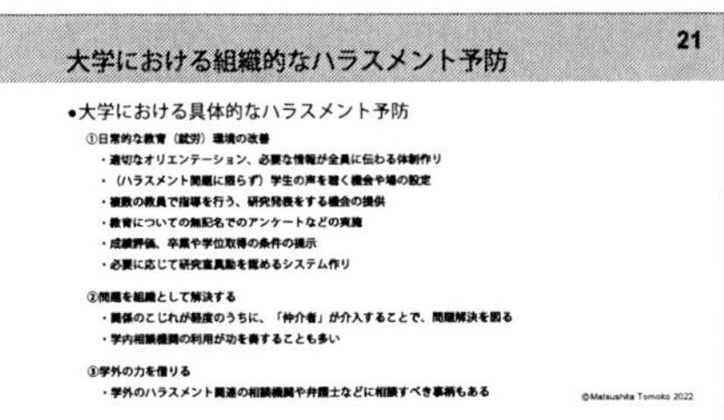

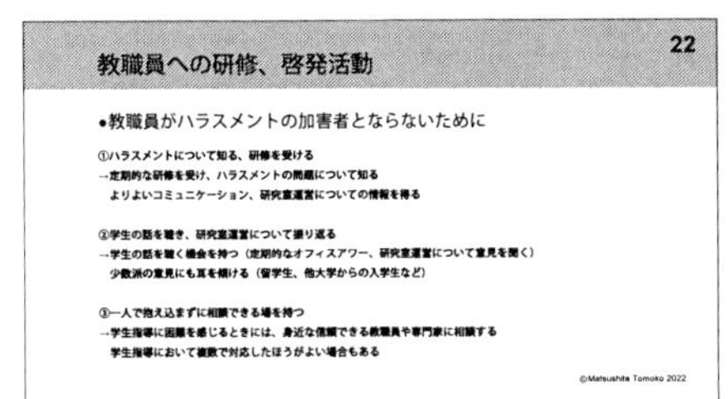

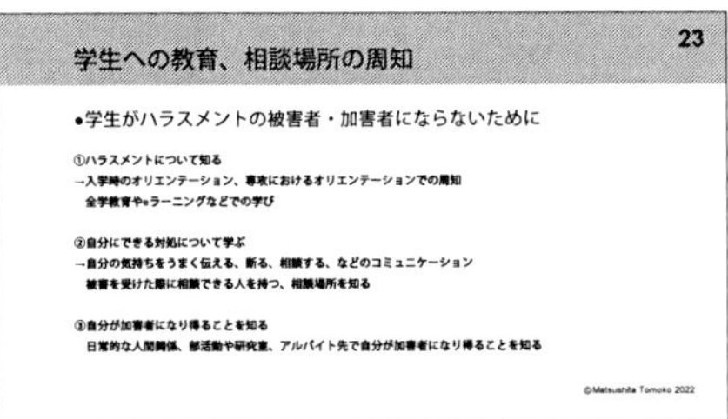

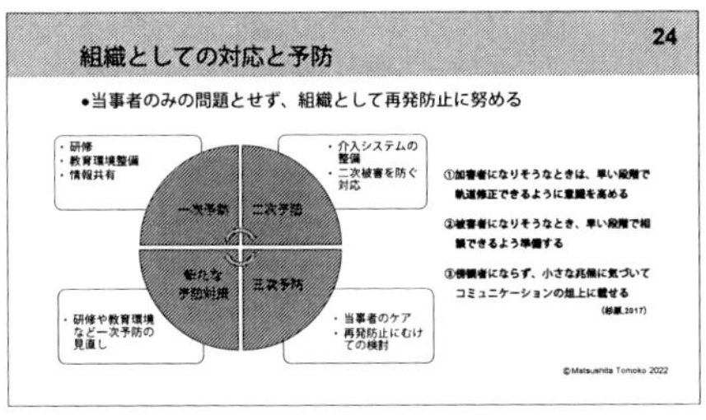

教職員がハラスメントの加害者とならないためには，①ハラスメントについて知る，研修を受ける，②学生の話を聴き，研究室運営について振り返る(定期的なオフィスアワー,研究室運営について意見を聞く，少数派の意見にも耳を傾ける),③一人で抱え込まずに相談できる場を持つ（学生指導に困難を感じるときには，身近な信頼できる教職員や専門家と複数で対応する）ことが予防的に働く可能性がある。また，学生が被害者もしくは加害者にならないためには，①ハラスメントについて知る（入学時のオリエンテーション，全学教育やｅラーニングなどでの学び)，②自分にできる対処について学ぶ（自分の気持ちをうまく伝える／断る／相談する，被害を受けた際に相談できる人を持つ),③自分が加害者になり得ることを知る（部活動や研究室で自分が加害者になり得る)，ことなどが予防教育として望まれる。

ハラスメントの予防研修の目的として，杉原（2017）は，①加害者になりそうなときは，早い段階で軌道修正できるように意識を高める，②被害者になりそうなとき，早い段階で相談できるよう準備する，③傍観者にならず，小さな兆候に気づいてコミュニケーションの俎上に載せる，という３つを挙げている。ハラスメントを一部の当事者だけの問題として片づけずに組織として考える姿勢が，多くの教職員や学生を関係性の破綻から守ることにつながると思われる。

文　献

アカデミック・ハラスメント防止等対策のための５大学合同研究協議会（2006）アカデミック・ハラスメント防止等対策のための５大学合同研究協議会　第３回報告書．

広島大学ハラスメント相談室（2014）大学院生の教育・研究環境に関するアンケート調査報告書．

久桃子・佐竹圭介・細野康文ほか（2018）大学におけるハラスメント相談体制の現状．学生相談研究，39; 118-129.

入江正洋（2018）大学におけるハラスメントによる懲戒処分例の検討．健康科学，40; 49-64.

厚生労働省（2020）職場におけるハラスメント防止のために．https://www.mhlw.go.jp/stf/seisakunitsuite/bunya/koyou_roudou/koyoukintou/seisaku06/index.html（2021 年 9 月 20 日閲覧）

文部省（1999）文部省におけるセクシュアル・ハラスメントの防止等に関する規程の制定について（H11.3.30 文部省高等教育局長通知）

沼崎一郎（2006）キャンパスセクシュアル・ハラスメント対応ガイド［改訂増補版］．嵯峨野書院．

リベルタス・コンサルティング（2020）令和元年度文部科学省委託調査「大学教育改革の実態把握及び分析等に関する調査研究」調査報告書．https://www.mext.go.jp/content/20200915-mxt_gaigakuc3-000009913_1.pdf.（2021 年 9 月 20 日閲覧）

杉原保史（2017）心理カウンセラーと考えるハラスメントの予防と相談．北大路書房．

土屋正臣（2019）日本におけるアカデミック・ハラスメント研究の動向．城西現代政策研究，12(1); 55-60.

吉武清實・池田忠義・高野明ほか（2008）東北大学におけるハラスメントの防止・相談・対応．In：東北大学高等教育開発推進センター編：大学における学生相談・ハラスメント相談・キャリア支援．東北大学出版会，pp.111-149.

御輿久美子（2007）アカデミック・ハラスメントのない大学に向けて．In：シリーズ「大学評価を考える」大学評価学会編集委員会：アカデミック・ハラスメントと大学評価．晃洋書房，pp.18-52.

第 11 章
学生からのハラスメントの訴えへの対応

堀田　亮

I　はじめに（スライド 2）

「ハラスメントを受けています」。学生からこんな相談を受けたら，あなたはどのような対応をするだろうか。話された内容に対する驚き，適切な対応ができるかの不安，加害者と想定された人物への怒りなど，相談を受ける者もさまざまな感情に揺さぶられながら，学生の話を聴き，対応を進めていくことになる。

ハラスメントのない高等教育機関を誰もが望んでいる。しかし，高等教育機関にはさまざまな人間関係や立場によるパワーの差が存在しており，そこでの関係がこじれてしまうと，「ハラスメント」として事案化することがある。特に学生は教員から教育，研究指導を受ける立場にあり，関係性で言うと"弱者"，すなわちハラスメントを"受ける"側になりやすい。したがって，高等教育機関で働く教職員である以上，学生からハラスメント被害の相談を受ける可能性はあり，対応の仕方について心得ておく必要がある。もちろん，ハラスメントが起こらないように，高等教育機関として予防，啓発活動を行っていくことは大前提であるが，その方法やポイントについては別章を参照されたい。

本章では，そもそもハラスメントとはどんな事象なのか定義した上で，相談を受けた時にどのようなことに気をつければ良いのか，初期（初回）対応を中心にまとめる。最後に組織としての対応についても解説する。

II　ハラスメントの種類と定義（スライド 3）

まず最初に，ハラスメントと呼ばれる事象にはどのような種類があり，どのように定義されているのか説明する。

本章の中核である「学生が教員から受けるハラスメント」を想定すれば，アカ

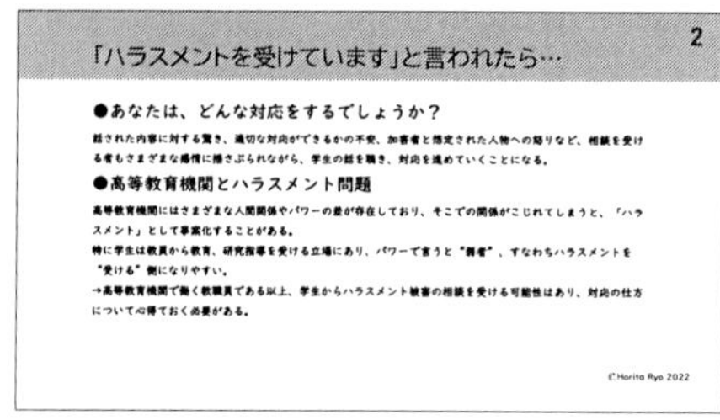

3

ハラスメントの種類と定義

アカデミック・ハラスメントとセクシュアル・ハラスメントに着目して

©Horita Ryo 2022

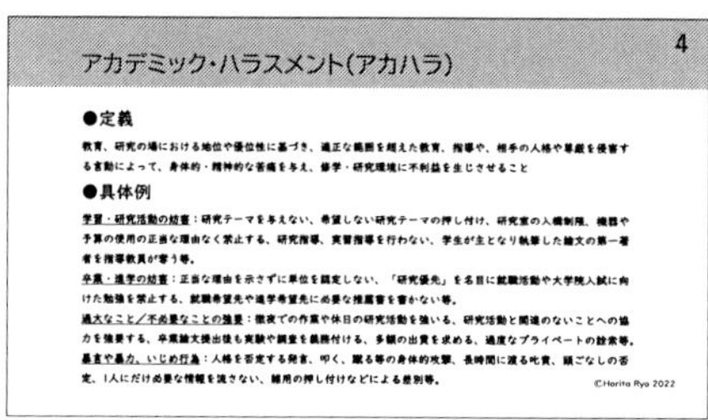

デミック・ハラスメント（アカハラ）とセクシュアル・ハラスメント（セクハラ）が多くを占めると思われる。この２類型について，学生が被害者，教職員が加害者の視点で解説する。

他には，ソーシャル・ハラスメントと呼ばれるSNS（ソーシャル・ネットワーキング・サービス）を通して行われる嫌がらせや，アルコール・ハラスメントと呼ばれる飲酒に関連した嫌がらせや迷惑行為も学生にとって問題となるかもしれない。なお，教職員で考えれば，上司－部下間で起こるパワー・ハラスメントも大きな問題となることがあるだろう。

1．アカデミック・ハラスメント（スライド４）

アカハラとは，「教育，研究の場における地位や優位性に基づき，適正な範囲を超えた教育，指導や，相手の人格や尊厳を侵害する言動によって，身体的・精神的な苦痛を与え，修学・研究環境に不利益を生じさせること」である。アカハラを明確に定めた法的な根拠規定は存在しないが，高等教育機関では占める割合の多いハラスメントと言えよう。以下に，アカハラの具体的な内容を紹介する。

学習・研究活動の妨害：学生に対して研究テーマを与えない，希望しない研究テーマを押し付ける，研究室の入構を制限する，機器や予算の使用を正当な理由なく禁止する，研究指導，実習指導を行わない，学生が主となり執筆した論文の第一著者を指導教員が奪う等がある。

卒業・進学の妨害：正当な理由を示さずに単位を認定しない，「研究優先」を名目に就職活動や大学院入試に向けた勉強を禁止する，就職希望先や進学希望先に必要な推薦書を書かない等がある。

過大なこと／不必要なことの強要：「常に研究のことを考えろ」と徹夜での作業や休日の研究活動を強いる，研究活動と関連のないこと（指導教員の個人的関心

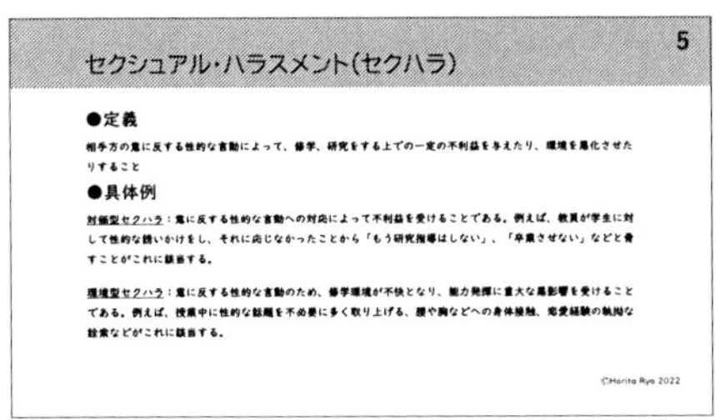

事や趣味等）への協力を強要する，卒業論文提出後も実験や調査を義務付ける,「研究に必要なこと」と称し，多額の出費を求める，過度なプライベートの詮索等がある。

暴言や暴力，いじめ行為：人格を否定する発言，叩く，蹴る等の身体的攻撃，長時間に渡る叱責，頭ごなしの否定，１人にだけ必要な情報を流さない，雑用の押し付けなどによる差別等がある。

これらはあくまでアカハラの一例であり,ハラスメントかどうか認定する際は,相談者と加害者の両者の主張を聴いた上で慎重に判断する必要がある。

2．セクシュアル・ハラスメント（スライド5）

セクハラとは,「相手方の意に反する性的な言動によって，修学，研究をする上での一定の不利益を与えたり，環境を悪化させたりすること」である。日本で初めてハラスメントの裁判が行われたのがセクハラ事案で，現在は男女雇用機会均等法によりセクハラ防止措置が規定されている。セクハラは男性の教職員から,女子学生に対して行われた事案が多いが，逆のパターンもあり得るし，同性間で起こる可能性もある。近年では性的マイノリティに対するハラスメント，差別が問題となることも多い。

セクハラは，対価型と環境型の２種類があるとされている。対価型セクハラとは,意に反する性的な言動への対応によって不利益を受けることである。例えば,教員が学生に対して性的な誘いかけをし，それに応じなかったことから「もう研究指導はしない」,「卒業させない」などと脅すことがこれに該当する。

環境型セクハラとは，意に反する性的な言動のため，修学環境が不快となり,能力発揮に重大な悪影響を受けることである。例えば，授業中に性的な話題を不必要に多く取り上げる，腰や胸などへの身体接触，恋愛経験の執拗な詮索などがこれに該当する。セクハラもアカハラと同様，認定には慎重な判断を要する。

Ⅲ　学生からハラスメントの訴えを受けた時の対応（スライド6）

それでは，実際に学生から「ハラスメントを受けています」と相談を受けた時の対応手順や，気をつけるべきポイントをまとめていく。ハラスメントは，訴え

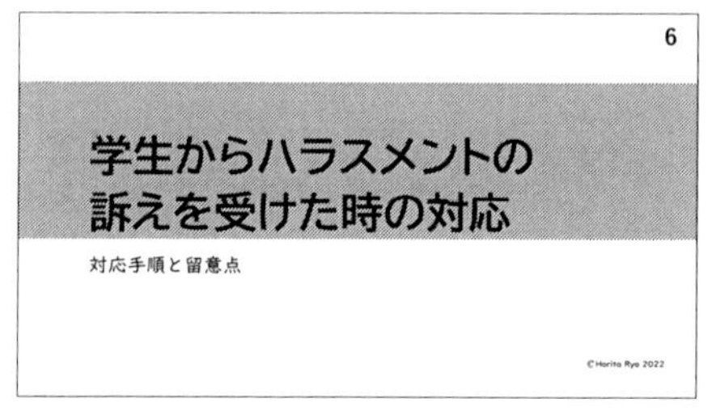

の入り口は個別相談であり，個人としての対応スキルが求められるが，その後に関しては，組織としての対応が求められる。相談を受ける者の心構えとして，ハラスメントは組織の中で起こり，組織として解決していく姿勢でいることが肝要である。これはつまり，個人で抱え込みすぎないということも意味している。

１．学内の規程や組織を確認する（スライド７，８）

はじめに，相談を受ける前の事前準備として，ハラスメント対応に関する所属校の規程や組織を確認しておきたい。各高等教育機関でハラスメント防止等に関する規程の他，ハラスメント対応マニュアルやガイドラインを定めているはずなので，それらを熟読し，来たるべき時が来たら慌てず，迅速かつ適切に対応できるよう準備をしておく。

規程は，対象となるハラスメントを定義し，ハラスメントの防止における組織全体，学長，部局長，職員，学生等の責務を明示している。他にも，防止委員会，調査委員会，調停委員会，専門相談窓口や相談員といった組織体系について記述されている。マニュアルやガイドラインには，後述するような対応の手順やポイントが，各機関の実情に合わせて列記されている。

自身が規程にある役職を担っていたり，ハラスメント対応の経験があったりすれば，スムーズに理解できるかもしれない。しかし，いずれでもない場合であっても，相談はいつ，誰に持ち込まれるか分からないため，切実な悩みを抱える学生を前にして，「知りません」となってしまうことは避けたいものである。

２．相談を受ける者として，自身の立場を把握しておく（スライド９，10）

学生からハラスメントの訴えを受けた時に，最初に留意するポイントとしては，

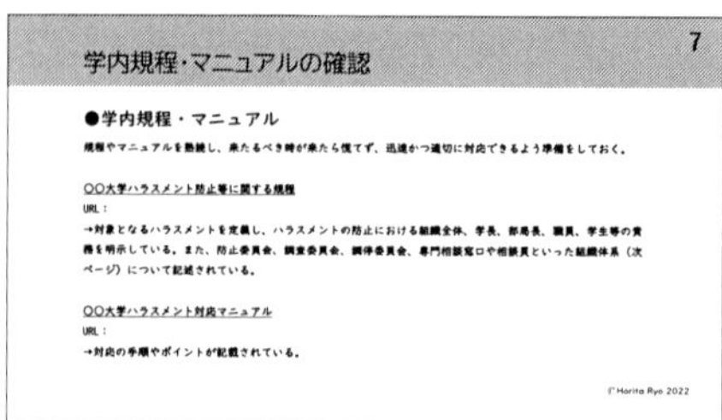

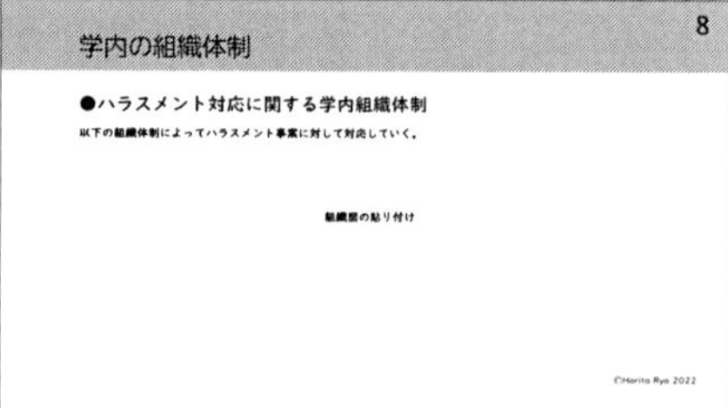

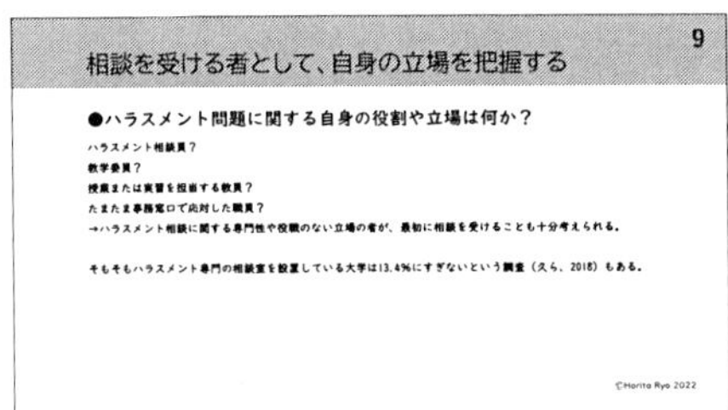

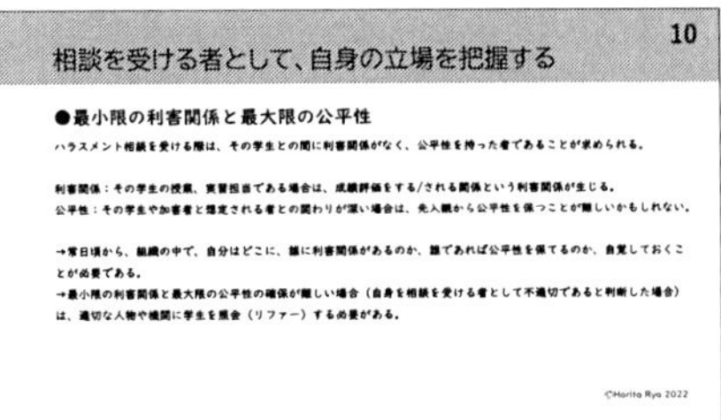

相談を受ける者として，所属校における自身の役割や立場を把握することである。

この点について，ハラスメント相談員に任命されており，その役職として相談を受ける場合は特に悩む必要はない。しかしながら，学生がハラスメントの相談窓口や相談スタッフを把握していないこともあるだろうし，そもそも専門の相談室を設置している大学は13.4%にすぎないという調査（久ら，2018）もある。したがって，学生は学生相談室や保健管理センター，各部局の事務室などさまざまな窓口に相談を持ち込む可能性がある。もしかしたら，授業や実習で担当していた教員として，たまたま事務窓口で応対した職員として等のように，ハラスメント相談に関する専門性や役職のない立場の者が，最初に相談を受けることも十分考えられる。したがって，自身がどういった立場で学生から相談を受けているのかを把握，理解しておきたい。

ハラスメント相談を受ける際は，その学生との間に利害関係がなく，公平性を持った者であることが求められる。特に授業や実習担当としてその学生と関わりが深い場合は，成績評価といった利害関係が生じていたり，その学生や加害者と想定される者に対する先入観から公平性を保つことが難しい場合もあり，注意が必要である。常日頃から，組織の中で，自分はどこに，誰に利害関係があるのか，誰であれば公平性を保てるのか，自覚しておくことが必要である。

これらが不十分で，自身を相談を受ける者として不適切であると判断した場合は，適切な人物や機関に学生を照会（リファー）する。

3．相談者（学生）に対応する（スライド11）

冒頭に述べた通り，学生からハラスメントに関する相談を受けた者は，さまざまな思考や感情が浮かぶことが予測される。学生の心身の状態や訴えの内容も千差万別であり，臨機応変かつ柔軟な対応を求められことも多いだろう。しかしながら，自身のゆらぎや対応の難しさを感じつつも，学生に真摯に向き合うためには，「型」を心得ておくことは有効だろう。以下にそのポイントをまとめる。

①お互いが安心して話ができる枠組みづくり（スライド 12 ～ 14）

忘れてはならないのが，相談者（学生）も多くの感情を抱えて相談に来ているということである。「相手（加害者）のことが許せない」という怒りや憎しみ，「自分が受けている行為によって，何も手につかない」という抑うつや悲しみ，「自身の受けていることは，本当は取るに足らないことなのではないか」という不安，さまざまな考えや感情に飲み込まれそうになりながらも，勇気を持って相談に来たのである。そうした学生が，受けてきた行為を語り，感情を吐露するために，安心して話せる枠組みづくり，すなわち環境調整に最大限配慮したい。これは，学生にとっての安心感になるだけではなく，相談を受ける者にとっての安心感にもつながる。

それでは，お互いが安心して話をするために，どのようなことに気をつければよいだろうか。

まず，相談場面の設定だが，秘密が守られる環境，空間で行う。相談をするというのに，多くの学生の出入りがある事務窓口や共有スペース等で行えば，「誰かに聞かれるかもしれない」と学生は不安になるだろう。声が外に漏れ聞こえない個室を用意する必要がある。相談の時間を決めておくことも意識しておきたい。時間とは，始まりと終わりの時間のことである。何となく相談を受け始めてしまうと，いつまで話を聞けばいいか終わりどころを失い，お互いに「いつまで話をするんだろう」と不安が募っていく。ましてや，「あ，そういえば今から会議が始まるから今日はこのへんで」と言ったとしたら，その会議の存在の真偽に拘らず，学生は「自分の話を聞くのが嫌になったのかな」と不信感が湧くだろう。一方で，長く話を聞いてあげることが良いこと，学生の話にとことん付き合うことが大切と考える向きもあるが，これは間違いである。人は，終わりの時間があるからこそ，そこに向かって話を進め，まとめていけるようになるのである。したがって，「今日は○時まで時間があるので，話を聞かせてください」と最初に終わりの時間を明示した上で相談を始めると良い。時間の目安としては１時間から１時間半といったところだろうか。時間内に話し終わらなかったらどうしようという不安がお互いに生じるかもしれないが，「話しきれなかった時は，次は○日○時から○時までは時間があるので，その時に話しましょう」と，できるだけ近い日程で次回設定をする。

相談者（学生）への対応　11

①　お互いが安心して話ができる枠組みづくり

②　「事実関係」に焦点を当てた聴取

③　相談の終わり方

ハラスメントに関する相談を受けた者は、さまざまな思考や感情に揺さぶられながら対応する。
学生の心身の状態や訴えの内容は千差万別であり、臨機応変かつ柔軟な対応を求められことも多い。
→自身のゆらぎや対応の難しさを感じつつも、学生に真摯に向き合うためには、「型」を心得ておくことは有効。

© Harita Ryo 2022

ハラスメント相談では，いわゆるカウンセリングとは異なり，複数人で対

12
① お互いが安心して話ができる枠組みづくり
●学生もさまざまな感情を抱えながら相談にやってくる
怒りや憎しみ：「相手（加害者）のことが許せない」
抑うつや悲しみ：「自分が受けている行為によって、何も手につかない」
不安：「自身の受けていることは、本当は取るに足らないことなのではないか」
→さまざまな考えや感情に飲み込まれそうになりながらも、勇気を持って相談にやってくる。
そうした学生が、受けてきた行為を語り、感情を吐露するために、安心して話せる枠組みづくり＝「環境調整」に最大限配慮したい。
→学生にとっての安心感になるだけではなく、相談を受ける者にとっての安心感にもつながる。
©Horita Ryo 2022

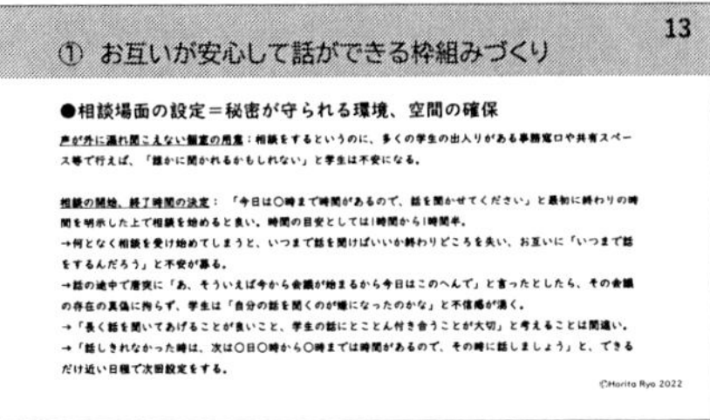

応することが望ましいとされる。相談を受ける者にとって，事実関係（加害者の発言内容等）の取り違えを防ぐ（相談時に録音していれば話は別だが），判断の偏りを防ぐ，一人で抱え込むことによる負担感を軽減する等の効果が期待される。これは，学生，相談を受ける者の両者にとって恩恵となる。

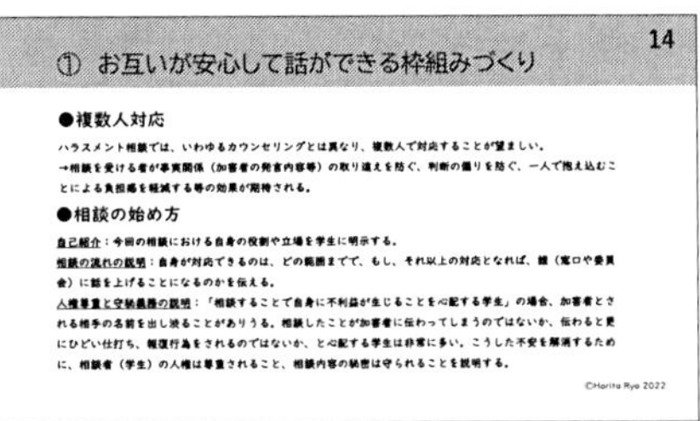

相談を始める際には，自己紹介をする必要がある。これまでも関わりのある学生であれば，今さらと思うかもしれないが，ここで大切なのは，今回の相談における自身の役割や立場を学生に明示することである。役割と立場とは，その人がもつ権限の範囲でもあり，合わせて，相談の流れについても説明しておきたい。つまり，自身が対応できるのは，どの範囲までで，もし，それ以上の対応となれば，誰（窓口や委員会）に話を上げることになるのかを伝えておくのである。相談とはこうした説明と同意の繰り返しによって展開していく。特に気をつけたいのが，「相談することで自身に不利益が生じることを心配する学生」である。その場合，加害者とされる相手の名前を出し渋ることがありうる。相談したことが加害者に伝わってしまうのではないか，伝わるとさらにひどい仕打ち，報復行為をされるのではないか，と心配する学生は非常に多い。こうした不安を解消するためにも，相談の流れを説明する際には，人権尊重と守秘義務に関しても丁寧に取り上げておくと良い。相談に伴う不利益取り扱いの禁止はハラスメント防止規程でも明文化されている場合が多い。

②「事実関係」に焦点を当てた聴取（スライド 15 ～ 18）

相談を受ける者の基本姿勢は傾聴である。傾聴とは，相手の話を丁寧に聴き，否定せずに受け止め，時には話を待ったり，質問したりしながら，相談者が自身の悩みや考え，感じていることを明確化し，整理していく過程に寄り添うことである。受容と共感とも言い換えられよう。話し始めは時系列が前後したり，口ごもったり，話がまとまらなかったりすることも多いだろう。その時に「ちゃんと話せなくてすみません」と自己卑下する学生は多いように思う。中にはメモを持参し，何とか理路整然と“うまく”話そうとする学生もいる。その姿勢を否定するつもりはないが，ひとりでは抱えられず，誰かに助けを求めるために相談をしているのだから，最初は話がまとまらないのは至極当然のことである。むしろ，考えや方向性がまとまっているのであれば，相談に来る必要はないとも言える。事実と考え，過去と現在，多くの情報が複雑に絡み合い，こんがらがっている状態を少しずつほぐすイメージで話を聴いていく。内容によっては，相談を受ける者も驚いたり，動揺したりしてしまうこともあるかもしれないが，努めて落ち着いて話を聴くことを心がけたい。

山内・葛（2020）は，ハラスメント相談は，相談者の心の変容よりも環境の改善や相手方の変化を重要視する点において，一般的なカウンセリングとは異なることを指摘している。杉原（2017）も，ハラスメント相談では，相談者の心理状態や性格傾向，対人関係パターンの変容に重きを置く対応は適切ではないとしている。したがって，傾聴の姿勢をベースに置きながらも，カウンセリングの基礎技術の教育を受けている者がハラスメント相談を受ける際は，求められている役割と自身の姿勢に齟齬がないか注意する必要がある。

それでは，ハラスメント相談ではどのようなことに焦点づけして話を聴いていけばよいだろうか。

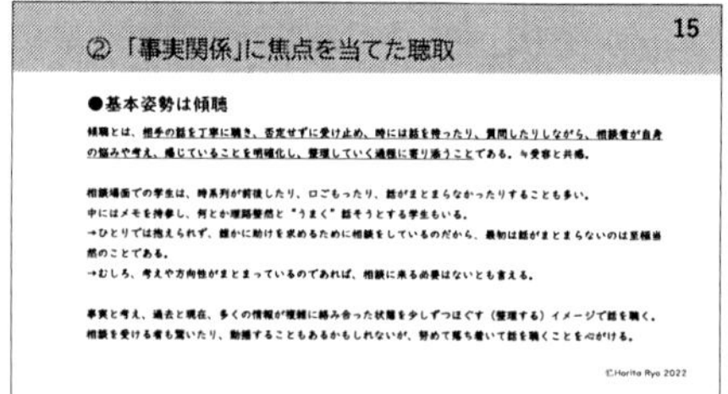

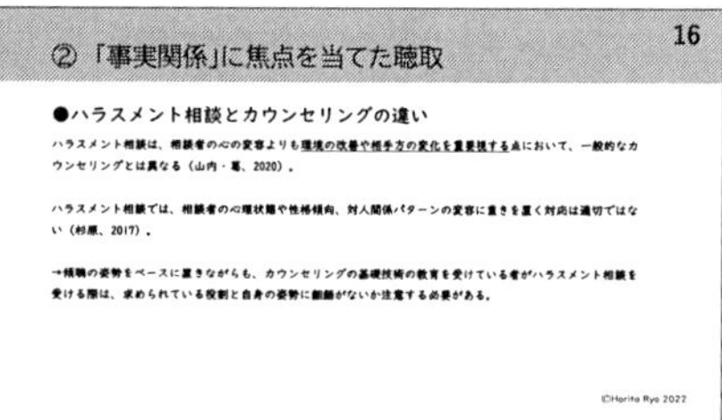

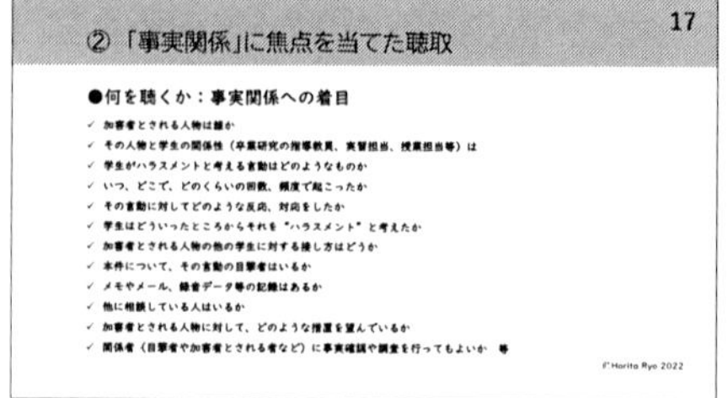

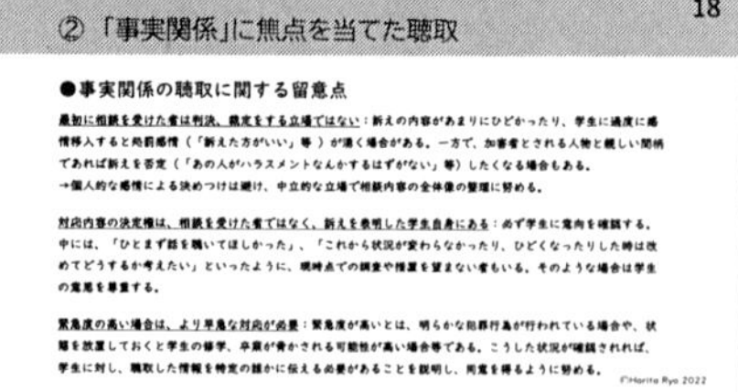

着目するのは「事実関係」である。具体的には，以下の事柄はおさえておきたい。加害者とされる人物は誰か，その人物と学生の関係性（卒業研究の指導教員，実習担当，授業担当等），学生がハラスメントと考える言動はどのようなものか，いつ，どこで，どのくらいの回数／頻度で起こったか，その言動に対してどのような反応／対応をしたか，学生はどういったところからそれを“ハラスメント”と考えたか，加害者とされる人物の他の学生に対する接し方はどうか，本件について，その言動を目撃している人はいるか，メモやメール，録音データ等の記録はあるか，他に相談している人はいるか，加害者とされる人物に対して，どのような措置を望んでいるか，関係者に事実確認や調査を行ってもよいか等である。

措置とは，例えば「今後，このような言動を止めてほしい」「過去の言動について謝罪してほしい」「ハラスメント行為によって失った利益を回復してほしい」「懲戒処分してほしい」等が挙げられる。最初の相談では措置内容を決定するというよりも，現段階でどの程度の措置を希望しているかを確認しておく。

事実確認や調査の対象となるのは，目撃者（実習グループや研究室のメンバー等）や，加害者とされる者などが想定される。

ここで，事実関係の聴取に際して，いくつか留意点を挙げておく。

まず，最初に学生から相談を受ける者は，判決，裁定をする立場ではないということである。学生が訴える加害者の言動をあまりにひどいと感じたり，学生に過度に感情移入すると，「これはハラスメントに違いない」とか「訴えた方がいい」といった処罰感情が相談を受ける者に湧いてくることがある。一方で，加害者とされる人物と親しい間柄であれば，「あの人がハラスメントなんかするはずがない」「（学生の）思い込みじゃないか」と学生の訴えを否定したくなることも考えられる。いずれにせよ，個人的な感情による決めつけは避けなければならない。学生に対し受容と共感の態度で接しながら，まずは中立的な立場で相談内容の全体像を整理することに努める。

次に，上記の点とも関連するが，学生からの訴えをどのように対応していくかの決定権は，相談を受けた者ではなく，訴えを表明した学生自身にあるということである。どのような措置を望むか，関係者への聴き取りを行ってもよいかを，学生に確認するのはそのためである。措置内容の具体例は既述したが，学生の中には，「ひとまず話を聴いてほしかった」「これから状況が変わらなかったり，ひどくなったりした時は改めてどうするか考えたい」といったように，現時点での調査や措置を望まない者もいる。そのような相談の場合は学生の意思を尊重する。

一方で，緊急度の高い相談の場合は注意が必要である。緊急度が高いとは，明らかな犯罪行為が行われている場合や，状態を放置しておくと学生の修学，卒業

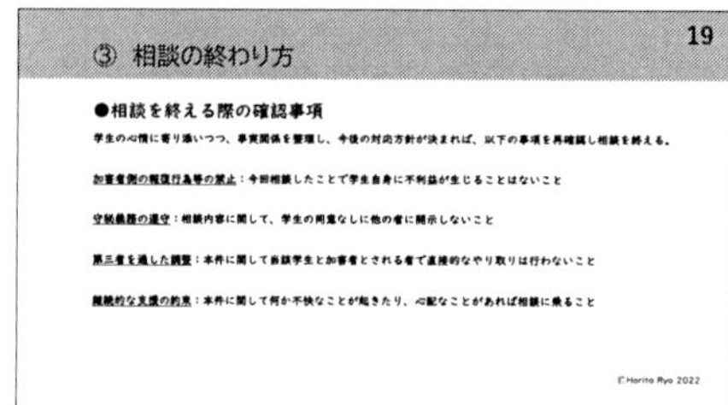

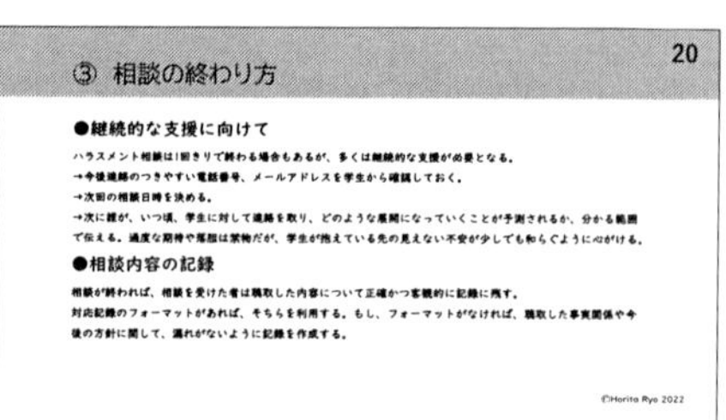

が脅かされる可能性が高い場合等である。こうした状況が確認されれば，学生に対し，聴取した情報を特定の誰かに伝える必要があることを説明し，同意を得るように努める。

③相談の終わり方（スライド 19，20）

学生の心情に寄り添いつつ，事実関係を整理し，今後の対応方針が決まれば，相談を終える。相談を終える際には，以下の事柄を再度確認しておくと良い。

それは，今回相談したことで学生自身に不利益が生じることはないこと（加害者側の報復行為等の禁止），相談内容に関して，学生の同意なしに他の者に開示しないこと（守秘義務の遵守），本件に関して当該学生と加害者とされる者で直接的なやり取りは行わないこと（第三者を通した調整），本件に関して何か不快なことが起きたり，心配なことがあれば相談に乗ること（継続的な支援の約束）である。

ハラスメント相談は１回きりで終わる場合もあるが，多くは継続的な支援が必要となるため，今後連絡のつきやすい電話番号，メールアドレスを学生から確認しておく。その際に，次回の相談日時を決める必要があるかもしれないし，次に誰が，いつ頃，学生に対して連絡を取り，どのような展開になっていくことが予測されるか，分かる範囲で伝えておく。もちろん，過度な期待や落胆は禁物だが，学生が抱えている先の見えない不安が少しでも和らぐように心がける。

相談が終われば，相談を受けた者は聴取した内容について正確かつ客観的に記録に残しておく必要がある。所属校に対応記録のフォーマットがあれば，そちらを利用する。もし，フォーマットがないようであれば，前項にまとめた，聴取した事実関係や今後の方針に関して，漏れがないように記録を作成する。

4．組織として対応する（スライド 21，22）

ハラスメントは組織で対応，解決していく必要があるが，組織の体制や規模は機関ごとに異なり，理想はあれど現実との乖離がある場合も多い。

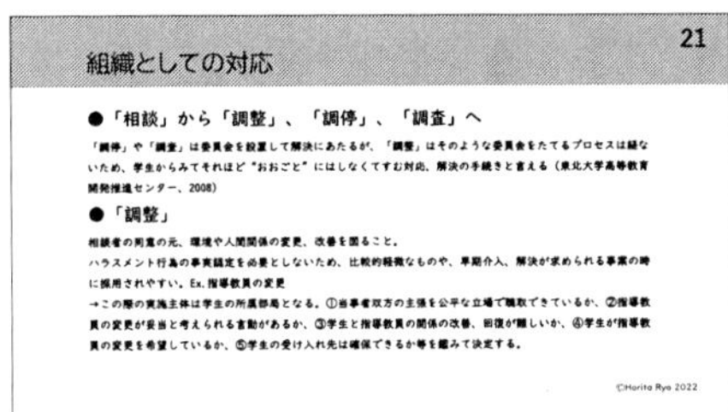

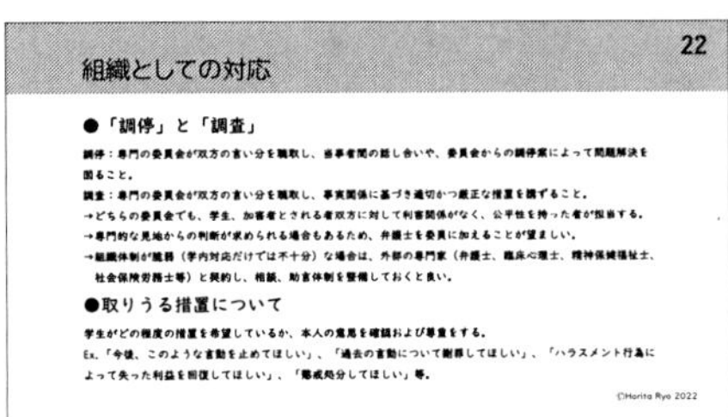

「相談」の次のステップとして,「調整」,「調停」,「調査」の３つの方法によって問題解決が図られる。「調停」や「調査」は委員会を設置して解決にあたるが,「調整」はそのような委員会をたてるプロセスは経ないため,学生からみてそれほど“おおごと”にはしなくてすむ対応，解決の手続きと言える（東北大学高等教育開発推進センター，2008)。

「調整」とは，相談者（ここで言う学生）の同意の元，環境や人間関係の変更，改善を図ることである。調整の場合は，ハラスメント行為の事実認定を必要としないため，比較的軽微なものや，早期介入，解決が求められる事案の時に採用されやすい。具体的には，指導教員からのアカハラを訴える学生に対し，このまま状況を放置しておくと修学，卒業が危ぶまれると判断し，指導教員の変更を行うことがこれにあたる。この際の実施主体は学生の所属部局となる。調整にあたっては，当事者双方の主張を公平な立場で聴取できているか，指導教員の変更が妥当と考えられる言動があるか，学生と指導教員の関係の改善，回復が難しいか，学生が指導教員の変更を希望しているか，学生の受け入れ先は確保できるか等を鑑みて決定する。

「調停」とは，専門の委員会が双方の言い分を聴取し，当事者間の話し合いや，委員会からの調停案によって問題解決を図ることである。「調査」とは,専門の委員会が双方の言い分を聴取し，事実関係に基づき適切かつ厳正な措置を講ずることである。どちらの委員会でも，学生，加害者とされる者双方に対して利害関係がなく，公平性を持った者が担当することが求められる。また，専門的な見地からの判断が求められる場合もあるため，弁護士を委員に加えることが望ましい。組織体制が脆弱な場合は，学内対応だけでは不十分な可能性も考えられる。その場合は，外部の専門家（弁護士，臨床心理士，精神保健福祉士，社会保険労務士等）と契約し，相談，助言体制を整備しておくと良い。

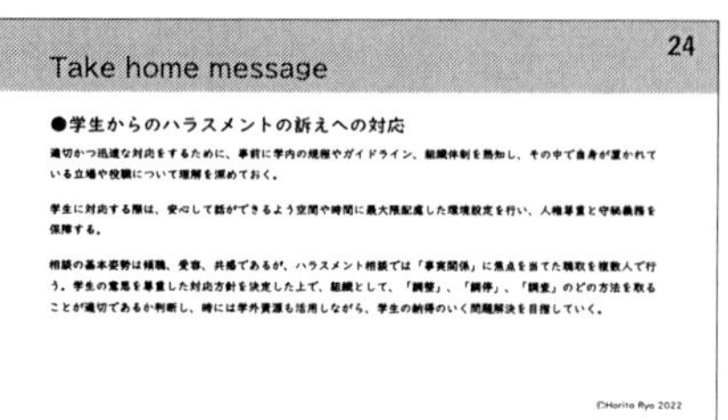

Ⅳ　まとめ（スライド 23，24）

学生からのハラスメントの訴えにどう対応するかは，組織として非常に重要な問題である。なぜなら，対応の不備があれば，相談を受けた者はもちろんのこと，当該機関自体に対する信用，信頼の失墜にもつながるからである。とりわけ，今回紹介した初期（初回）対応は特に影響が大きいと言えよう。最後に改めて流れと留意点をまとめる。

適切かつ迅速な対応をするためにも，事前に学内の規程やガイドライン，組織体制を熟知し，その中で自身が置かれている立場や役職について理解を深めておく必要がある。

学生に対応する際は，安心して話ができるよう空間や時間に最大限配慮した環境設定を行い，人権尊重と守秘義務を保障することが必須である。

相談の基本姿勢は傾聴，受容，共感であるが，ハラスメント相談では「事実関係」に焦点を当てた聴取を複数人で行う。学生の意思を尊重した対応方針を決定した上で，組織として，「調整」，「調停」，「調査」のどの方法を取ることが適切であるか判断し，ときには学外資源も活用しながら，学生の納得のいく問題解決を目指していく。

以上を踏まえれば，「ハラスメントを受けています」と訴える学生に対しても，落ち着いて対応できるはずである。

文　献

久桃子・佐竹圭介・細野康文ほか（2018）大学におけるハラスメント相談体制の現状―全国の大学へのアンケート調査結果から．学生相談研究，39(2); 118-129.

杉原保史（2017）心理カウンセラーと考えるハラスメントの予防と相談―大学における相互尊重のコミュニティづくり．北大路書房.

東北大学高等教育開発推進センター（2008）大学における学生相談・ハラスメント相談・キャリア支援―学生相談体制・キャリア支援体制をどう整備・充実させるか．東北大学出版会.

山内浩美・葛文綺（2020）大学におけるハラスメント対応ガイドブック―問題解決のための防止・相談体制づくり．福村出版.

第2部

学生向けの研修

第 12 章
学生生活上のさまざまなリスク
――カルト，薬物，アルコール，ブラックバイト，デート DV など

酒井　渉

I　はじめに（スライド 2）

この章では，学生生活上で出会う可能性のある，いくつかのリスクについて取りあげる。いずれのリスクも，事後の対応は，重要ではあるがときに非常に困難を伴う。それゆえに，被害を未然に防ぐ，いわゆる予防啓発が大切である。予防啓発により，被害を未然に防いだり，あるいは早期に軽度のうちに対応したりできる。そのためには，新入生オリエンテーションなどの機会を利用して，新入生に対し，一斉に注意喚起を行うことが有効である。この章は，そのための資料としても書かれている。

II　カルトによるリスク（スライド 3 ～ 8）

カルトとは，強固な信念を共有して熱狂的に実践し，表面的には合法的で社会正義をふりかざすが，実質には自らの利益追求のために手段を選ばない集団のことを指す（西田，1995）。宗教団体の場合が多いが，そうでない場合もある。

カルトに勧誘される際，最初は食事をおごられる，行きたい場所に車で送ってもらえるなど，歓待を受けることが多い。しかし，次第に，学業との両立が難しいほどの貢献を求められたり，多額の金銭の寄付を求められたりする。しかし，その頃には，いわゆるマインド・コントロールの支配下にあり，おかしいと感じられなくなっているので

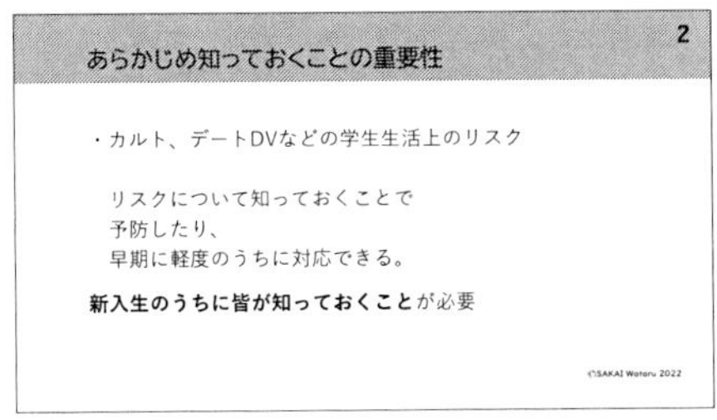

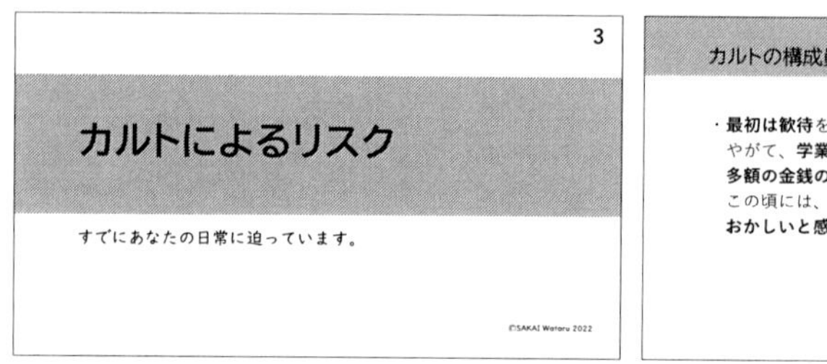

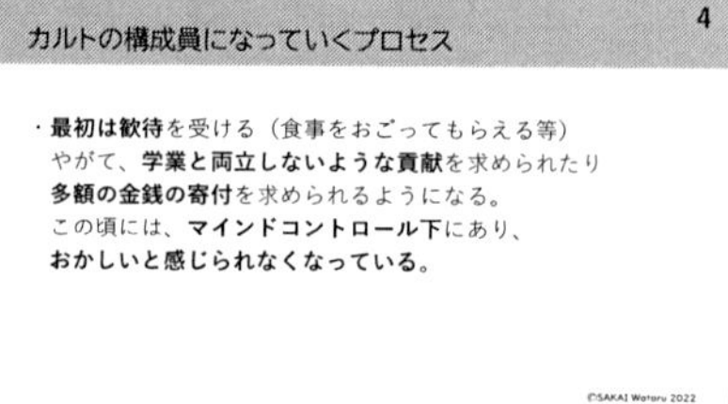

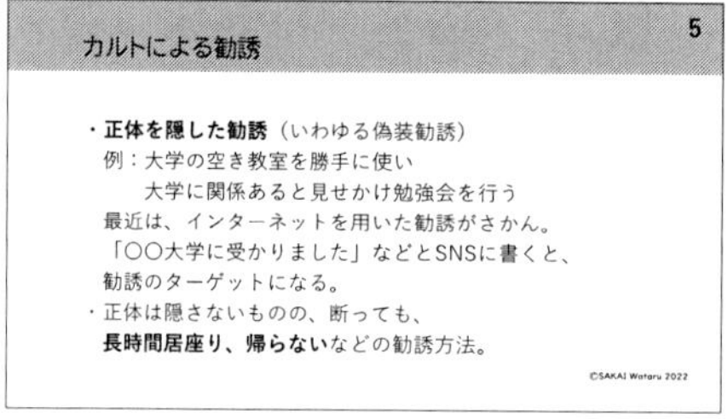

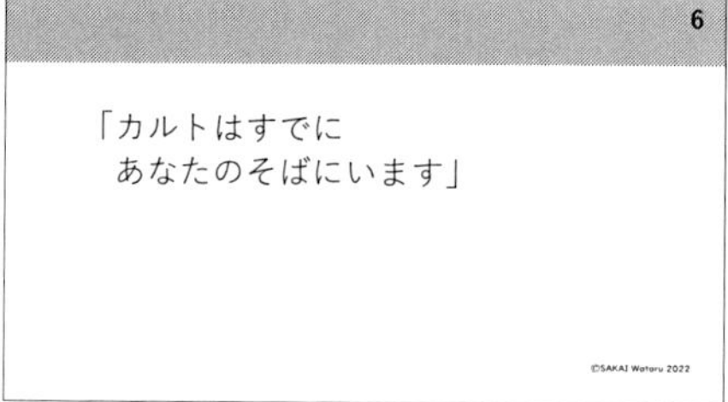

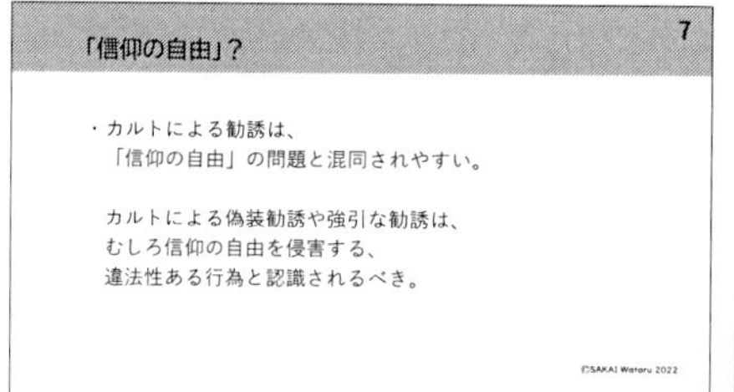

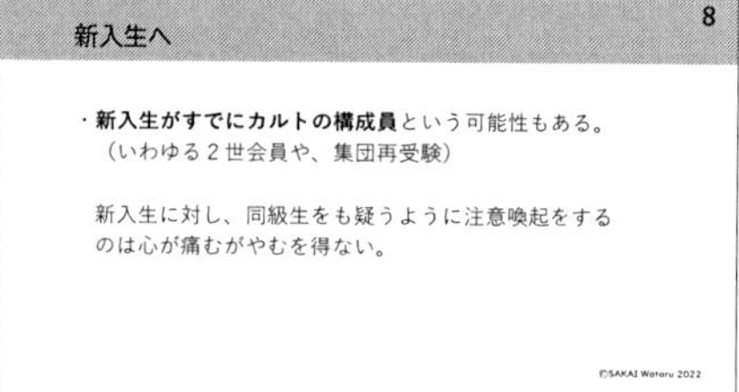

ある。いったんカルトの構成員になってしまうと，脱会や救出は難しい。それゆえ，予防啓発が重要である。

巧みに正体を隠し，あるいは大学と関係があると思わせて勧誘する，いわゆる偽装勧誘を行う団体がみられる。大学の空き教室を使い大学に関係あると見せかけ勉強会を行う，ヨガ教室のように見せかけて勧誘する，といった勧誘手法である。公の場所や大学施設であっても，正体を偽って借りることができる点に注意が必要である。また，最近は，インターネットを用いた勧誘が盛んである。殊に，「○○大学に受かりました！」などと，SNS に書いたり，タグをつけたりなどすると，勧誘の標的になりやすいので，注意が必要である。

また，団体名などを明らかにしているものの，アパートに押しかけ，断っても長時間帰らない，などの強引な勧誘手法をとる団体もある。

カルトによる勧誘については,「カルトはすでにあなたのそばにいます」といった直接的な表現で，ポスター掲示や，パンフレットの配布など，複数の方法で，学生に注意を喚起する必要がある。

また，カルトによる勧誘は，しばしば「信仰の自由」の問題と混同されやすい。しかし，カルトによる偽装勧誘や強引な勧誘は，むしろ信仰の自由を侵害する，違法性ある行為と認識されるべきである（滝本，2016）。

同級生や，その親族による勧誘にも注意しなければならない。カルト団体が，既存メンバーに特定の大学を集中して受験させている場合（集団再受験とも呼ばれる）や，学生の親族がカルト団体の構成員である場合（いわゆる2世会員）などがある。すなわち，新入生がすでにカルトの構成員である可能性もあるということである。新入学そうそうに，同級生までをも疑うように注意喚起するのは心が痛む面があるが，学生を危機から守る上ではやむを得ない。

カルトについて相談された場合には，まずは話に耳を傾けることが必要である。初期であれば，話しているうちに本人が自らおかしいと気づく場合も多い。対応に苦慮する場合には，学生相談カウンセラーのところへ，できれば付き添って連れてくるなどの対応を取る必要があろう。

Ⅲ　薬物のリスク（スライド9～11）

薬物は，何か特別なものと思われがちであるが，多くの場合，きっかけは身近である。疲れているときに勧められ「ちょっとなら大丈夫」「1回くらいなら大丈夫」と思って始めた，あるいは「やせる」と言われて始めたなどの経緯が入口となる（松本, 2015）。また, 近年インターネットを利用し簡単に入手できるようになっており（三菱総合研究所・全国大学生活協同組合連合会・全国大学生協共済生活協同組合連合会, 2020），極めて身近なリスクである。

薬物を摂取してしばらくは，非常に

10

薬物によるリスク

・薬物は、何か特別なものと思われがちであるが、
多くの場合、**きっかけは身近。**
「ちょっとなら大丈夫」「1回くらいなら大丈夫」
「やせる」

インターネットを利用し簡単に入手できる

©SAKAI Wataru 2022

11

薬物利用の悪循環

・薬物を摂取してしばらくは、非常に気分が高揚する。
しかしそれが終わると、激しい落ち込みが襲う。
この落ち込みを回避するために、より多量の薬物が必要になる。

→多額の借金、風俗店での勤務
→長年にわたる治療、後遺症

こうしたことを知っておくことが重要

©SAKAI Wataru 2022

気分が高揚する。しかしそれが終わると，激しい落ち込みが襲う。この落ち込みを回避するために，より多量の薬物が必要になる。このようにして，量がだんだんと増えていくのである。量が増えると，次第に，お金の工面が難しくなる。そして，多額の借金を抱えたり，風俗店で働いてお金を工面するなどといったことになっていく（松本，2015）。

薬物の依存症になると，長年にわたる治療が必要となる。また，後遺症が残ることもある。それゆえ，薬物のリスクに関しても，予防啓発が重要となる。

薬物についての相談を受けた場合にも，まずは話に耳を傾け，その上で専門家につなぐことが必要である。

Ⅳ アルコールのリスク（スライド 12，13）

アルコール（酒類）を，無理に勧めたり，一気飲みを強要する（イッキ飲ませ）と，死亡事故をはじめとした，深刻な事故につながる恐れがある。

現在では，こうした行為は，アルコール・ハラスメント（アルハラ）と呼ばれる。飲酒の強要，イッキ飲ませ，意図的な酔いつぶし，飲めない人への配慮を欠くこと，酔った上での迷惑行為の５つが，代表的なアルコール・ハラスメントとされる（ASK，2021）。

アルコールに関するリスクへの対応としては，予防啓発が重要であることはもちろんだが，新入生の集まる合宿などにアルコールを持ち込ませない，といった具体的な対応が必要であろう。

Ⅴ ブラックバイトのリスク（スライド 14，15）

ブラックバイトとは，アルバイトの中でも，特に悪質なものを指す。

一見，いい人たちにみえても，「給料を払ってもらえない」「給料が現物支給」「大学の試験があるのに，シフトを入れられて，変更してもらえない」「辞めよう

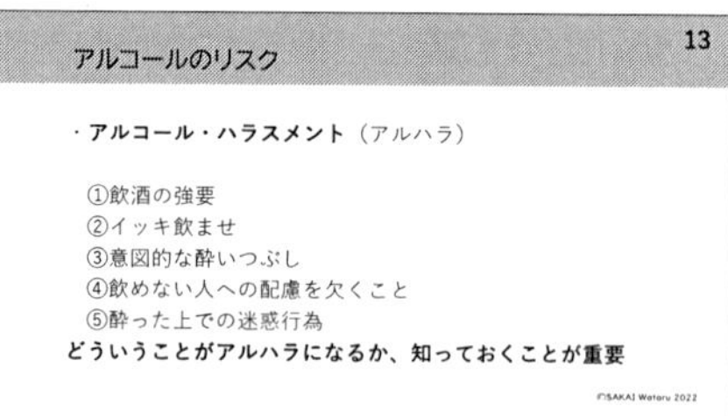

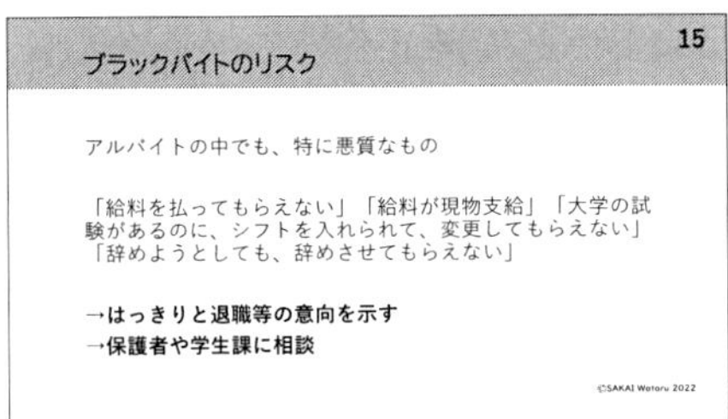

としても，辞めさせてもらえない」などといった状況（三菱総合研究所・全国大学生活協同組合連合会・全国大学生協共済生活協同組合連合会，2020）であれば，それはブラックバイトに巻き込まれていると考えるべきである。

とりわけ，アルバイトには責任がなく，辞めようと思えばただちに辞められることを，学生たちに教えることが重要である。学生たちには，これまでの短い人生の中では，毅然として人に対して「断る」という対応をした経験がない，もしくは少ないという者も多い。詳しくは後述するが，学生たちに，場合によっては強く断ってもよいのだ，と理解してもらう必要があろう。

なお，学生が求めても，善処してもらえなかったり，退職が認められなかったりする場合がある。このような場合でも，大学や保護者から連絡すると，事が運ぶことも多い。学生課の職員などが，キーパーソンとなることが多い。学生相談カウンセラーが最初の窓口になることもあるだろう。

VI　デートDVのリスク（スライド16～19）

デートDVについて定義はいろいろあるが，ここでは，婚姻関係にあるなど家族による暴力は「DV」とし，交際している相手による暴力を「デートDV」とする。同棲している場合には，DV保護法で保護命令を求めることができる。また，暴行罪，傷害罪が適応可能な場合もある。しかし現在のところ，デートDVそのものを取り締まる法律はない。

殴ったり蹴ったりすることだけではなく，精神的な暴力なども，これに含まれる。デートDVの範囲や分類については諸説あるが，ここでは代表的なものを用いて，５つの分類（身体的暴力，精神的暴力，社会的暴力，性的暴力，経済的暴力）を用いる。

1）身体的暴力は，平手で打つ，足で蹴る，引きずり回すなど。
2）精神的暴力は，どなる，人前でばかにする，無視するなど。

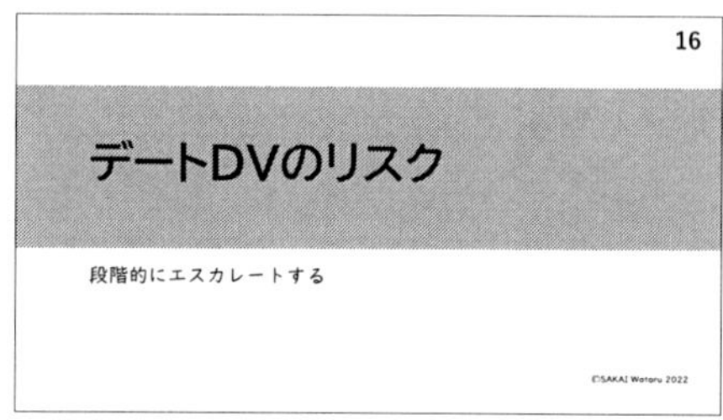

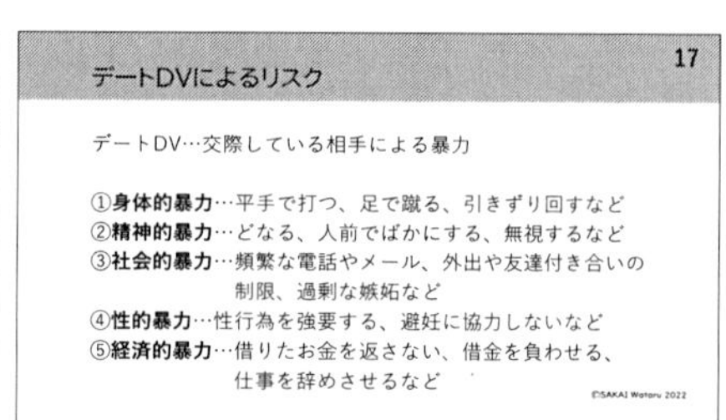

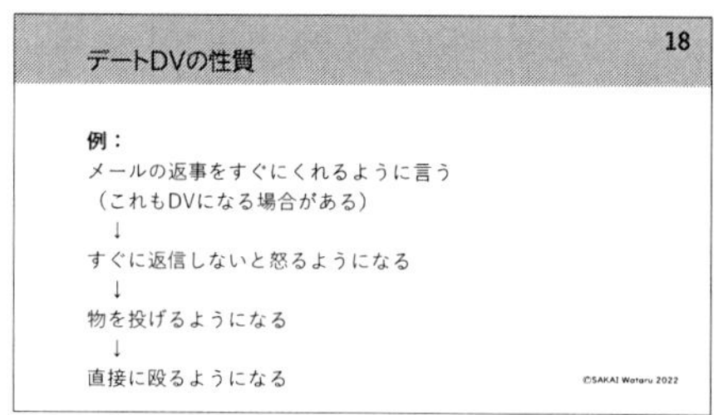

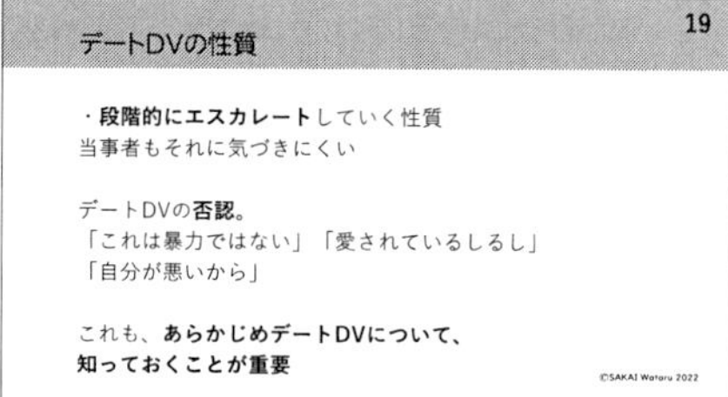

3）社会的暴力は，頻繁な電話やメール，外出や友達付き合いの制限，過剰な嫉妬など。

4）性的暴力は，性行為を強要する，避妊に協力しないなど。

5）経済的暴力は，借りたお金を返さない，借金を負わせる，仕事を辞めさせるなどを指す。

デート DV は段階的にエスカレートしていく性質があり，当事者はそれに気づきにくい。自分では気づかないうちに，加害者あるいは被害者になっていることが多いといえる。

例を挙げる。最初はメールの返事をすぐにくれるように言う（これも DV になる場合がある），そのうち，すぐに返信しないと怒るようになり，やがて物を投げるようになり，直接に殴るようになる，といった例である。

被害者は,「これは暴力ではない」「愛されているしるし」「自分が悪いから」などと，デート DV であることを否認することが多い。

なぜ，デート DV は起こるのかについては諸説あるが，２人の間の力の不均衡，ジェンダーバイアス，「こうでなければいけない」「〜であるべき」という考え，などが要因だとされる。

デート DV に関する相談を受けたり，デート DV の加害・被害にかかわるとみられる相談を受けた場合には，どのようにすればよいだろうか。まず，段階的にエスカレートする性質に注意し，早めに「DV だよ」と自覚をうながすことが重要

20

その他のリスク

©SAKAI Wataru 2022

21

1. 奨学金のリスク

「奨学金は借金」
返済が滞ると、
各種ローンが組めない、
賃貸住宅が借りられないなどの不都合、
破産の例も。

©SAKAI Wataru 2022

である。あるいは，医療機関や相談機関に付き添うことが必要になる場合も多い。被害者には，「あなたが悪いわけではない」と伝えることも重要である。なお，デート DV の加害者・被害者の双方から相談を受けた場合，双方の言い分が食い違うことはよくある。これは先に述べた段階的にエスカレートするデート DV の性質によるところが大きい。また，デート DV 被害学生を援助する人たちは，みな被害的な気持ちになりがちである。これもまた，デート DV そのものの性質であるので，被害学生を非難せずに対応することが求められる。

Ⅶ　その他のリスク（スライド 20）

1．奨学金のリスク（スライド 21）

奨学金には，返す必要のない給付型のものもあるが，多くは返済の必要のある貸与型である。すなわち，「奨学金は借金である」ことを認識し，返済計画を立て借りることが必要である。

返済が遅れる理由は，収入が減ったことなどが挙げられるが，大学院を出ても就職が決まらなかったなどの理由もみられる。近年の不景気や就職難の影響で，奨学金の返済遅れが増えている。返済が遅れ，信用情報機関の事故リスト（いわゆるブラックリスト）に登録されてしまうと，各種ローンが組めない，賃貸住宅が借りられないなどの不都合が生じる。破産してしまう例もしばしばみられ，報道されている。

奨学金についての困難は，学生課の奨学金担当職員が窓口となることが多い。学生相談カウンセラーが最初に打ち開けられることもあるが，学生課の奨学金担当の職員と連携しながらの学生対応が求められるであろう。

2．妊娠のリスク（スライド 22）

大学教育にかかわっていると，望まない妊娠の問題に少なからずかかわることになる。望まぬ妊娠の場合，心身に重い負担を負い，また修学の機会等が危うく

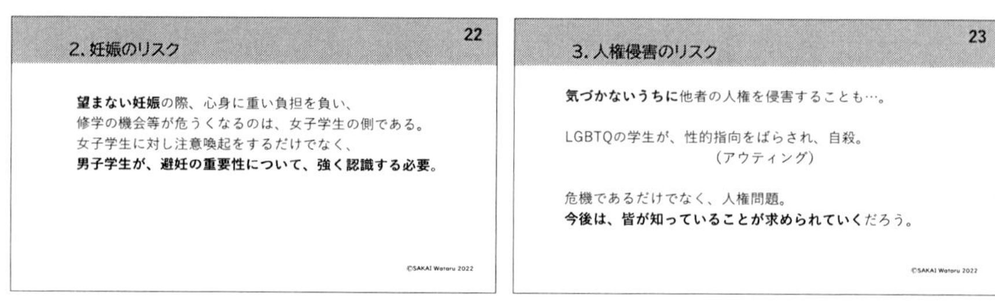

なるのは，女子学生の側である。女子学生に対し注意喚起をするだけでなく，男子学生に対し，避妊の重要性について，強く啓発する必要があるだろう。

3．人権侵害のリスク（スライド 23）

最近，LGBTQ の学生が，その学生への対応に苦慮した他の学生に，性的指向をばらされ（アウティングという）自殺した事件があった。遺族は，大学に対し，「今後，啓発活動を行うこと」を求めた。この経緯は，渡辺（2016）に詳しい。

このように，アウティングのような人権侵害は，被害学生，加害学生および大学にとって危機であるだけでなく，重大な人権問題であるという視点が重要だろう。比較的新しい事案であるが，今後は，大学による予防啓発が必要である。また，LGBTQ の学生だけでなく，LGBTQ の学生への対応に苦慮する学生への相談窓口も開かれている必要があるだろう。

なお，LGBTQ の学生への理解は，本書の続刊において述べられる予定である。

Ⅷ　おわりに（スライド 24，25）

いずれの危機も予防啓発が重要であり，それによって被害を未然に防いだり，初期のうちに対応できることは，先に述べたとおりである。

なお，齋藤（2015）は，山中（2015a，2015b）をまとめ，学生がこうしたリスクの被害者にも加害者にもならないためには，①自分の意思に基づいて NO を言える，②正しく必要な情報を取捨選択する，③ひとに援助を求めることができる，といった能力が重要であり，大学教育において培われることが望まれるとしている。

またこの章で挙げたうちいくつかの危機は，大学における既存の部署に想定されていない危機管理となるので，しばしば部署間での責任の回避や学生のたらい回しが起こりやすい（酒井ら，2013）。大学全体として学生を危機から守る必要がある，という視点が重要である。

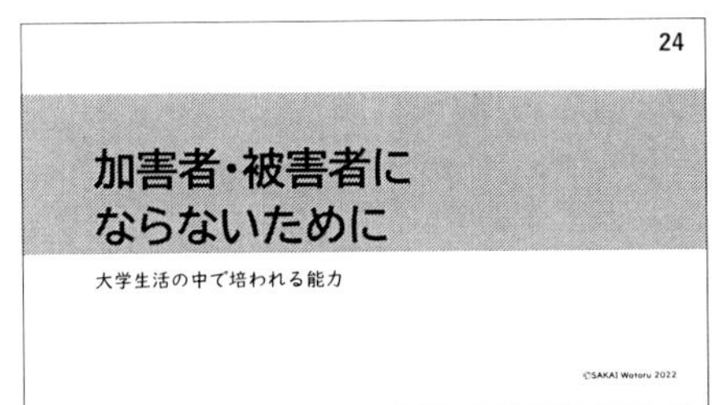

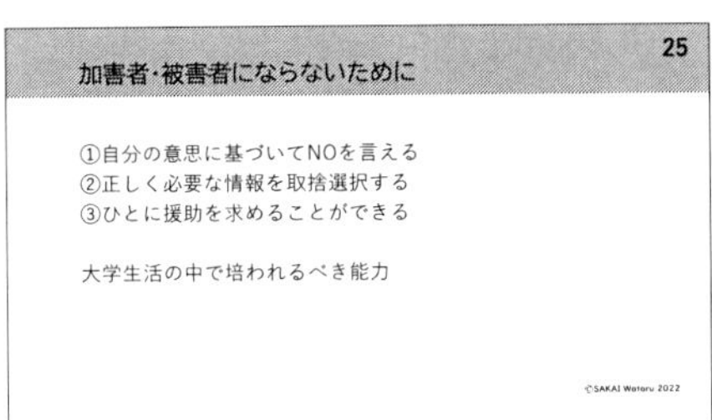

なお，いずれの危機予防・危機対応においても，学生相談カウンセラーが重要な役割を担うことが多い。学生相談カウンセラーが，大学の危機管理にかかわることのできる仕組みづくりもまた重要である（日本学生相談学会，2013)。

文　献

ASK（2021）アルコール関連問題─アルハラの定義 5 項目．https://www.ask.or.jp/article/527（2021 年 6 月 13 日閲覧）

日高庸晴（2016）第 7 章 男が気になる俺って変？　In：松本俊彦編：大学生のためのメンタルヘルスガイド─悩む人，助けたい人，知りたい人へ．大月書店，pp.84-99.

松本俊彦（2015）第 4 章 薬物の誘惑と危険．In：逸見敏郎・山中淑江編：大学生が出会うリスクとセルフマネジメント─社会人へのステップ．学苑社，pp.51-71.

三菱総合研究所・全国大学生活協同組合連合会・全国大学生協共済生活協同組合連合会（2020）04 ブラックバイト．In：三菱総合研究所・全国大学生活協同組合連合会・全国大学生協共済生活協同組合連合会編：すぐに役立つ最新対応版─大学生が狙われる 50 の危険．青春出版社，pp.32-35.

三菱総合研究所・全国大学生活協同組合連合会・全国大学生協共済生活協同組合連合会（2020）34 ドラッグ．In：三菱総合研究所・全国大学生活協同組合連合会・全国大学生協共済生活協同組合連合会編：すぐに役立つ最新対応版─大学生が狙われる 50 の危険．青春出版社，pp.153-155.

日本学生相談学会（2013）学生相談機関ガイドライン．https://www.gakuseisodan.com/wp-content/uploads/public/Guideline-20130325.pdf（2021 年 11 月 19 日閲覧）

西田公昭（1995）マインド・コントロールとは何か．紀伊國屋書店．

齋藤憲司（2015）学生相談と連携・協働─教育コミュニティにおける「連働」．学苑社．

酒井渉・水野薫・原澤さゆみほか（2013）修学サポートグループの有効性についての検討─学生支援モデルとの関連から．CAMPUS HEALTH，50(2); 74-78.

滝本太郎（2016）報告 5 被害救済の観点からみたオウム．宗教と社会，22; 138-139.

渡辺一樹（2016）一橋大ロースクール生「ゲイだ」とバラされ転落死─なぜ同級生は暴露したのか．https://www.buzzfeed.com/jp/kazukiwatanabe/hitotsubashi-outing-this-is-how-it-happened（2021 年 11 月 19 日閲覧）

山中淑江（2015a）第 11 章 さわやかな人間関係を築く自己表現．In：逸見敏郎・山中淑江編：大学生が出会うリスクとセルフマネジメント．学苑社，pp.175-189.

山中淑江（2015b）おわりに．In：逸見敏郎・山中淑江編：大学生が出会うリスクとセルフマネジメント．学苑社，p.190.

第13章
「気持ちに気づき，伝える」レッスン
――ハラスメントやブラック研究室の被害に遭わないために

山川裕樹

I　はじめに――ハラスメントのタネを育てないために

1．大学生になり広がる世界とトラブル

大学生は，高校生までとは異なり，自分で行動する範囲が大きく広がる。多くの人が親とともに生活していたのが高校生時代だとすると，大学生では半数ほどが一人暮らしをするし，実家通いの学生でも行動範囲が広がる。しかし自由度が高くなった分，出会うトラブルも増える（第12章も参照）。

ここで取り上げるのは,「ハラスメント」や「ブラック研究室」にまつわる問題である。高校までの学校と大きく異なり，大学は「教育」だけでなく「研究」も行う機関である。大学の教員は，自らの研究にも取り組み，また研究の面白さを学生に伝えていく。そうした「研究成果」を目指した教員の指導が，ハラスメントやブラック研究室につながることもある。

本章は，そうした「ハラスメント」として事案化するのを未然に防ぐ一つのヒントとして,「自分の気持ちに気づき，伝える」技術であるアサーションを紹介することを目的としている。アサーションはハラスメント予防のみに使えるものではなく，幅広く人との円滑なコミュニケーションのためにも活用できる。自己主張が苦手だ，どうやったらうまく気持ちを伝えられるのか，と感じている人には是非知っておいてほしい。

2．グレーゾーンから始まる「ハラスメント」（スライド2～5）

まず，ハラスメントやブラック研究室について確認しておこう。ハラスメントの定義の詳細は第10，11章を参照していただくとして，アカデミックハラスメント（アカハラ）であれば，正当な理由なく単位を認定しない，研究指導をしないなどが該当し，そしてセクシュアルハラスメント（セクハラ）は，研究指導と引き替えに性的誘いかけをしたり，不必要に性的な話題を取り上げたりするなど

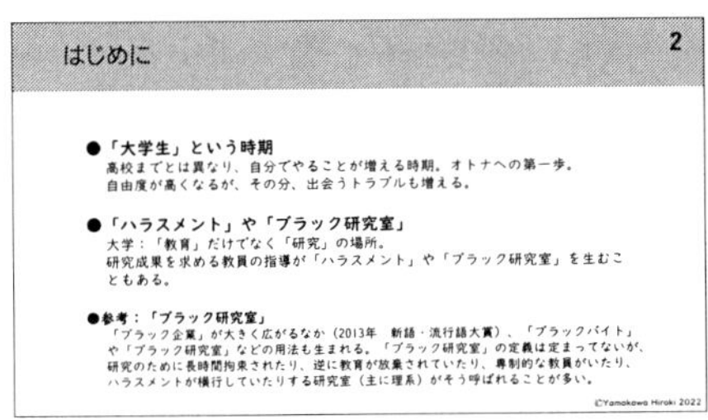

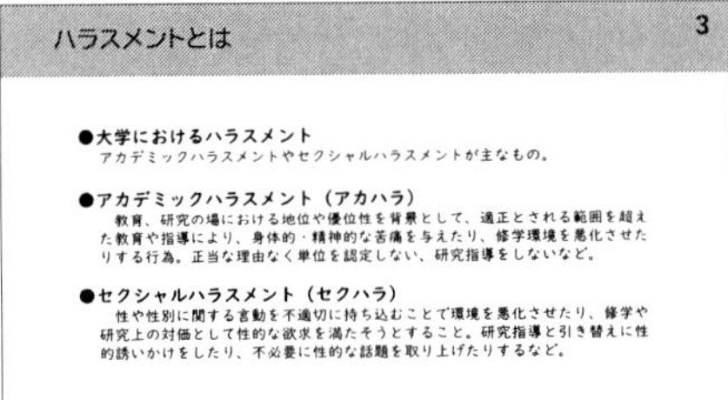

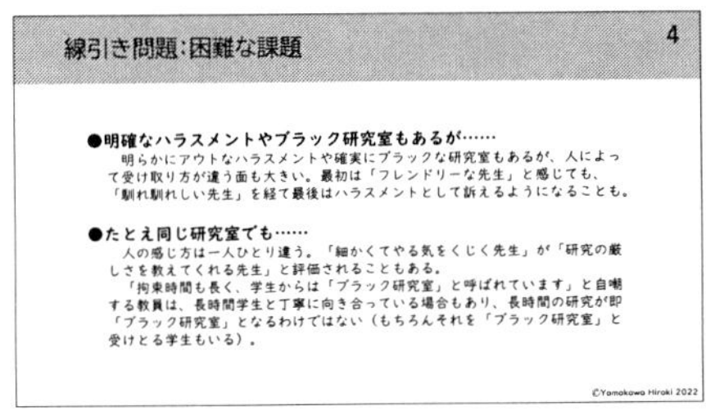

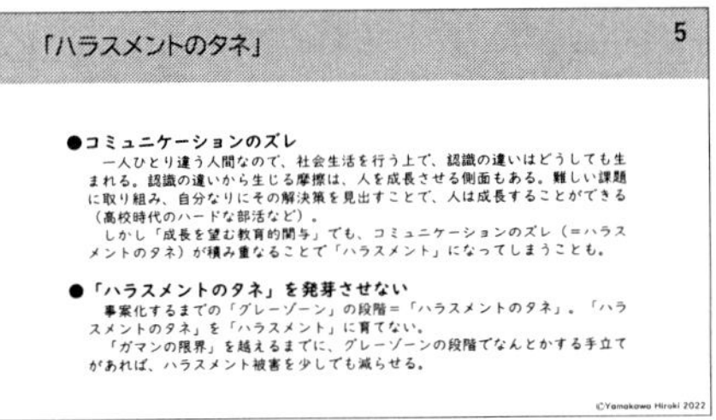

がある。「ブラック研究室」には明確な定義はないのだが，「ブラック企業」のネーミングが人口に膾炙した頃から（2013 年に「新語・流行語大賞」受賞），「ブラックバイト」や「ブラック研究室」などの類似表現が生まれた。研究のために長時間拘束されたり，逆に教育が放棄されていたり，専制的な教員がいたり，ハラスメントが横行している研究室（主に理系）がそう呼ばれることがある。

ハラスメントやブラック研究室には,「明らかにアウトなハラスメント行為」や「明確にブラックな研究室」も存在している。しかし,ある人にとってブラックな研究室が，他の学生からしたら「厳しいが大切なことを教えてもらった研究室」になることもある。最初は「フレンドリーな先生」だったのに，次第に「馴れ馴れしい先生」となり最後はハラスメントとして訴えるようになることもある。

人の感じ方は一人ひとり違うので,「多くの人に人気がある先生」でも，否定的感情を抱く人はいる。「細かくてやる気をくじく先生」が「研究の厳しさを教えてくれる先生」と評価されることもある。「拘束時間も長く,学生からは『ブラック研究室』と呼ばれています」と自嘲する教員が，長時間学生と丁寧に向き合っている場合もあり，長時間の研究が即「ブラック研究室」となるわけではない（それを「ブラック研究室」と受けとる学生もいる）。

このような認識の違いは，一人ひとり違う人間が社会生活を行う上でどうしてもつきまとうし，そこで生じる摩擦は人を成長させてもくれる。「高校のハードな部活」のように，難しい課題に自分なりの解決策を見出すことが成長につながるからだ。ここがとても難しいポイントで，純粋な「成長を望む教育的関与」で

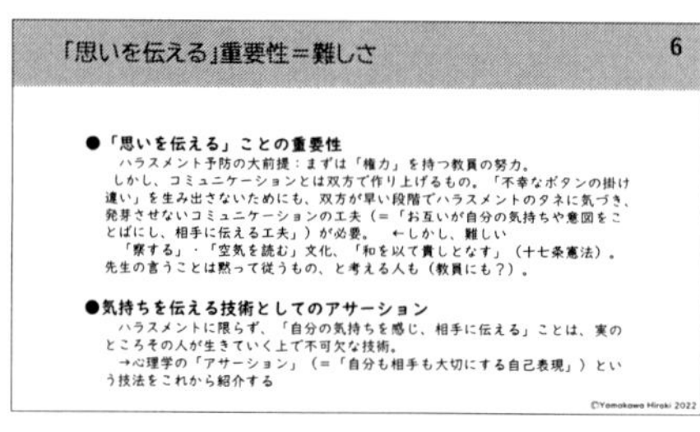

あっても，コミュニケーションのズレ（＝ハラスメントのタネ）があると，その積み重ねからハラスメントとなることもある。

多くのハラスメントには，事案化するまでの「グレーゾーン」の段階がある。最初はちょっとした違和感程度であっても，ある一定の閾値を超えると「ガマンの限界を超えた」となってしまう。「ガマンの限界」を越えるまでに，グレーゾーンの段階でなんとかする手立てがあれば，ハラスメント被害を少しでも減らせる。必要なのは，「ハラスメントのタネ」を「ハラスメント」に育てないコミュニケーションだ。

3．ハラスメントのタネを発芽させないために（スライド6）

以下では「ハラスメントのタネが発芽しないようにするための，コミュニケーションの工夫」として，アサーション（＝「自分も相手も大切にする自己表現」）を取り上げる。もちろん，ハラスメント予防のためには，「権力」を持つ教員の努力が第一義的に求められるのは言うまでもない。それがまず大前提である。しかし，コミュニケーションとは双方で作り上げるものでもある。「不幸なボタンの掛け違い」を生み出さないためにも，双方が早い段階でハラスメントのタネに気づき，発芽させないコミュニケーションの工夫，つまり，「お互いが自分の気持ちや意図をことばにし，相手に伝える工夫」が必要である。

しかし，その工夫はそう簡単なことではない。古くは十七条憲法に「和を以て貴しとなす」とあるように，日本文化においては「（ことばにせず）察する」・「空気を読む」ことが過剰に求められる傾向がある。また「先生の言うことには黙って従うものだ」と考えている学生も（教員も？）少なくない。だがハラスメントに限らず，「自分の気持ちを感じ，相手に伝える」ことは，実のところ生きていく上で不可欠な技術でもある。「ちょっとしたボタンの掛け違い」があるとき，「掛け違いがある」ことをお互いが認識し，建設的対話に繋げられれば，お互いにとって気持ちよい関係となるだろう。そのための参考になるのが，心理学の「アサーション」という技法である。

4．注意：アサーションは万能ではない（スライド7）

その前に一つ注意を述べておく。まず，「気持ちを伝える」ことが，常に効果的に働くわけではない，ということだ。大学の先生の中には，「研究は一流だが人格

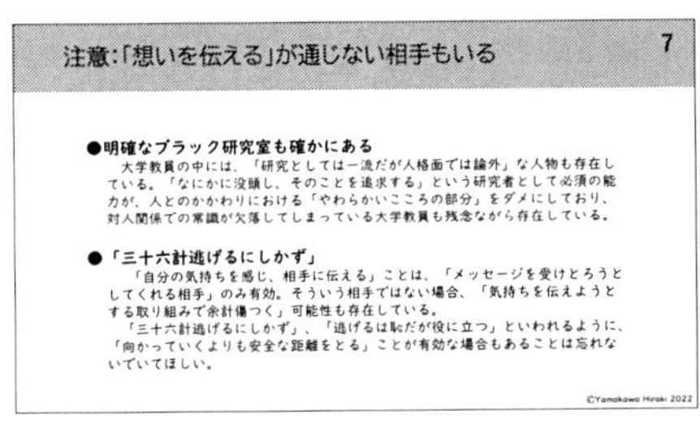

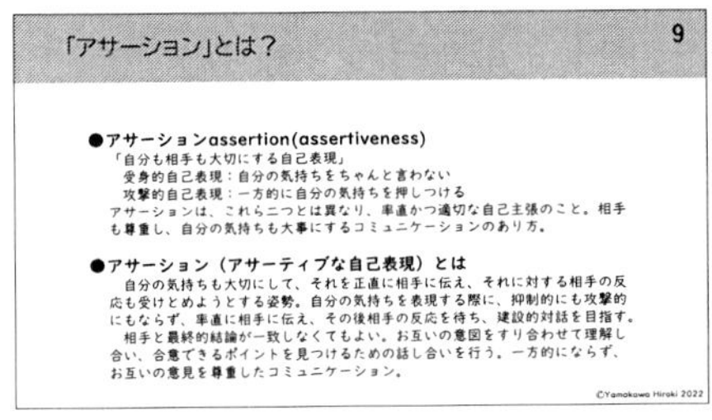

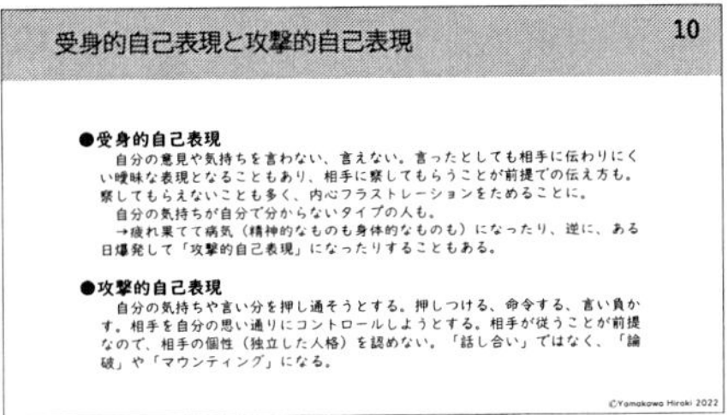

面では論外」な人も，残念ながら存在している。そういう人に自分の気持ちを伝えようとしたら一層傷ついておわることも，残念ながら起こりえる。

アサーションは,万人に対して通じるテクニックではない。そういう相手には,「三十六計逃げるにしかず」とことわざで云われるように，自分の安全を確保するためにも「逃げる」のが第一選択肢となる場合もある。ただ，以下にもあるよう「自分の気持ちを確かめる」だけでも意義は大きいので，アサーションの知識はあなたのこころを守る一つの武器にはなるだろう。

II　アサーションの考え方とその実際

1．アサーションという考え方（スライド 8 ～ 10）

アサーション（assertion/assertiveness）とは，「自分も相手も大切にする自己表現」である。アサーションと対比されるものとして，自分の気持ちをちゃんと言わない「受身的自己表現」と一方的に自分の気持ちを押しつける「攻撃的自己表現」があるのでまずそこから考えよう。

前者の「受身的自己表現」とは，自分の意見や気持ちを言わなかったり言えなかったりするあり方である。たとえ自分の意見を言ったとしても，相手に伝わりにくい曖昧な表現となることもあり，「意見をしっかり言う」というよりは「相手に自分の意見を察してもらう」伝え方になることが多い。うまく察してもらえるといいのだが，そうでない場合には内心フラストレーションを溜めることとなる。自分の気持ちが自分で分からないタイプの人もおり，自分を抑えることに疲れ果てて病気になるか（精神的なことも身体的なことも），逆に，ある日爆発して「攻撃的自己表現」をとって周りを驚かせることもある。

そして後者の「攻撃的自己表現」とは，自分の気持ちや言い分を押し通そうとするあり方である。自分の意見を押しつけたり，相手に命令したり，あるいは相手を言い負かしたりするような，要は相手を自分の思い通りにコントロールしようとする表現である。相手が従うことが前提なので，相手の個性（独立した人格）を認めない傾向がある。「話し合い」というより，「論破」や「マウンティング」を目指したコミュニケーション形態である。

これらに比べてアサーション（アサーティブな自己表現）とは，率直かつ適切な自己主張を意味している。まずは自分の気持ちにちゃんと気付き，それを率直に相手に伝え，それに対する相手の反応も受けとめようとする。自分の気持ちを表現する際に，抑制的にも攻撃的にもならず，率直に相手に伝え，その後相手の反応を待ち，建設的対話を目指そうとするのがアサーションの特徴である。相手と結論が一致しなくても，お互いの意図をすり合わせて理解し合い，合意できるポイントを見つけようとする。それがアサーションである。

2．アサーティブな自己表現の３ステップ（スライド 11 ～ 14）

では，アサーションの実際を見ていこう。

①ステップ１：自分の気持ちを確かめる

最初に，懸案事項に関し，自分が何を感じているのか，どんなことを思っているのか，自問自答してみよう。おそらく，「いろいろある……」というのが正直なところだろう。「お昼ご飯を何にしようか」という時だってあれこれ迷う気持ちがあるものだ。まず，この「いろんな気持ちがある自分」を認めよう。喜びや楽しみなどの肯定的感情があるかもしれないし，腹立ちや悲しみ，恨みのような否定的感情が浮かぶこともあるだろう。まずは，自分の中にある気持ちのありのままを受けとめる。そこがスタートである。

次に，そのいろいろある自分の気持ちで，比較的大きな割合を占めるものが何か，小さいけれども無視しがたい気持ちは何かなど，その「大きさの違い」に目を向けよう。その時に一つ提案したいのは，「自分の気持ちをパーセントで表してみる」という方法である。自分の気持ちはいろいろあるけれども，それぞれをもしパーセントで表現するとなると，自分の気持ちの大きさを探りやすくなることがある。例を挙げてみよう。

先生から休日の仕事を依頼された時を考えてみる。そんな時，このように自問

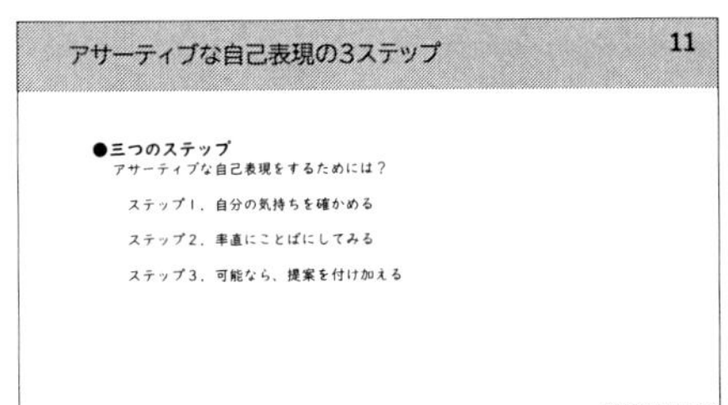

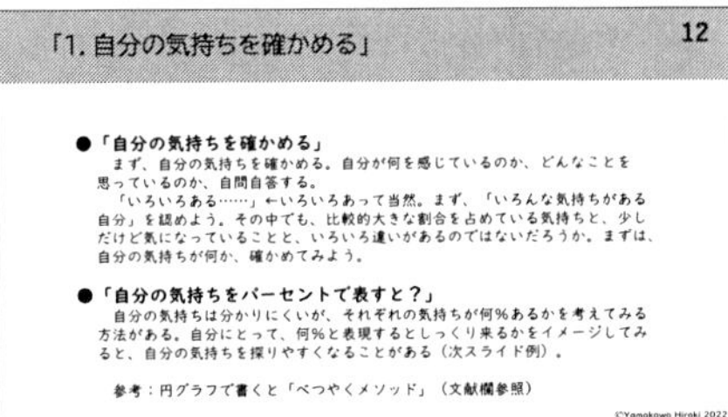

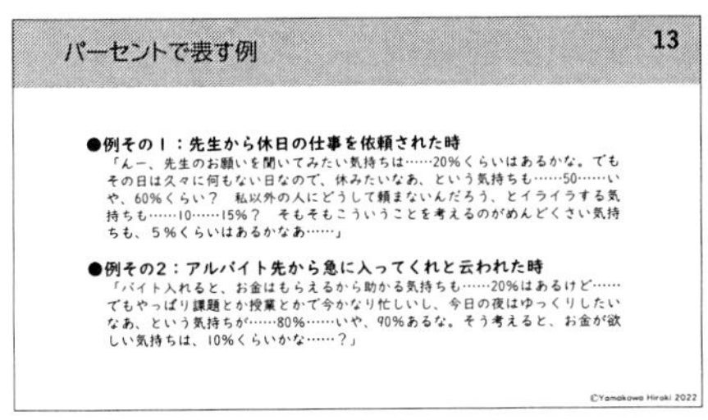

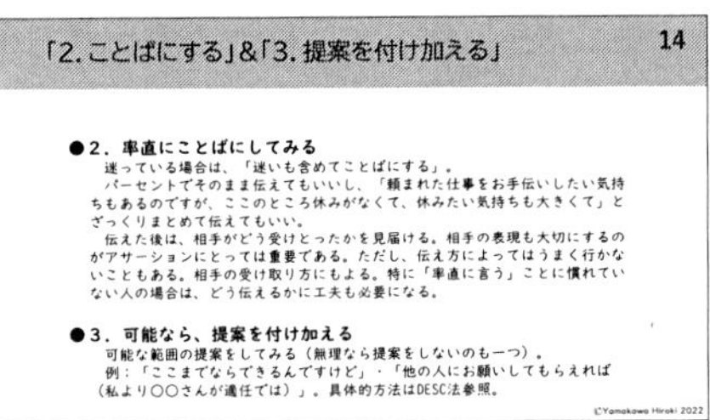

自答するのだ。「んー，先生のお願いを聞いてみたい気持ちは……20％くらいはあるかな。でもその日は久々に何もない日なので，休みたいなあ，という気持ちも……50……いや，60％くらい？　私以外の人にどうして頼まないんだろう，とイライラする気持ちも……10……15％？　そもそもこういうことを考えるのがめんどくさい気持ちも，５％くらいはあるかなあ……」と。考えるうちに，最初のパーセンテージが移り変わってくることもある。それでいいのだ。大切なのは，「今の自分の感覚に自分で気づいていく」ことにある。一度「20％」と思っても，「何か違うな……」と思えば，その「違う」感覚を大切にするといい。もちろん，正確な数字が出なくてもかまわない。正確な数字を出すことが目的ではない。その感覚が，自分にとってどれくらい大きいのか，大まかな見取り図を作ることが目的だ（ちなみにこれを円グラフで描くと，「べつやくメソッド」（べつやく，2007）と一部で呼ばれる方法になる）。

②ステップ２：率直にことばにしてみる

自分の気持ちが確認できたら，その次はことばにして伝えるステップだ。迷っている場合は，迷いも含めてことばにするのでかまわない。先のパーセンテージで自分の気持ちを考えた人は，パーセントでそのまま伝えてもいいし，ざっくりまとめて，「頼まれた仕事をお手伝いしたい気持ちもあるのですが，ここのところ休みがなくて，休みたい気持ちも大きくて」と伝えてもいいだろう。伝えた後は，相手がどう受けとったかを見届けよう。相手の表現も大切にするのがアサーションである。

ただし，伝え方によってはうまく行かないこともある。どう受けとられるかは相手の受け取り方にもよるので，率直に伝えたからうまく行く，というものではない。特に「率直に言う」ことに慣れていない人の場合は，どう伝えるかに工夫も必要になるため，この「ステップ２」については，できる範囲に留めておく工夫も求められる（VIの１．で触れる）。

③ステップ３：可能なら，提案を付け加える

最後に，もし可能なら，自分からの提案を付け加えてみよう。相手の依頼を単純に断るのが難しいのであれば,「ここまでならできるんですけど」と譲歩してみたり，「他の人にお願いしてもらえれば（私より○○さんが適任では)」と代案を出したりするなど，提案を行うのだ。もちろん思いつく範囲でかまわないし，提案することで自分の苦労を増やすだけならやめたほうがよい。この具体的なやり方は，次に挙げる DESC 法を参照されたい。

III　アサーションの具体的な練習方法

１．DESC 法（スライド 15，16）

アサーションの具体的な方法として DESC 法を紹介しよう。DESC 法とは，自分の状況を相手に伝えるための一つのやり方で,「描写する describe →説明する explain →特定する specify →選択する choose」のそれぞれの頭文字を取ったものである。まず,「描写」として，自分の状況や相手の行動を描写し，次いで「説明」として，それに対する自分の気持ちを説明する。そして「特定」として相手にしてほしいことや解決策などの提案をしたのちに,「選択」として提案が受けいれられた場合と受けいれられなかった場合を想像し，それぞれへの選択肢を付け加えることである。

具体例として,「先生に仕事を頼まれたが断りたい時にどう伝えるか」を見てみ

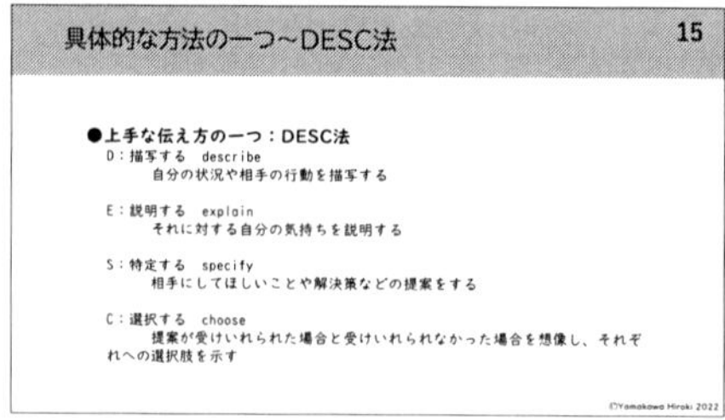

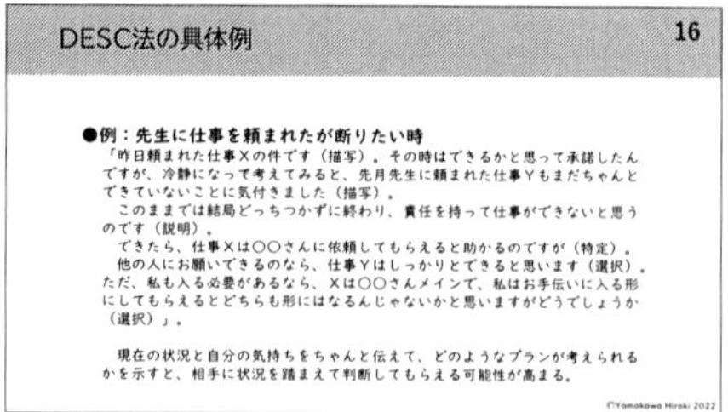

よう。

「昨日頼まれた仕事Xの件です。その時はできるかと思って承諾したんですが，冷静になって考えてみると，先月先生に頼まれた仕事Yもまだちゃんとできていないことに気付きました（以上「描写」）。このままでは結局どっちつかずに終わり，責任を持って仕事ができないと思うのです（以上「説明」）。できたら，仕事Xは○○さんに依頼してもらえると助かるのですが（以上「特定」）。他の人にお願いできるのなら，仕事Yはしっかりとできると思います。ただ，私も入る必要があるなら，仕事Xは○○さんメインで，私はお手伝いに入る形にしてもらえるとどちらも形にはなるんじゃないかと思いますがどうでしょうか（以上「選択」）」。

このように，まず現在の状況を可視化したのちに自分の認識をちゃんと伝え，代替としてどのようなプランが考えられるかを示すと，相手に状況を踏まえて判断してもらえる可能性も高まるだろう。「何を考えているのか，どう思っているのか分かりにくい」と言われることが多い人は，試してみるといい。もし今，困っている状況がある人は，この方法を使うとどう表現できるか，各自で考えてみてほしい。

2．自己主張が上手な人のマネをする（スライド17）

研究室や同専攻の同級生や先輩，後輩，サークル仲間などを思い浮かべてみよう。もちろん，ドラマやマンガの登場人物でもかまわない。その中に，「上手に自分の意見を伝える人」はいないだろうか？

世の中には，自分の主張を通しながらもイヤミにならない人もいる。周りにお願いしてばかりなのに，それが周囲の人の苦にならないどころか，「愛されキャラ」となっている人もいるだろう。アサーションが苦手な人は，そういう「世渡り上手」な人が羨ましくなることもあるだろうが，その気持ちはいったんカッコに入れて，まずは，その人の言動をよく観察してみよう。お願いごとをする時，どういう言い方をしているのか，どういう頼み方をしているのか。注意すべきは，「あの子は性格がいいから」とか「顔がいいから」で片付けないこと。よくよく観察すると，きっと何か行動の特徴がある。例えば，終わったあとにちゃんと感謝のことばを伝える，とか，日頃から挨拶を欠かさない，とか。あるいは頼む時には，「今，○○で忙しくて，ここを手伝ってくれるととても助かるんだけど……」と，上手にミニDESC

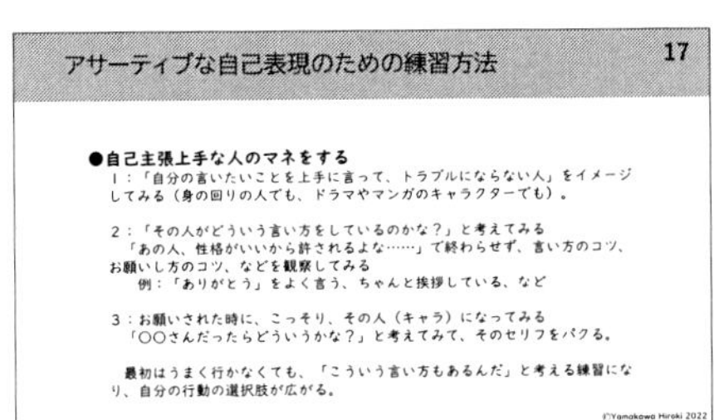

法を使っていることが分かるかもしれない。

もちろん，付け焼き刃で自分に取り入れたとしても，うまく行くとは限らない。日頃から挨拶を交わすのが苦手な人もいるだろう。でも,「自分なりに取り入れ可能なこと」はあるかもしれない。行動にまで起こせなくても,「○○さんならこういう言い方をするんだろうな……」と考えてみるだけでもいい。そういうイメージを思い浮かべられると，たとえその行動をすぐに取れないとしても，自分の行動のバリエーションができることになる。ロールプレイングゲームに喩えるなら，今までは「たたかう／にげる」の二つのコマンドしかなかったのが,「じゅもんをとなえる」が加わったようなものだ。呪文を唱えるだけの魔力がないから，すぐにその呪文は使えないかもしれないが，レベルアップすればその呪文が唱えられるかもしれない。そのこころのゆとりは，少しずつあなたの成長を助けてくれるはずだ。

Ⅳ　アサーションを上手に行動に取り入れるために

1．アサーションの３ステップを取り入れるにあたって（スライド 18 ～ 20）

アサーションの３ステップを挙げたが，いちばん基礎となるのは，ステップ１の「自分で自分の気持ちを大切にする」ことである。「自分の気持ちを大切に？当たり前でしょ」と思う人はそれでかまわない。でも，自己主張が苦手な人の中には,「自分の気持ちが分からない」という人も多い。

人間の気持ちには,「～したい（want)」と「～しなきゃ（should)」があるが，ときどき本心では「～しなきゃ」と感じているのに,「～したい」と表現する人がいる（筆者はこれを「want の皮をかぶった should」と呼んでいる)。例えば,「私，単位はちゃんと取りたいんです」とかだ。「単位は取りたい」けれども「できない」と感じている人の多くは,「～しなきゃ」と感じていることを「～したい」と口にする。そのズレがその人たちを苦しめる。

まず,「人は一人ひとり違う」ことを自覚しよう。誰かにとって正解でも，自分にとって正解かは限らない。「こうあるべき（should)」という理想像は少し押し入れにでもしまっておいて，まず，自分が何を感じているのか，そこから出発しよう。

自分の気持ちを言えない人は，人のために行動しすぎて，自分がどんな感情を持っているのか，見えにくくなっていることもある。まずは,「私は今，どういう気持ちを感じてるのかな？」と自分の声を聴こう。その気持ちがポジティブな気

18

アサーションを上手に
行動に取り入れるために

19

アサーションの3ステップ：重要なのはステップ1

●「ステップ１：自分で自分の気持ちを大切にする」が重要！
アサーションの３ステップの基礎：「自分で自分の気持ちを大切にする」こと。
自己主張が苦手な人は、ここがうまくいかないことが多い。人間の気持ちにある「～したいwant」と「～しなきゃshould」が混じってしまい、本心では「～しなきゃ」と感じているのに、「～したい」という形で表現する人もいる（「wantの皮をかぶったshould」）。
例：「授業には出たい（けどできない）」「就活したい（けど動けない）」

人は一人ひとり違う。誰かにとっての正解が、自分にとって正解かは分からない。「こうあるべき」はいったん押し入れにしまおう。まず、自分が何を感じているのか、そこが出発点。ポジティブな気持ちでもネガティブな気持ちでも、どちらも自分の中にある気持ち。自分の気持ちを仲間はずれにしない。

「自分で自分に対してやさしく接する」。そのためのステップ１である。

持ちでもネガティブな気持ちでも，どちらも自分の中にある気持ちだ。自分の気持ちを仲間はずれにするほど悲しいことはない。大切なのは，「自分で自分に対してやさしく接する」ことだ。その意味で，アサーションで一番重視すべきは，このステップ１なのだ。

20

ステップ2は、無理そうなら踏みこまないこと

●「率直に自分の気持ちを伝える」ことが苦手な人は、無理しない
「自分の気持ちを隠し通すこと」が「自分の身を守る手段」になっていた人もいる（人より空気が読みにくく、「正直に言ってたら友達に嫌われた」経験のある人など）。「率直に自分の気持ちを言う」ことに恐怖心を感じる人も。そういう人の場合、「無理して自分の気持ちを率直に言う」と余計傷つく危険性も高い。

なので、「ステップ２：率直にことばにしてみる」は、難しそうならば取り組む必要はない。「ステップ１：自分の気持ちを感じる」ことだけでも充分意味がある。表現しなくてもいい。自分の本心を感じるだけでも、ホッとする時もある。
勿論、率直な気持ちを表現できて、分かってもらえると、大きな喜びとなるし、自信にもつながる。だから、ステップ２や３も重要なプロセスなのは確か。でも、リスクもあるので慎重に。学生相談室で相談しながらステップを進める方法もあるので、気軽に大学の相談室に申し込んでみてほしい。

そのことはつまり，ステップ２の「率直にことばにしてみる」は，苦手な人は無理に取り組まなくていい，ということでもある。「自分の気持ちを隠し通すこと」が「自分の身を守る手段」になっていた人もいる（人より空気が読みにくく，小さい時に「正直に言ってたら友達に嫌われた」経験のある人など）。そういう人の場合，「率直に自分の気持ちを言う」ことが，過去の傷つき体験とつながって恐怖心すら感じることもあるし，「ステップ２にあるから」と率直な気持ちを先生に伝えたら，慣れない方法だからうまく使いこなせず，余計傷つく危険性も高い。

なので，ステップ２として気持ちを伝えるのは，難しそうならば取り組む必要はない。実は，ステップ１をじっくり体験するだけでも意味がある。「ああ，私って，本当はこう思っていたんだなあ……」と，見ぬフリをしていた気持ちを感じられた時，それだけでカタルシスが生じる（＝すっきりする）こともある。今まで見ないようにしていた自分のこころを，しっかりと見つめて，ケアしてあげることは，何よりも大切なことである。

もちろん，それを誰かに表現できて，相手に分かってもらえると，その人にとっては大きな喜びとなるし，自信にもつながる。だから，ステップ２やステップ３も重要なプロセスなのは確かだ。でも，相手の受け取り方次第では余計傷つく可能性もあるので，そこは慎重にやらねばならない。難しそうなら，学生相談室でカウンセラーと一緒に考えるのもいいだろう。

2．アサーションの基本となる考え方（スライド 21）

最後に，アサーションの基本となる考え方を紹介しておく。

まず,「みんな一人ひとり，自分らしくあってよい」ということだ。先ほど触れたが（スライド 19），それぞれの人が，お互いの個性を尊重することが大切である。あなたもあなたらしくあっていいし，相手の人も相手らしくあっていい。そのお互いがお互いらしくあるなかで，どう合意を形成していくかがアサーションの基本である。

次は,「自分の気持ちを表現してよい」ということだ。これも先（スライド 19）に触れたが，怒りや苦しさなどのネガティブな感情は，周りに迷惑がかかるからと隠す癖がついている人もいる。確かに，ネガティブな感情の上手な出し方を観察できる機会は少なく,「出してはいけないもの」と思い込んでいる人も多いだろう。しかし，自分が感じることは，肯定・否定どちらも大切な感情である。そのことを忘れないでほしい。

なお否定的感情を伝えたいときは,「私」を主語にして伝えるというテクニックもある。「あなた」を主語にすると，相手を責めるニュアンスが強くなる。「あなた（先生）の教え方が悪い」と伝えると感情的な口論になる可能性があるが,「私はその教え方では理解ができない」だと建設的対話になる可能性が広がる。「研究室ではうるさくするな！」ではなく，「音が多いと私は集中できない」のように,「自分がどう感じるか」を会話のテーマにするのだ。そうすると,そのことを巡って，お互いを尊重する対話に持っていきやすいだろう。

そして，「人は間違うこともあるし，傷つけてしまうこともある」。完全な人間などいない。間違ったり，傷つけたりすることもある。これも，自分だけでなく相手にもあてはまる。自分が間違うこともあるし，相手が間違うこともある。大切なのは，間違えないこと・傷つけないことではなく，その後どうかかわるか,である。「間違いを根絶する」となると，いろいろと行動が不自由になっていく。ミスが起きることを前提に，それをどうリカバーしていくかを考えるのが未来につながるあり方である。

最後に,「誰かに相談するのは依存ではなく自立への道」を挙げておこう。脳性マヒをもつ小児科医，熊谷晋一郎（no date）は「自立とは依存先を増やすこと」だと表現している。自立というと，誰にも頼らない姿を思い浮かべ

アサーションの基本となる考え方　21

●みんな一人ひとり、自分らしくあってよい
それぞれの人が、無理せず、お互いの個性を尊重することが大切。
●自分の気持ちを表現してよい（怒りや苦しさも含め）
自分が感じることは、肯定・否定どちらも大切な感情。なお、否定的感情を伝える時は「私」を主語にして伝えるテクニックもある（例：「あなた（先生）の教え方が悪い」ではなく「私はその教え方では理解が出来ない」）。
●人は間違うこともあるし、傷つけてしまうこともある
完全な人間などいない。間違ったり、傷つけたりすることもある。間違えないこと・傷つけないことではなく、その後どうかかわるかが大切。
●誰かに相談するのはオトナの一歩（依存ではなく自立への道）
「自立とは依存先を増やすこと」（熊谷晋一郎）。うまく行かない時、人に頼るのは依存ではなく、解決しようとするための努力の一歩。自分でできないことを見極め、人に協力してもらうのが大人への道。

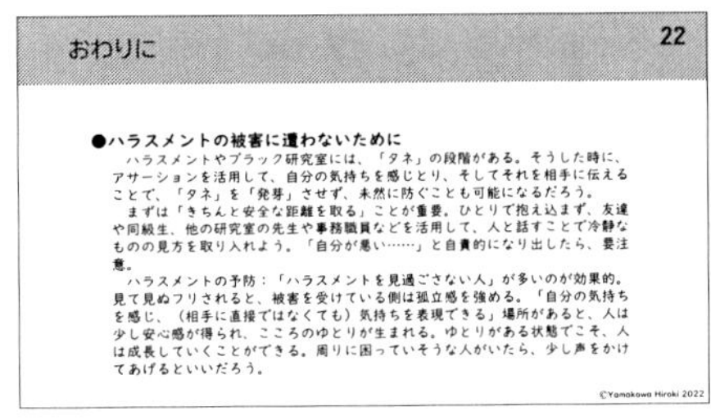

るかもしれないが，オトナになればなるほど，自分の「できないこと」が見えてくるものである。うまく行かない時に人に頼るのは，依存ではない。解決しようとするために努力する，その一歩を踏み出したのである。自分ができることには力を尽くすけれども，一人で困難なことは人に協力してもらうのがオトナへの道だ。その意味で,「これってハラスメントなのかも……」と感じていたら，抱え込まずにまず信頼できそうな人に相談するようにしてほしい。

V　おわりに（スライド 22）

ハラスメントやブラック研究室は，最初は「タネ」の段階から始まることが多い。そうした時に，アサーションを活用して，自分の気持ちを感じとり，可能ならそれを相手に伝えることで,「タネ」を「発芽」させず，未然に防ぐことも可能になる。

いずれにせよ，グレーゾーンがブラックになる前に,「きちんと安全な距離を取る」ことがなによりも重要である。危険水域のサインとしては,「自分が悪い……」と自責的になったり, よく分からない体調不良が生じたりするなどがある。そうしたサインがちらついたらひとりで抱え込まず，友達や同級生，他の研究室の先生や事務職員などを活用して，人と話すことで冷静なものの見方を取り入れよう。冷静になって考えると見えてくることも結構多い。そのための「安全な距離」は絶対に必要だ。

その意味で,「ハラスメントを見過ごさない人」が多いとハラスメントの予防に効果的である。されている側は，見て見ぬフリされると孤立感をいっそう強めてしまう。「自分の気持ちを感じ,（相手に直接ではなくても）気持ちを表現できる」場所があると，人は少し安心感が得られ，こころのゆとりが生まれる。ゆとりがある状態でこそ，人は成長していくことができる。そのためにも，周りにそういう人がいたら少し話しかけて，助力の用意があることを示すことが肝要だ。それはきっと，お互いがオトナになるための一歩である。

文　献

べつやくれい（2007）円グラフで表そう．daily portal Z．https://dailyportalz.jp/

b/2007/03/17/a/（2021 年 10 月 15 日閲覧）
平木典子（2012）アサーション入門．講談社．
熊谷晋一郎（no date）自立とは「依存先を増やすこと」．全国大学生協連．https://www.univcoop.or.jp/parents/kyosai/index.html（2022 年 3 月 1 日閲覧）
三田村仰（2021）普段使いの機能的アサーション．臨床心理学，21(2); 185-189.
齋藤憲司・石垣琢麿・高野明（2020）大学生のストレスマネジメント．有斐閣．
杉原保史（2017）心理カウンセラーと考えるハラスメントの予防と相談．北大路書房．

ダウンロード資料のご利用方法

本書に掲載している以下のデータは，小社のホームページから無料でダウンロードができます。各スライドは，研修等において自由に使っていただけます。ただし，著作権は各執筆者にあり，使用に際してはコピーライトを表示していただくことが必要です。

提供されるデータの内容
①第１章　学生の性被害への対応
②第２章　学内でのストーカー問題への対応
③第３章　刑罰の対象になりうる問題行動がある学生への対応
④第４章　親からの問い合わせや苦情への対応
⑤第５章　学生の自殺が起きたときの対応
⑥第６章　事故が起きたときの対応
⑦第７章　災害があった時の心のケア
⑧第８章　連絡がとれない学生への対応
⑨第９章　SNS トラブル対応
⑩第 10 章　ハラスメントの予防
⑪第 11 章　学生からのハラスメントの訴えへの対応
⑫第 12 章　学生生活上のさまざまなリスク
⑬第 13 章　「気持ちに気づき，伝える」レッスン

このダウンロードができるのは，本書の購入者に限ります。購入者以外の利用はご遠慮ください。また，本データは，マイクロソフト社のパワーポイント（Microsoft Power Point®）のファイルとなっております。ファイルを開くにはソフトが必要となります。ソフトは別にお買い求めください。

各章は，プレゼンテーション・ソフトのスライドを用いて研修を行うことを前提として執筆されています。読者には，小社サイトからスライドをダウンロードしていただけます。スライドは，研修等において自由に使っていただけます。ただし著作権は各執筆者にあり，使用に際してはコピーライトを表示していただくことが必要です。コピーライトは使用者が何も改変していない場合，常に表示される設定になっています。

このデータは，購入者の臨床支援のために作られたものです。読者の臨床や支

援とは関係のない第三者への本データの販売，譲渡，ウェブサイトやSNSなどで不特定多数の方がアクセスできるようにすることなどは禁止します。

本データのダウンロードの仕方

1）小社の販売サイト「遠見書房の書店」https://tomishobo.stores.jp/ にアクセスをしてください。

2）左上の検索ボタン（虫眼鏡のような形をしたアイコン）を押して,「購入者用ダウンロード資料」を検索してください。URLは，
https://tomishobo.stores.jp/items/6242abd64773a33d2b0699af
です。
（もしくは下の二次元バーコードをお使いください）

3）「0円」であることを確認して，「カート」に入れて，手続きを進めてください。ご入力いただくお名前などは，何でも構いませんが，メールアドレスは後日の連絡用に必要になることもありますので正しいものをお使いください。

4）手順に沿ってダウンロードができたら，ファイルをクリックします。パスワードが要求されるので，GakuSou522（ジー・エー・ケイ・ユー・エス・オー・ユー・ご・に・に）を入力してください

5）ファイルサイズは12MBほどです。

6）うまく行かない場合は，弊社 tomi@tomishobo.com までご連絡をください。

執筆者一覧（執筆順）
河野美江（こうの・よしえ：島根大学保健管理センター）
小島奈々恵（こじま・ななえ：東北大学 高度教養教育・学生支援機構 学生相談・特別支援センター）
太田裕一（おおた・ゆういち：静岡大学保健センター・学生支援センター）
加野章子（かの・あきこ：愛知工科大学 工学部 基礎教育・学務部 学生相談・総合教育センター，愛知工科大学自動車短期大学 学生相談）
杉原保史（すぎはら・やすし：京都大学学生総合支援機構学生相談部門）
今江秀和（いまえ・ひでかず：広島市立大学国際学部・心と身体の相談センター）
黒山竜太（くろやま・りゅうた：熊本大学大学院教育学研究科）
石金直美（いしかね・なおみ：大阪大学キャンパスライフ健康支援・相談センター）
吉村麻奈美（よしむら・まなみ：津田塾大学ウェルネス・センター）
松下智子（まつした・ともこ：九州大学キャンパスライフ・健康支援センター 学生相談室）
堀田　亮（ほりた・りょう：東海国立大学機構岐阜大学保健管理センター）
酒井　渉（さかい・わたる：函館工業高等専門学校一般系）
山川裕樹（やまかわ・ひろき：成安造形大学共通教育センター）

全国学生相談研究会議

全国の大学等の高等教育機関において学生相談に携わるカウンセラーの団体。学生相談カウンセラーの自主的な相互研鑽と，学生相談の研究を目的として設立された。昭和 43（1968）年以来，50 年以上にわたって，年 1 回，シンポジウムを開催し，実践経験を共有し，議論を重ねてきた。2022 年現在，会員数は 150 名ほどで，事務局は名古屋大学学生相談センター内に置かれている。

学生相談カウンセラーと考えるキャンパスの危機管理

——効果的な学内研修のために

2022 年 5 月 15 日　第 1 刷
2024 年 10 月 15 日　第 2 刷

編　　者　全国学生相談研究会議
編集代表　杉原保史
発 行 人　山内俊介
発 行 所　遠見書房

株式会社　遠見書房
〒 181-0001 東京都三鷹市井の頭 2-28-16
TEL 0422-26-6711　FAX 050-3488-3894
tomi@tomishobo.com　https://tomishobo.com
遠見書房の書店　https://tomishobo.stores.jp/

ISBN978-4-86616-146-4　C3011